LAREVUE
#12.17

LA REVUE est une publication mensuelle éditée par UP' Magazine,
Château l'Hermitage, 72510
RCS Paris 807 515 762
Commission Paritaire n° 0617 W 92751
Fondatrice, Rédactrice en chef : Fabienne Marion (f.marion@up-magazine.info)
Directeur de la publication : Gérard Ayache

© 2017 Tous droits réservés. La reproduction intégrale ou partielle des textes et des illustrations doit faire obligatoirement l'objet d'une demande préalable auprès de la rédaction

ISBN : 978-2322101023

LAREVUE
#12.17

LE MAGAZINE DE L'INNOVATION ET DES TEMPS QUI CHANGENT

AUTEURS ET CONTRIBUTEURS

ALEXANDRE AGET, Journaliste veille technologique UP' Magazine.

FRANCESCO P. ANDRIULLI, Responsable du laboratoire CERL - Professeur au département Micro-ondes - IMT Atlantique

CHRISTIAN ARNSPERGER, Professeur en durabilité et anthropologie économique, Faculté des géosciences et de l'environnement, Université de Lausanne

MARINE BARRIO, Journaliste UP' Magazine

DOMINIQUE BOURG, Philosophe, professeur à la Faculté des géosciences et de l'environnement, Université de Lausanne

DOROTHÉE BROWAEYS, journaliste scientifique, UP' Magazine

ALICE COLSAET, IDDRI

DAMIEN DEMAILLY, Coordinateur du programme Nouvelle Prospérité IDDRI

ROMAIN FERRARI, Président Fondation 2019

DOMINIQUE FRÈRE Professeur d'archéologie et d'histoire de la Méditerranée occidentale, Université de Bretagne Sud

JACQUES DE GERLACHE, Directeur Greenfacts

CÉDRIC GOSSART, Professeur associé, Institut Mines-Télécom

CHARLES-ELIE GUZMAN, chroniqueur, UP' Magazine.

DAN HOOPER, Professeur agrégé d'astronomie et d'astrophysique, Université de Chicago, chercheur associé en astrophysique théorique au Fermi National Accelerator Laboratory

YANN LAURANS, Directeur de programme Biodiversité IDDRI

DAVID LEVAÏ, Directeur Programme Climat - Négociations internationales pour le changement climatique IDDRI

FABIENNE MARION, Fondatrice, Rédactrice en chef de UP' Magazine

CHRISTINE MARSAN, Essayiste, chroniqueuse UP' Magazine.

MÜGE OZMAN, Professeur de management, Télécom École de Management – Institut Mines-Télécom.

PASCAL PICQ, Paléoanthropologue et maître de conférences, professeur au Collège de France.

MAZARINE PINGEOT, Chroniqueuse invitée UP' Magazine, Professeur agrégée de philosophie, Université Paris 8-Vincennes Saint-Denis.

ARNAUD SAINT-PAUL, chroniqueur invité UP' Magazine, Fondateur de Simplifly LLC

PASCAL SOMMER, Biologiste à l'Institut des sciences du mouvement (CNRS/Aix-Marseille université), Centre national de la recherche scientifique (CNRS)

LOUISE TERLAUD, Chroniqueuse invitée UP' Magazine.

RENÉ TRÉGOUËT, Sénateur honoraire - Fondateur du Groupe de Prospective du Sénat, chroniqueur invité UP' Magazine

JUDITH VOSS-STEMPING, Directeur Programme Climat - Négociations internationales pour le changement climatique IDDRI

HAQUE JOUR de nouvelles informations apportent leur pierre à l'édifice de ce que sera notre futur immédiat. Nos journalistes et chroniqueurs tentent de décrypter ce mouvement, de pointer pour vous, les signaux faibles ou forts de ces mutations.

On a coutume de le dire : l'information chasse l'information. Dans notre époque d'hyperinformation, les innovations technologiques, scientifiques, médicales, les nouvelles pratiques sociétales, les regards neufs ou effarés sur notre planète s'enchaînent à vitesse accélérée. UP' Magazine est le témoin de ces temps qui changent. Et qui annoncent un monde nouveau.

Mais le maelström de l'information va toujours plus vite, encouragé par la temporalité instantanée des médias numériques. UP' Magazine fait partie de cette presse digitale et a publié, depuis sa création en 2011, plusieurs milliers d'articles. Nombreux sont nos lecteurs qui apprécient cette « caverne d'Ali Baba » qu'est le site. Mais nombreux sont aussi ceux qui nous demandent plus de temps pour s'approprier cette information, hors du tumulte des flux en ligne.

C'est pourquoi, notre rédaction a décidé de publier, sous forme de livre, une sélection des articles publiés dans le mois. Ceux qui vous permettront d'aller à l'essentiel pour comprendre ce monde en mutation. De gagner du temps, en prenant votre temps.

ÉDITORIAL

Chaque mois, les dizaines d'articles de fond publiées au fil des jours dans UP' Magazine, seront sélectionnées et éditées sous forme de volume. Au fur et à mesure, ces livres constitueront, à leur modeste manière, les jalons des temps qui changent.

Dans ce numéro 1 de LAREVUE du mois de novembre 2017, plusieurs pierres s'inscrivent dans l'édifice du futur. Une COP 23 ratée, qui cherche encore et encore de nouvelles solutions pour sauver la planète, des découvertes prometteuses mais glaçantes dans les laboratoires de biotechnologies, la recherche d'un nouveau souffle pour le phénomène startup, cette vague de prise de conscience dans nos sociétés occidentales sur les violences faites aux femmes. Mutation profonde aussi que celle des villes, de leur architecture et urbanisme.

Et puis, en signal faible, ces nouvelles de plus en plus répétées qui nous viennent de très loin, nous parlent d'exoplanètes et d'extraterrestres. Elles annoncent peut-être de grands bouleversements mais elles trahissent sans doute aussi notre pulsion incorrigible vers toujours plus d'espaces nouveaux et au fond, cette quête d'immortalité qui est une des signatures de notre temps.

FABIENNE MARION
Fondatrice et Rédactrice en chef de UP' Magazine

TABLE DES ARTICLES

RETROUVEZ TOUS LES ARTICLES EN LIGNE SUR LE SITE UP' MAGAZINE

Scannez ce QR code pour accéder directement à la table des articles en ligne

LE MAGAZINE DE L'INNOVATION ET DES TEMPS QUI CHANGENT

LAREVUE
#12.17

SCIENCES & TECHNOLOGIES

ESPACE
DANS LE SECRET DES LABS
TECHNOLOGIES DE POINTE
SCIENCES FONDAMENTALES
COSMOLOGIE

SCIENCES & TECHNOLOGIES ::: ESPACE

LES EXTRATERRESTRES NOUS RESSEMBLENT PEUT-ÊTRE PLUS QUE NOUS NE LE PENSONS

Alexandre Aget
UP' Magazine

Les films hollywoodiens et la littérature de science-fiction alimentent la croyance que les extraterrestres sont des êtres d'un autre monde, ressemblant à des monstres, qui sont très différents des humains.
Mais de nouvelles recherches vont à l'encontre de nos idées reçues ou de nos fantasmes et suggèrent que nous pourrions avoir plus en commun avec nos voisins extraterrestres qu'on ne le pensait.

L Y A AU MOINS 100 MILLIARDS DE PLANÈTES dans notre seule galaxie et au moins 20 % d'entre elles se situent probablement dans la zone habitable, cette région de l'espace capable de produire une biosphère. Même si cela se produisait dans seulement 0,001% de ces planètes cela signifierait alors qu'il y a 200 000 planètes potentiellement porteuses de vie dans notre galaxie. Or il suffirait que l'on trouve une seule forme de vie extraterrestre pour que notre conception de l'Univers change radicalement. Il n'est donc pas étonnant que des centaines de millions de dollars aient récemment été apportés dans la recherche en astrobiologie[1], que les

1 AstRoMap European Astrobiology Roadmap, March 2016, 16(3): 201-243. https://doi.org/10.1089/ast.2015.1441

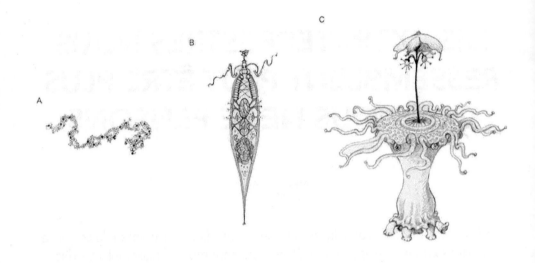

Imaginez un alien. Ces illustrations représentent différents niveaux de complexité adaptative que nous pourrions imaginer lorsque nous pensons aux étrangers. (a) Une molécule simple de réplication, sans conception apparente. Ceci peut ou non faire l'objet d'une sélection naturelle. b) Une entité incroyablement simple, ressemblant à une cellule. Même quelque chose de si simple a assez de pièces pour pouvoir subir une sélection naturelle. c) Un alien ayant de nombreuses parties complexes qui travaillent ensemble est susceptible d'avoir connu de grandes transitions. Crédit : Université d'Oxford

États-Unis et l'Europe aient récemment investi dans des initiatives d'astrobiologie et que de nombreux nouveaux travaux[1] aient été réalisés pour tenter de prédire à quoi ressembleraient les aliens. Le problème, cependant, est que lorsque nous essayons de prédire la nature des extraterrestres, nous n'avons qu'un seul échantillon – la Terre – à partir duquel extrapoler. Il est, par conséquent, extrêmement difficile de faire ces prédictions.

Dans une nouvelle étude publiée dans la Revue internationale d'astrobiologie , des scientifiques de l'Université d'Oxford montrent, pour la première fois, comment la théorie de l'évolution peut être utilisée pour étayer les prédictions sur les extrater-

---

1 Shostak Seth, Searching for Clever Life, Astrobiology. November 2015, 15(11): 949-950. https://doi.org/10.1089/ast.2015.1015

restres et mieux comprendre leur comportement. Ils affirment que les extraterrestres sont potentiellement façonnés par les mêmes processus et mécanismes qui ont façonné les humains, et en premier lieu, la sélection naturelle.

La théorie soutient l'argument selon lequel les formes de vie étrangères subissent une sélection naturelle et, comme nous, évoluent pour se renforcer et améliorer leurs performances au fil du temps.

Sam Levin, chercheur au département de zoologie d'Oxford, a ainsi déclaré : « Une tâche fondamentale pour les astrobiologistes (ceux qui étudient la vie dans le cosmos) est de réfléchir à ce que la vie extra-terrestre pourrait être. Mais faire des prédictions sur les extraterrestres est difficile. Nous ne pouvons extrapoler qu'à partir d'un seul exemple de vie - la vie sur Terre. »

Dans le passé, quand les scientifiques réfléchissaient à ce que pourraient être les extraterrestres, ils mettaient en œuvre une démarche mécaniste, s'appuyant sur ce que nous savions sur Terre, notamment au niveau de la chimie, de la géologie et de la physique.

Par exemple, certains traits ont évolué plusieurs fois sur la Terre, et nous posons donc que les formes de vie extraterrestres convergeront vers les mêmes mécanismes terrestres. Parce que les organes oculaires ont évolué au moins quarante fois et sont relativement ubiquitaires, nous prédisons qu'ils évolueront de la même façon sur d'autres planètes. De même, nous avons utilisé une compréhension mécaniste de la chimie et de la physique pour faire des prédictions sur ce qui est le plus probable que nous trouvions sur d'autres planètes. Par exemple, le carbone est abondant dans l'Univers, chimiquement polyvalent et présent dans le milieu interstellaire, de sorte que les formes de vie exotiques sont susceptibles d'être à base de carbone. Ces types de prévisions proviennent d'un mélange de compréhension mécaniste et d'extrapolation de ce qui s'est passé sur la Terre. Mais, en réalité, Il n'y a aucune raison théorique pour laquelle les extraterrestres ne pourraient pas être des organismes faits à base de silicium et… sans yeux.

« Dans notre article, nous proposons une approche alternative, qui consiste à utiliser la théorie évolutionniste pour faire des prédictions indépendantes des caractéristiques

« L'octomite ». Un extraterrestre complexe qui comprend une hiérarchie d'entités, où chaque groupe d'entités de niveau inférieur a des intérêts évolutifs alignés, de sorte que les conflits sont effectivement éliminés. Ces entités se livrent à la division du travail, les différentes parties se spécialisant dans diverses tâches, de sorte qu'elles sont interdépendantes. Crédit : Université d'Oxford

que nous connaissons sur la Terre. C'est une approche utile, parce que les prédictions théoriques s'appliqueront à des extraterrestres qui pourraient être, par exemple, à base de silicium et non d'ADN, ou qui respirent de l'azote et non de l'oxygène »

En utilisant cette idée de la sélection naturelle extraterrestre comme cadre, l'équipe s'est penchée sur l'évolution extra-terrestre et sur la façon dont la complexité pourrait se manifester dans l'espace.

La complexité des espèces s'est accrue sur la Terre en raison d'une poignée d'événements, connus sous le nom de transitions majeures. Ces transitions se produisent lorsqu'un groupe d'organismes distincts se transforme en un organisme de niveau supérieur – lorsque les cellules deviennent des organismes multicellulaires, par exemple. Tant la théorie que les données empiriques suggèrent que des conditions extrêmes sont nécessaires pour que des transitions majeures se produisent.

L'article fait également des prédictions précises sur la composition biologique d'aliens complexes, et offre un certain degré de compréhension de ce à quoi ils pourraient ressembler.

Sam Levin avance : « Nous ne pouvons toujours pas dire si les extraterrestres marcheront sur deux jambes ou s'ils auront de grands yeux verts. Mais nous croyons que la théorie évolutionniste offre un outil supplémentaire unique pour essayer de comprendre ce que pourraient être les extraterrestres, et nous avons montré quelques exemples des types de prédictions fortes que nous pouvons faire avec elle ».

En prédisant que les extraterrestres ont subi des transitions majeures – et c'est ainsi que la complexité est apparue chez les espèces sur Terre – les scientifiques d'Oxford affirment qu'il y a un niveau de prévisibilité à l'évolution qui les ferait ressembler à ce que nous sommes, nous humains terriens.

« Comme les humains, nous prédisons qu'ils sont constitués d'une hiérarchie d'entités, qui coopèrent toutes pour produire un organisme vivant. À chaque niveau de cet organisme, il y aura des mécanismes en place pour éliminer les conflits, maintenir la coopération et maintenir le fonctionnement de l'organisme. »

Il y a potentiellement des centaines de milliers de planètes habitables dans notre seule galaxie. La semaine dernière, les astronomes ont encore découvert une vingtaine d'exoplanètes, relativement proches et potentiellement habitables. Nous pouvons de moins en moins prétendre que nous sommes la seule forme de vie dans l'univers. Mais, avec cette étude d'Oxford, nous avons fait un petit pas en avant en proposant que, si nous ne sommes pas seuls, nos voisins galactiques pourraient bigrement nous ressembler…∎[1]

---

1 Source . Université d'Oxford

SCIENCES & TECHNOLOGIES ::: DANS LE SECRET DES LABS

TWISTED LIGHT POURRAIT CRÉER UN INTERNET ULTRA-RAPIDE ET RENDRE LA FIBRE OPTIQUE OBSOLÈTE

Marine Barrio
UP' Magazine

Une nouvelle méthode d'utilisation des photons pour transporter l'information pourrait fournir une nouvelle solution sans fil pour la communication. Une équipe de chercheurs a mis au point un moyen de «tordre les photons» pour améliorer le transfert d'information quantique dans un espace ouvert.

L'UTILISATION DE PARTICULES de lumière, c'est-à-dire de photons, pour transmettre des informations n'est pas vraiment nouvelle. Les photons ont été utilisés dans un certain nombre de tests pour déterminer la précision des réseaux quantiques sur de longues distances. Alors que l'avènement de la communication quantique pourrait bien se profiler à l'horizon, une autre équipe de chercheurs a trouvé un moyen d'utiliser les photons pour transporter de l'information et des données sans fil, remplaçant potentiellement la fibre optique d'aujourd'hui et créant un Internet beaucoup plus rapide.

Des chercheurs de l'Université de Glasgow[1], au Royaume-Uni, en collaboration avec des collègues d'Allemagne,

---

1 https://www.gla.ac.uk/news/headline_555908_en.html

de Nouvelle-Zélande et du Canada, ont décrit ce qu'ils appellent le «moment angulaire optique» (OAM) dans une étude publiée récemment dans la revue Science Advances[1] . Cela fonctionne en «tordant la lumière» à travers les espaces ouverts. Concrètement, l'équipe « tort » les photons en les faisant passer à travers une sorte d'hologramme spécial.

Capables de voyager dans des espaces ouverts, ces photons tordus peuvent transporter plus de données dans chaque transmission, tout en devenant suffisamment forts pour résister aux interférences causées par l'air turbulent. L'hologramme permet aux photons de transporter plus que les bits binaires habituels composés de 0 et 1 utilisés dans les communications numériques d'aujourd'hui - de la même manière qu'un réseau quantique s'appuie sur les bits quantiques (qubits) pour relayer l'information.

La méthode s'est révélée efficace sur une liaison spatiale libre de 1,6 km construite par l'équipe de recherche à Erlangen en Allemagne. La zone test simulait un environnement urbain avec toutes les sources potentielles de perturbation du signal.

PLUS RAPIDE ET PLUS FIABLE

La mise au point de moyens plus fiables pour transférer l'information est plus que nécessaire, étant donné la façon dont le monde consomme aujourd'hui les données et l'information. « À une époque où notre consommation mondiale de données croît à un rythme exponentiel, il y a de plus en plus de pression pour découvrir de nouvelles méthodes de transport d'informations qui peuvent suivre l'énorme utilisation des données à travers le monde », a déclaré le Dr Martin Lavery, chef du Groupe de Recherche en Photonique Structurée à Glasgow, dans un communiqué de presse.

« Un système complet et fonctionnel de communication optique à impulsion angulaire, capable de transmettre des données sans fil à travers l'espace libre, a le potentiel de transformer l'accès en ligne pour les pays en développement, les systèmes de défense et les villes du monde entier », a-t-il ajouté. Puisque la fibre optique demeure le moyen le plus rapide de transférer l'information, Lavery croit que sa méthode peut « nous donner la bande passante de la fibre, mais sans avoir be-

1 Martin P. Lavery, Christian Peuntinger, Kevin Günthner, Peter Banzer, Dominique Elser, Robert W. Boyd, Miles J. Padgett, Christoph Marquardt and Gerd Leuchs, Free-space propagation of high-dimensional structured optical fields in an urban environment, Science Advances, 25 Oct 2017: Vol. 3, no. 10, e1700552

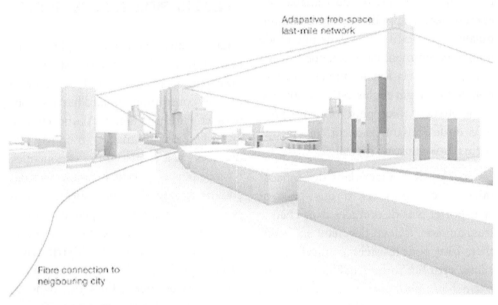

Adapative free-space
last-mile network

Fibre connection to
neigbouring city

Image : Université de Glasgow

soin de câblage physique ».

Bien qu'efficace, ce type de communication a ses propres limites. D'une part, le fait de se fier aux photons signifie qu'il ne peut pas être utilisé pour transmettre à l'intérieur. En outre, pour qu'un tel réseau sans fil soit pratique, il faut tenir compte d'un certain nombre d'autres questions : résiste-t-il aux interférences dues à des conditions météorologiques extrêmes ? Quelle quantité d'information peut-il gérer efficacement ?

L'équipe du Dr Martin Lavery a quand même réalisé une expérimentation prometteuse, démontrant comment l'optique dite adaptative peut améliorer le transfert d'informations quantiques. « Grâce à ces nouveaux développements, nous sommes confiants sur la possibilité que nous avons maintenant de repenser nos approches de la modélisation des canaux et les exigences imposées aux systèmes d'optique adaptative », a-t-il déclaré. « Nous nous rapprochons de plus en plus du développement des communications OAM qui peuvent être déployées dans un environnement urbain réel. »

Si cette solution s'avérait viable technologiquement, elle pourrait constituer une alternative de choix à la fibre optique. Le développement de cette dernière est extrêmement coûteux en raison de la nécessité d'enfouir des milliers de kilomètres de câbles. Cette technologie pourrait utilement compléter la fibre optique, notamment sur le dernier kilomètre. Selon nos confrères de 01.net, en libérant les opérateurs de cette contrainte physique, l'utilisation de la lumière torsadée permettrait d'accélérer le déploiement du très haut débit - par exemple en complément de la 5G, même dans les régions les plus reculées. ■

SCIENCES & TECHNOLOGIES ::: COSMOLOGIE

MATIÈRE NOIRE : ELLE FORME 84 % DE L'UNIVERS ET NOUS N'EN CONNAISSONS TOUJOURS RIEN. RIEN DE RIEN.

Dan Hooper

Chercheur associé en astrophysique théorique au Fermi National Accelerator Laboratory et professeur agrégé d'astronomie et d'astrophysique,
Université de Chicago

Matière noire : la mystérieuse substance physique qui constitue la majorité de notre univers ne peut toujours pas être identifiée. Pourtant, les efforts sont considérables pour essayer de la cerner. En vain. Dan Hooper est un des meilleurs spécialistes de la question. Il est chercheur associé en astrophysique théorique au Fermi National Accelerator Laboratory et professeur agrégé d'astronomie et d'astrophysique de l'Université de Chicago. Il nous confie, dans cet article, son blues de chercheur...

ES DERNIÈRES DÉCENNIES ont inauguré une ère étonnante dans la science de la cosmologie. Un éventail varié de mesures de haute précision nous a permis de reconstituer l'histoire de notre univers dans les moindres détails. Et lorsque nous comparons différentes mesures – du taux d'expansion de l'univers, des modèles de lumière libérée par la formation des premiers atomes, de la distribution dans l'espace des galaxies et des amas de galaxies et de l'abondance de diverses espèces chimiques – nous découvrons qu'elles racontent toutes la même histoire, et qu'elles décrivent toutes la même série d'événements.

Franchement, cette ligne de recherche a été plus fructueuse que nous ne l'aurions souhaité, à mon avis. Nous en savons plus sur l'origine et l'histoire de notre univers aujourd'hui que ce qu'il y a quelques décennies, on aurait imaginé apprendre en si peu de temps.

Mais en dépit de ces succès considérables, il reste encore beaucoup à apprendre. Et à certains égards, les découvertes des dernières décennies ont soulevé autant de questions nouvelles qu'elles n'en ont répondu. L'un des mystères les plus vexants se trouve au cœur de ce qui fait notre univers. Les observations cosmologiques ont déterminé avec une très grande précision la densité moyenne de la matière dans notre univers. Mais cette densité s'avère beaucoup plus grande que celle des atomes ordinaires.

Après des décennies de mesures et de débats, nous sommes maintenant convaincus que l'écrasante majorité de la matière de notre univers --- environ 84 pour cent – n'est pas composée d'atomes ou de toute autre substance connue. Bien que nous soyons en mesure de repérer son attraction gravitationnelle, ce qui nous permet de dire clairement qu'il est là, nous ne savons tout simplement pas ce que c'est. Ce truc mystérieux est invisible, ou du moins presque. Faute d'un meilleur nom, nous l'appelons «matière noire», mais nommer quelque chose est très différent que le comprendre.

Depuis presque aussi longtemps que nous savons que la matière noire existe, les physiciens et les astronomes ont imaginé des moyens d'apprendre de quoi elle est faite. Ils ont construit des détecteurs ultra-sensibles[1], déployés dans des mines souterraines profondes[2], afin de mesurer les impacts légers des particules individuelles de matière noire qui entrent en collision avec des atomes.

Ils ont construit des télescopes exotiques – sensibles non pas à la lumière optique mais aux rayons gamma[3], aux rayons cosmiques[4] et aux neutrinos[5], moins familiers – pour rechercher le rayonnement à haute énergie qui serait généré par les interactions des particules de matière noire.

---

1 https://pandax.sjtu.edu.cn/
2 http://www.xenon1t.org/
3 https://fermi.gsfc.nasa.gov/
4 http://www.ams02.org/
5 http://icecube.wisc.edu/

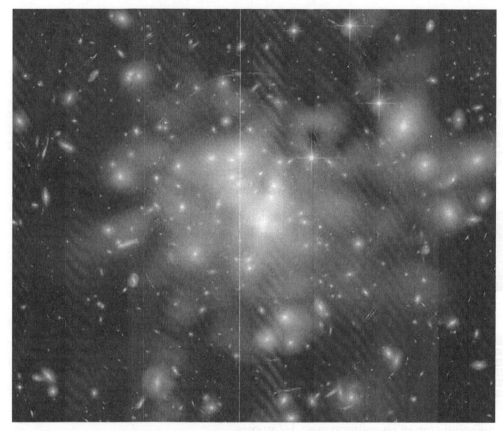

Les astronomes cartographient indirectement la matière noire, par son attraction gravitationnelle sur d'autres objets.
NASA, ESA et D. Coe (NASA JPL/Caltech et STScI)

Et nous avons cherché des signes de matière noire à l'aide de machines incroyables qui accélèrent les faisceaux de particules – typiquement des protons ou des électrons – jusqu'aux vitesses les plus élevées possibles, puis les écrasent les uns contre les autres pour tenter de convertir leur énergie en matière[1]. L'idée est que ces collisions pourraient créer des substances nouvelles et exotiques, et peut-être inclure les types de particules qui composent la matière noire de notre univers.

---

1 http://www.tedxnaperville.com/talks/dan-hooper/

Il y a dix ans à peine, la plupart des cosmologistes – y compris moi-même – étaient raisonnablement confiants que nous allions bientôt commencer à résoudre le casse-tête de la matière noire. Après tout, un ambitieux programme expérimental se profilait à l'horizon, qui devait nous permettre d'identifier la nature de cette substance et de commencer à en mesurer les propriétés. Ce programme comprenait l'accélérateur de particules le plus puissant au monde – The Large Hadron Coolider[1], le Grand collisionneur de hadrons – ainsi qu'une panoplie d'autres nouvelles expériences et télescopes puissants.

> **«LA CHASSE CONTINUE, ET LE MYSTÈRE S'APPROFONDIT.»**

Mais les choses ne se sont pas déroulées comme nous nous y attendions. Bien que ces expériences et ces observations aient été effectuées aussi bien ou mieux que nous aurions pu l'espérer, les découvertes ne sont pas venues.

Au cours des quinze dernières années, par exemple, les expériences conçues pour détecter des particules individuelles de matière noire sont devenues un million de fois plus sensibles, et pourtant aucun signe de ces particules insaisissables n'est apparu. Et bien que le Grand collisionneur de hadrons ait, à l'exception du boson de Higgs[2], fait preuve d'une excellente performance technique, aucune nouvelle particule ou autre phénomène n'a été découvert.

L'opiniâtreté de la matière noire a laissé de nombreux scientifiques à la fois surpris et confus. Nous avions ce qui semblait être de très bonnes raisons de nous attendre à ce que des particules de matière noire soient découvertes maintenant. Et pourtant la chasse continue, et le mystère s'approfondit.

À bien des égards, nous n'avons plus de questions en suspens aujourd'hui qu'il y a dix ou deux ans. Et parfois, il peut sembler que plus nous mesurons notre univers avec précision, moins nous le comprenons. Tout au long de la seconde moitié du XXe

---

1 https://home.cern/topics/large-hadron-collider
2 https://home.cern/topics/higgs-boson

siècle, les physiciens théoriciens des particules ont souvent réussi à prédire les types de particules qui seraient découvertes au fur et à mesure que les accélérateurs deviendraient de plus en plus puissants. C'était vraiment impressionnant.

Mais notre prescience semble avoir pris fin – les particules longtemps prévues associées à nos théories favorites et les plus motivées ont refusé obstinément d'apparaître. Peut-être que les découvertes de ces particules sont à nos portes et que notre confiance sera bientôt rétablie. Mais à l'heure actuelle, il semble y avoir peu de soutien en faveur d'un tel optimisme.

En réponse, les physiciens reviennent en masse sur leurs tableaux, revoyant et révisant leurs hypothèses. Avec des ego meurtris et un peu plus d'humilité, nous essayons désespérément de trouver une nouvelle façon de donner un sens à notre monde.■[1]

---

1 *Cet article a été publié la première fois dans TheConversation-USA, partenaire éditorial de UP'Magazine*

SCIENCES & TECHNOLOGIES ::: RECHERCHE

LES « SCIENCES COMPUTATIONNELLES », NOUVELLE FRONTIÈRE POUR LA CONNAISSANCE ?

Francesco P. Andriulli
Responsable du laboratoire CERL - Professeur au département Micro-ondes
IMT Atlantique

Bénéficiant des avancées des mathématiques et de la puissance de calcul croissante des ordinateurs, les « sciences computationnelles » permettent de réduire la complexité des problèmes. Et de traiter de nouvelles questions, jusqu'alors inaccessibles pour les scientifiques. A la clé, des retombées potentielles majeures dans une foule de domaines.

IMAGERIE MÉDICALE et la santé, les nouveaux matériaux, l'industrie électronique, les interfaces homme-machine… Les « sciences computationnelles » sont en passe de changer la donne dans une foule de domaines. Issues des progrès récents des mathématiques associés à la puissance de calcul exponentielle des ordinateurs, elles permettent aux chercheurs de s'attaquer à des problèmes toujours plus complexes. Au point d'offrir un véritable changement de paradigme scientifique. Et de former désormais une discipline à part entière.

Les sciences computationnelles sont un champ de recherche des neurosciences qui s'applique à découvrir les principes computationnels des fonctions cérébrales et de l'activité neuronale, c'est-à-dire des algorithmes génériques qui permettent de comprendre l'implémentation dans notre système nerveux central de nos fonctions cognitives. Ce but a été défini en premier lieu par David Marr dans une série d'articles fondateurs (Source : Wikipédia).

On essaie de comprendre le cerveau à l'aide des modèles des sciences informatiques combinés à l'expérimentation et aux simulations numériques.

Les sciences computationnelles visent donc à développer des méthodes de calcul pour mieux comprendre les relations complexes entre la structure et la fonction du cerveau et du système nerveux en général. Outre une meilleure connaissance de la cognition et de ses dysfonctionnements, cette démarche permet d'appliquer un transfert de ces connaissances neuroscientifiques en proposant de nouvelles méthodes de traitement de l'information et des dispositifs technologiques innovants. Elle peut s'appliquer à différents niveaux de description, de la molécule au comportement, et nécessite l'intégration constructive de nombreux domaines disciplinaires, des sciences du vivant à la modélisation.

Les sciences computationnelles proposent ainsi une nouvelle démarche scientifique. Se développant progressivement du besoin de résoudre des problèmes de plus en plus ambitieux, les sciences computationnelles commencent à s'imposer comme une discipline à part entière.

Dans ce domaine, IMT Atlantique est particulièrement bien placé. L'école dispose en effet, au sein de son département micro-ondes, à Brest, d'un laboratoire dédié, le CERL (« Computational Electromagnetics Research Laboratory »), créé en 2015 par le professeur Francesco Andriulli. Pluridisciplinaire, le CERL réunit une dizaine de chercheurs venus d'horizons variés : mathématiciens, neurologues, spécialistes du calcul à haute performance...

« Ces dernières années, la puissance de calcul informatique a énormément augmenté, alors que les coûts ont baissé, explique Francesco Andriulli. On a pu réduire les temps de calcul, et multiplier les dispositifs « temps réel ». De plus, depuis les années 1970-1980, les techniques mathématiques ont progressé. Résultat, la capacité de modélisation est devenue très élevée. »

LAREVUE
#12.17

Les scientifiques ont ainsi pu traiter des problèmes toujours plus ardus, comportant de nombreuses variables. Le CERL a donc élaboré un modèle mathématique très performant, qui permet de réduire la complexité « computationnelle » d'un problème - une question qui mobilise plusieurs équipes dans le monde, à Yale, au MIT, à Polytechnique…. « La voie que nous avons choisie est très efficace, souligne l'enseignant. Quand un problème est deux fois plus complexe qu'un autre, le coût pour le résoudre avec un ordinateur est normalement huit fois plus élevé ; avec notre technologie, ce coût est seulement doublé. Et ainsi de suite… »

Les retombées peuvent être considérables dans nombre de domaines. A Brest, le CERL étudie notamment la propagation des ondes électromagnétiques en milieux complexes - à l'instar du cerveau humain. L'équipe utilise pour cela une sorte de casque muni de 256 capteurs, qui mesurent l'activité des différentes zones cérébrales. De quoi améliorer le diagnostic et obtenir de nouvelles techniques d'imagerie. « Le signal électrique suit un parcours spécifique entre les cellules neuronales. On peut ainsi obtenir une image très précise, et bien moins onéreuse qu'avec l'IRM », indique Francesco Andriulli.

DE MULTIPLES PISTES PROMETTEUSES

Cette « visite virtuelle » du cerveau permettrait de traiter des pathologies diverses : épilepsie, obsessions, troubles de l'attention, dépressions… Elle pourrait aussi être utilisée pour certaines maladies - notamment les maladies optiques. L'équipe du CERL envisage aussi de recourir au « neuro-feedback », qui consiste à faire enchaîner au patient des pensées spécifiques pour lutter contre certains troubles - une méthode qui s'apparente aux techniques de relaxation ou à la « pensée positive ». De nouvelles interfaces homme-machine pourraient également voir le jour, permettant par exemple de commander un ordinateur ou un fauteuil roulant par la pensée.

Dans le domaine industriel, les retombées sont aussi potentiellement très importantes. Ainsi, pour savoir si un téléphone mobile va augmenter la température du cerveau : « Traditionnellement, il faut fabriquer un prototype pour mesurer l'échauffement, expose Francesco Andriulli. C'est coûteux et cela prend beaucoup de temps. Avec l'ingénierie computationnelle, on voit d'emblée comment le modèle va rayonner. »

Les autres pistes prometteuses ne manquent pas : conception et caractérisation de circuits électroniques, conception de « méta-matériaux », d'antennes à très haut débit, de radars… L'équipe du CERL pourrait également lancer plusieurs startups.

« On peut ainsi avoir recours à l'électromagnétisme computationnel chaque fois que le réel est inaccessible - que ce soit le cerveau humain, le soleil, ou même l'intérieur d'une pyramide, qui peut faire l'objet d'une visite virtuelle. En réalité, les sciences computationnelles sont présentes partout », s'enthousiasme le chercheur.

Signe de la qualité de ses travaux, le CERL a obtenu récemment de l'Union européenne un financement de 2 millions d'euros sur cinq ans pour produire un algorithme qui sera mis en ligne et accessible à tous, dans une logique d'open source.

« IMT Atlantique est le bon endroit pour plancher sur ces sujets, assure Francesco Andriulli. L'accent y est mis sur la recherche scientifique, et celle-ci est très présente dans la formation des jeunes ingénieurs, dès la 1ère année du cursus. C'est un endroit idéal pour attirer de jeunes chercheurs. » ■

SCIENCES & TECHNOLOGIES ::: ARCHEOLOGIE

L'ARCHÉOLOGIE DU BIOLOGIQUE PART À LA RECHERCHE DES PARFUMS PERDUS

Dominique Frère

Professeur d'archéologie et d'histoire de la Méditerranée occidentale, Université de Bretagne Sud

Notre insatiable soif de curiosité nous attire naturellement vers les sites archéo-logiques les plus prestigieux et vers les contextes visuellement sensationnels, par exemple une tombe monumentale avec défunt accompagné d'un riche matériel en métal. Toutefois, en archéologie, ce sont parfois des indices très discrets, voire même invisibles à l'œil nu, qui apportent des informations susceptibles de renouveler nos connaissances.

INSI, LE BLOG DU MONDE « Dans les pas des archéologues. Des fouilles au labo » s'est fait l'écho le 17 août[1] d'une découverte archéologique apparemment modeste mais en fait exceptionnelle : des abeilles et des produits de la ruche conservés grâce à un incendie dans un habi-tat étrusque de la plaine du Pô, en Italie.

L'archéologie des produits de la ruche est un domaine de la recherche peu développé à cause du faible nombre de données conservées jusqu'à nous.

Si la cire d'abeille est révélée grâce aux analyses biomoléculaires, le miel et l'hydro-

---

1 http://archeo.blog.lemonde.fr/2017/08/19/une-etude-revele-les-secrets-de-fabrication-des-apiculteurs-etrusques/

Flacons retrouvés dans des fouilles à Pompéi

mel nous échappent en grande partie, hormis quelques rares attestations permises par la palynologie (l'étude des pollens conservés dans les strates archéologiques).

Sur le site de Forcello, où les archéologues ont découvert les abeilles et les produits de la ruche, les pratiques des apiculteurs étrusques ont pu exceptionnellement être conservées grâce à un violent incendie dans la fin du VIe s. av. J.-C. (vers 500). Un miel de grande qualité y était extrait mais aussi un produit particulier, le pain d'abeille (bee bread) aux grandes qualités nutritives et thérapeutiques. Les résultats des études archéobotaniques[1] faites sur le site italien et publiés dans la revue Journal of Archaeological Science sont d'une grande importance scientifique car ils révèlent ce qui habituellement a disparu par dégradation naturelle.

Vase à parfum étrusque en forme de sanglier. VIIe siècle av. J.-C. Musée de Cerveteri (Italie)

UNE ARCHÉOLOGIE DU BIOLOGIQUE

Nous sommes dans le domaine de l'archéologie des produits biologiques, c'est-à-dire

---

1 http://www.sciencedirect.com/science/article/pii/S0305440317300857?via%3Dihub

une archéologie portant sur la fabrication de produits alimentaires, médicinaux, cosmétiques à partir principalement de matériaux organiques. Le miel et la cire d'abeille appartiennent à ces catégories de substances biologiques amplement utilisées par nos ancêtres pour des emplois très divers, dont la fabrication de produits cosmétiques et médicinaux.

L'Université Bretagne Sud a piloté deux programmes internationaux de recherche (Perhamo et Magi[1]), lauréats de l'Agence Nationale de la Recherche concernant l'archéologie des produits biologiques et plus particulièrement la connaissance des substances parfumées et médicinales dans l'antiquité grecque, étrusque, phénico-punique et romaine.

À l'interface entre sciences de la matière et sciences humaines, ces programmes reposaient sur une approche pluridisciplinaire combinant études archéologiques (typologie du matériel, épigraphie, études des contextes de découverte), historiques (textes et images), archéobotaniques (caractérisation des pollens) et analyses chimiques des contenus.

Ces analyses biomoléculaires permettent d'identifier les marqueurs chimiques des matériaux organiques qui ont été contenus dans un récipient en céramique, en verre, en pierre ou en métal. Les matériaux organiques ont, au cours du temps, subi un processus plus ou moins long d'altération et ont perdu leur morphologie d'origine (s'ils en avaient une). La chimie biomoléculaire permet d'accéder à l'invisible en retrouvant des marqueurs de matériaux organiques piégés dans les parois des récipients archéologiques, par exemple les marqueurs de vin, d'huile d'olive, de graisses animales…

MÉTHODES D'IDENTIFICATION

La méthode la plus couramment utilisée est la chromatographie en phase gazeuse/liquide couplée à la spectrométrie de masse : une technique d'analyse qui sépare les différents composés d'un échantillon pour les identifier. Il s'agit en effet d'une méthode précise, sensible, adaptée à des produits biologiques simples ou complexes, dégradés

1 http://bioarchaeo.net/

ou mélangés. L'identification des matériaux repose sur deux étapes d'interprétation :

1. chaque constituant moléculaire est identifié par son spectre de masse,

2. les marqueurs sont regroupés en associations moléculaires caractéristiques de produits biologiques, d'où l'identification du matériau initial.

Cette méthode permet de caractériser les matériaux biologiques qui ont été contenus dans un vase antique et de fournir ainsi des données totalement inédites et d'un grand intérêt scientifique aux archéologues.

Les vases à parfum et à cosmétique sont très nombreux dans l'antiquité, attestant d'un usage à la fois quotidien et sacré des résines odorantes, des huiles parfumées et des onguents thérapeutiques.

SECRETS D'APOTHICAIRES

> « COMBIEN DE GUIRLANDES TRESSÉES, DE CHARMANTES FLEURS, TU ENLAÇAIS AUTOUR DE TA GORGE DÉLICATE ! COMBIEN DE VASES DE PARFUM, BRENTHIUM OU ROYAL, TU RÉPANDAIS SUR TA CHEVELURE ! »

En Europe méditerranéenne, c'est en particulier à partir du VIIe s. av. J.-C. que la mode du parfum se répand et donne naissance à un commerce maritime de grande ampleur[1].

Parmi les nombreux témoignages écrits et iconographiques, la poétesse Sappho de Lesbos[2], à la fin du VIIe, début du VIe s. av. J.-C., chante la volupté sensuelle des odeurs florales et des parfums orientaux :

Mais si les textes et les images sont relativement nombreux, nous ne disposons que peu d'informations sur la réalité technique et olfactive des parfums antiques, d'où la nécessité de recourir aux méthodes les plus modernes d'identification des contenus. Les analyses biomoléculaires des contenus de plusieurs centaines de petits flacons faites par le Laboratoire Nicolas Garnier dans le cadre des programmes de recherche

---

1 http://archeosciences.revues.org/3727
2 http://remacle.org/bloodwolf/poetes/falc/sappho/vie.htm

Perhamo et Magi[1] ont permis de révéler les secrets des apothicaires et parfumeurs de l'antiquité[2].

Il existait ainsi une forme ancienne d'hydrodistillation, la « protodistillation » ou distillation par entraînement à la vapeur avec un matériel en céramique[3]. Mais la technique la plus couramment utilisée était l'enfleurage à chaud soit l'extraction des principes aromatiques d'un végétal par l'intermédiaire d'un corps gras porté à température constante. Le corps gras était plutôt végétal : huile d'olive, huile de lin, huile d'amande…

Des matériaux aromatiques extrêmement diversifiés (sauge, laurier, rose, iris..) étaient mélangés avec du miel et parfois du lait puis étaient mis à macérer dans une huile portée à température constante (60-70°). Étaient ajoutés des composants qui faisaient office de fixateurs et de conservateurs comme de l'oléorésine de conifère, du vinaigre de vin et parfois de la cire d'abeille.

Le résultat était une huile aromatisée à la rose, à la sauge, au laurier… qui pouvait

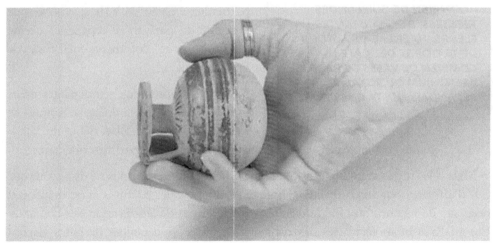

Aryballe (flacon à parfum) étrusque en céramique du VI☒ s. av. J.-C. Musée de Dinan

1 http://www.bioarchaeo.net/spip.php?rubrique7
2 http://www.dailymotion.com/video/x5oam24
3 http://archeosciences.revues.org/3985

se conserver deux ou trois ans et qui pouvait être mélangée avec d'autres huiles pour la fabrication de parfums complexes ou avec des composants minéraux (comme de la poudre de kaolin) pour l'obtention d'onguents médicinaux.

Prenons l'exemple d'un petit vase étrusque conservé au musée de Dinan, appelé un aryballe (flacon à huile parfumée) datant du VIIe s. av. J.-C.

Une photographie aux rayons X permet de constater que l'intérieur de la panse est occupé par des nodules de tailles et de formes diverses. Observés à l'œil nu et à la loupe binoculaire, il s'avère que chaque nodule est fait de la même matière dure, cassante, de couleur brun clair à brun noir, composée d'une succession de minuscules strates superposées (de l'ordre de 0,1mm). La microscopie électronique a permis de révéler qu'il s'agit de kaolinite. La poudre très fine de kaolin, mélangée aux huiles parfumées, permettait d'obtenir une crème onctueuse. Au fil du temps, à l'intérieur de la tombe, les composants organiques de la crème parfumée se sont dégradés tandis que la matière minérale s'est solidifiée sous la forme de strates très fines qui se sont déposées et superposées au fond du vase.

Nous constatons à quel point la réalité olfactive et matérielle (consistance, couleur) des parfums antiques était ainsi différente de celle des parfums actuels.

En effet, à la différence des parfums contemporains, le principe des parfums antiques reposait sur la mymêsis de la nature, à savoir la captation et la conservation des exhalaisons florales et arbustives. Ce ne sont pas que des effluves agréables qui étaient recherchées, mais des odeurs marquant la présence du sacré ou agissant par leur pouvoir thérapeutique et prophylactique.

La qualité et la fonction d'un parfum dépendaient des matières végétales utilisées, de leur valeur symbolique, leur usage rituel et leur dimension magico-médicinale. ■ 1

---

1 *Cet article a été publié la première fois dans TheConversation-Fr, partenaire éditorial de UP' Magazine*

SCIENCES & TECHNOLOGIES ::: BIODIVERSITÉ

DARWIN DÉPASSÉ : DES ESPÈCES ANIMALES ÉVOLUENT EN DEUX GÉNÉRATIONS

Marine Barrio
Journaliste UP' Magazine

En à peine deux générations, une nouvelle espèce d'oiseau est apparue sur l'île des Galapagos. Phénomène incroyable quand on sait que le rythme de l'évolution s'étend, en général sur de nombreuses générations.
Darwin n'en aurait pas cru ses yeux ! Cette vitesse est à rapprocher des pressions que font peser les humains sur l'évolution de centaines d'espèces, les contraignant à se transformer bon gré mal gré. Ce que l'on sait désormais c'est que tout cela peut aller vite, très vite.

 EST SUR UNE ÎLE ISOLÉE DE L'ARCHIPEL DES GALAPAGOS que des chercheurs ont observé une nouvelle espèce d'oiseau, produite en l'espace de deux générations seulement. L'animal a été dénommé Big Bird par les scientifiques à l'origine de cette étude publiée dans la revue Science.

Cette étude des chercheurs de l'Université de Princeton et de l'Université d'Uppsala est issue de recherches sur les pinsons de Darwin, des volatiles indigènes des îles Galápagos. Cet archipel mythique car c'est là que Darwin forgea sa théorie de l'évolution, est une bulle naturelle unique en son genre. Les scientifiques peuvent y observer l'évolution à l'état pur, seulement conduite par la nature.

Rosemary et Peter Grant, deux scientifiques de Princeton, ont voulu observer au plus près les mécanismes de cette évolution. Ils se sont donc installés pendant quatre décennies sur la petite île de Daphne Major. « La nouveauté de cette étude est que nous pouvons suivre l'émergence de nouvelles espèces dans la nature », a déclaré B. Rosemary Grant, professeur émérite d'écologie et de biologie évolutionniste et biologiste principal de la recherche. « Grâce à notre travail sur Daphne Major, nous avons pu observer l'appariement de deux oiseaux d'espèces différentes et suivre ce qui s'est passé pour voir comment la spéciation s'est produite. »

Le célèbre biologiste Peter Grant sur l'île Daphne Major aux Galapagos

Tout a commencé en 1981, lorsqu'un étudiant des Grant a remarqué un oiseau mâle dont le chant était un peu différent, avec un corps et un bec beaucoup plus gros que ceux des trois espèces indigènes sur Daphne Major. « Nous ne l'avons pas vu entrer par la mer, mais nous l'avons remarqué peu après son arrivée. Il était si différent des autres oiseaux que nous savions qu'il n'avait pu éclore d'un œuf sur Daphné Major », raconte Peter Grant, professeur émérite de zoologie, d'écologie et de biologie évolutionniste.

Des échantillons de sang et d'ADN ont permis aux chercheurs de découvrir que l'étrange nouvel oiseau était en fait un grand pinson cactus de l'espèce Geospiza conirostris natif de l'île d'Española, située à plus de 100 km de Daphne Major. Le «Big Bird» s'est accouplé avec un pinson natif de taille moyenne, Geospiz fortis, et a créé une lignée entièrement nouvelle de «Big Birds». Cela s'est produit parce que le pinson cactus ne pouvait pas voler sur la longue distance qui le séparait de son île natale, et a donc été forcé de choisir un compagnon de l'une des espèces d'oiseaux vivant sur Daphné au lieu de convoler avec un congénère de sa propre espèce.

Les chercheurs impliqués dans cette étude ont noté qu'une évolution aussi remarquable et rapide a été rendue possible par l'isolement reproductif, qui est une étape critique dans la création d'une nouvelle espèce issue du croisement de deux espèces distinctes. Jusqu' à présent, il était généralement admis que l'évolution d'une nouvelle espèce prend beaucoup de temps. Cependant, en raison des circonstances et de l'environnement uniques offertes par cet archipel isolé, «Big Bird» a prouvé aux chercheurs que l'évolution d'une nouvelle espèce est possible en seulement deux générations.

Alors que la pollution et le changement climatique font rage, les scientifiques découvrent ainsi que l'évolution peut se produire quand et où nous nous y attendons le moins. Nous constatons de plus en plus qu'à l'exception d'anomalies naturelles comme «Big Bird», l'action humaine peut considérablement influencer l'évolution. De ce que nous mettons dans l'atmosphère à la façon dont nous étendons nos environnements urbains, les animaux du monde entier s'adaptent et évoluent.

SÉLECTION CONTRE NATURE

Des recherches récentes révèlent en effet que bon nombre de nos activités exercent une sélection involontaire importante sur les organismes. Une telle « sélection contre nature «, comme le rappelle à la BBC le professeur Adam Hart de l'université de Gloucestershire, provoque une évolution de ces populations au fur et à mesure que la logique inévitable de la sélection darwinienne entre en jeu.

Le meilleur et le plus important exemple d'évolution involontaire découlant de notre activité est peut-être la résistance aux antibiotiques. Les antibiotiques imposent une énorme pression de sélection aux bactéries et il y a un énorme avantage à tous ceux qui peuvent résister. De même, les pesticides sont sélectionnés pour leur résistance aux pesticides.

Certains exemples bien connus de sélection et d'évolution non naturelle proviennent des pêches commerciales. Ce sont les plus gros poissons qui sont habituellement ciblés et ceux qui restent sont par conséquent plus petits. Mais cet effet ne traduit pas seulement un changement démographique.

Le Dr Eric Palkovacs de l'Université de Californie Santa Cruz explique : « Nous avons enlevé les gros poissons et cela a un effet direct sur la structure de taille d'une population. Les populations subséquentes ressentiront cet impact parce que ces petits poissons apportent plus de gènes à la population. » En d'autres termes, les gènes de la «petitesse» prospèrent alors que les gènes de la «grandeur» sont éliminés sélectivement par la pêche.

De la même façon, l'urbanisation conduit de facto à une sélection des espèces capables de tolérer les milieux que nous créons. À l'échelle mondiale, nous causons des changements climatiques qui imposent d'autres pressions de sélection que nous ne comprenons pas encore parfaitement.

Il semble que pratiquement tout ce que nous faisons peut avoir une conséquence évolutive accidentelle.

Ce que l'on sait maintenant, c'est que le phénomène se déploie à une vitesse jamais vue. ■¹

---

1 *Sources : Science, Futurism, Phys.org, BBC*

PLANÈTE

CLIMAT
BIODIVERSITÉ
TRANSITION ÉCOLOGIQUE
SÉCURITÉ ALIMENTAIRE
AGROSTRATÉGIES

PLANÈTE ::: CLIMAT

LA FONTE DES GLACES AUTOUR DU GROENLAND PERTURBE GRAVEMENT LE GULF STREAM. GLACIATION ET MONTÉE DES EAUX EN EUROPE ?

Alexandre Aget
UP' Magazine

Pour la première fois, les données océanographiques du nord-est du Groenland révèlent l'impact à long terme de la fonte de la calotte glaciaire groenlandaise. L'augmentation de la teneur en eau douce observée affectera les conditions de tous les fjords du Groenland et, à terme, les courants océaniques mondiaux qui maintiennent l'Europe au chaud.

ES CHERCHEURS de l'Université d'Aarhus au Danemark présentent une série chronologique de 13 ans de données dans la revue scientifique Nature, qui montre comment la fonte des glaces affecte les eaux côtières du nord-est du Groenland.

Au fil des ans, la fonte dramatique des glaces dans l'océan Arctique a fait l'objet d'une grande attention et est facile à observer au moyen d'images satellites. De plus, on a observé que les glaciers fondent et se retirent, et les chercheurs savent que la fonte actuelle de l'inlandsis groenlandais a plus que doublé par rapport à la période 1983-2003. On ne sait toutefois pas comment l'afflux accru d'eau douce affectera le milieu marin.

Aujourd'hui, des mesures annuelles uniques effectuées depuis 2003 dans le cadre du «Greenland Ecosystem Monitoring Program», dans le nord-est du Groenland, font apparaître très clairement que l'eau douce de la calotte glaciaire s'accumule dans les couches superficielles de la mer environnante et s'écoule dans les fjords groenlandais.

Les mesures ont été faites dans le fjord Young Sound et dans la mer à l'extérieur de Young Sound. Ici, les longues séries chronologiques montrent que les couches d'eau de surface sont devenues jusqu' à 1,5 fois moins salées pendant la période de mesure. Cela équivaut à une augmentation de la teneur en eau fraîche d'environ 1 m en 2003 à près de 4 m en 2015 !

Une partie de l'eau douce provient probablement de la fonte de l'inlandsis groenlandais au nord de Young Sound et est transportée par le courant océanique de l'est du Groenland le long de sa côte orientale. De l'océan, l'eau douce s'écoule dans les fjords du Groenland où elle influence la circulation locale avec des impacts sur la production et la structure de l'écosystème. Plus il y a d'eau douce dans les couches d'eau de surface, plus il est difficile pour l'eau de fond riche en nutriments de remonter jusqu'aux couches supérieures où la lumière du soleil assure la production d'algues planctoniques en été.

Rappelons que les algues planctoniques sont à la base de toute vie dans la mer et une production plus faible d'algues entraînera une production moindre de poissons. Aujourd'hui, la pêche représente environ 88% des exportations groenlandaises.

La fonte de la calotte glaciaire dans le nord-est du Groenland est beaucoup plus faible que dans le sud et l'ouest du Groenland, et les chercheurs préviennent que les effets pourraient être beaucoup plus dramatiques dans d'autres parties des eaux côtières du Groenland que dans Young Sound.

À l'échelle mondiale, la fonte accrue de la calotte glaciaire contribue à l'élévation du niveau de la mer et peut avoir un impact sur les schémas de circulation océanique mondiale – la «circulation thermohaline» ou circulation océanique de retournement –, dans laquelle, le Gulf Stream est le moteur qui maintient l'Europe dans un climat tempéré.

Détecté dans toutes les projections des modèles climatiques actuels, le ralentissement de la circulation océanique de retournement pourrait entraîner un bouleversement climatique sans précédent. En 2013, le GIEC, se basant sur les résultats d'une quarantaine de projections climatiques, a estimé que ce ralentissement s'installerait progressivement et sur une échelle de temps longue. Un refroidissement rapide de l'Atlantique Nord au cours du XXIe siècle semblait donc peu probable.

Mais, dans le cadre du projet européen EMBRACE publié en février 2017, une équipe d'océanographes a réexaminé ces 40 projections climatiques en se focalisant sur un point névralgique au nord-ouest de l'Atlantique Nord : la mer du Labrador[1]. Cette mer est le siège d'un phénomène de convection, qui nourrit à plus grande échelle la circulation océanique de retournement. Ses eaux de surface se refroidissent fortement en hiver, deviennent plus denses que les eaux de profondeur et plongent vers le fond. La chaleur des eaux profondes est transférée vers la surface et empêche la formation de banquise. Choisissant d'étudier ce phénomène de convection en détail, les chercheurs ont développé un algorithme capable de repérer les variations rapides des températures à la surface de l'océan.

Cette « moulinette statistique » a révélé que 7 des 40 modèles climatiques étudiés projetaient un arrêt complet de la convection engendrant des refroidissements abrupts – 2 ou 3 degrés en moins de dix ans – de la mer du Labrador, induisant de fortes baisses des températures dans les régions côtières de l'Atlantique Nord.

Mais un tel refroidissement rapide, simulé seulement par quelques modèles, est-il vraisemblable ? Pour répondre à cette question, les chercheurs se sont penchés sur la variable clé du déclenchement de la convection hivernale : la stratification océanique. Ces variations verticales de la densité des masses d'eau sont bien reproduites dans 11 des 40 modèles. Parmi ces 11 modèles, qui peuvent être considérés comme les plus fiables, 5 simulent une baisse rapide des températures de l'Atlantique Nord !

La nouvelle étude publiée par Nature confirme et aggrave ces conclusions.

La fiction hollywoodienne « Le jour d'après » serait-elle en train de devenir une réalité ? ■

1 Abrupt cooling over the North Atlantic in modern climate models, Giovanni Sgubin, Didier Swingedouw, Sybren Drijfhout, Yannick Mary & Amine Bennabi. Nature Communications, 15 février 2017. DOI: 10.1038/ncomms14375

COP23 : PRÉSERVER L'ESPRIT DE PARIS : OÙ EN SOMMES-NOUS ET QUELS SONT LES ENJEUX ?

Judith Voss-Stemping et David Levaï
Directeur Programme Climat - Négociations internationales
pour le changement climatique IDDRI

La COP23, qui s'ouvre à Bonn ce lundi 6 novembre jusqu'au 17 novembre, intervient après une nouvelle année de phénomènes météorologiques extrêmes, dont les impacts ont encore battu des records historiques – à l'image des inondations en Asie centrale et du Sud ou de la récente série d'ouragans en Amérique du Nord et dans les Caraïbes. L'IDDRI (Institut du développement durable et des relations internationales) présente dans son dernier édito les enjeux de l'événement : avancer sur une urgente et délicate mise en œuvre de l'accord de Paris.

POUR LA PREMIÈRE FOIS, un État insulaire, la République des Fidji, va présider la COP. Compte tenu du contexte particulier et de l'incertitude quant aux futurs flux financiers, on peut s'attendre à ce que Fidji mette l'accent sur des questions chères aux coalitions telles que le Climate Vulnerable Forum, qui préconise un « paquet solidarité » englobant des questions étroitement liées telles que le financement, l'adaptation, le renforcement des capacités et les pertes et dommages. Si la solidarité est symboliquement importante, la présidence fidjienne aura la lourde tâche de conserver l'esprit constructif et le cadre d'unité qui ont présidé à l'Accord de Paris, en dépit de la tentation qu'auront certains de faire resurgir d'anciennes divisions.

LAREVUE
#12.17

Cette tâche relève d'une délicate diplomatie climatique, que l'Union européenne devra également mener, car la confiance entre les pays en développement vulnérables et les pays développés est la clé d'une plus grande ambition.

ÉTAT DES LIEUX

Même si cela n'a pas été une surprise, l'annonce du retrait des États-Unis de l'Accord de Paris a été un choc qui a largement dépassé la communauté climatique et a joué un rôle mobilisateur, et même catalyseur, en matière d'actions en faveur du climat mises en œuvre par toute sorte d'acteurs, des nations aux individus, des villes aux entreprises. Si la plupart des pays ont refusé ensemble de renégocier l'accord et ont réaffirmé la nécessité d'une action forte en faveur du climat et d'une gouvernance globale, il reste à voir comment la première COP après l'annonce du retrait américain assimilera et traduira ces déclarations de bonne volonté en actions climatiques concrètes. Espérons que Donald Trump n'a pas abaissé la barre au point que le fait d'être « ambitieux » ne se limite pas désormais à simplement rester dans l'accord de Paris. Car les scientifiques nous le répètent plus que jamais, ce serait loin d'être suffisant si nous voulons que nos objectifs de température restent à notre portée.

Étant donné les attentes réduites que suscite la COP23 en termes de résultats, l'attention du monde se détournera sans aucun doute de ce qui se passe dans la zone Bula (zone bleue) – consacrée aux négociations – pour se porter plus que d'habitude sur la zone Bonn (zone verte) – qui mettra l'accent sur le Plan mondial d'action pour le climat.

Cette année, les principaux signes de l'avancement des politiques climatiques mondiales pourraient ne pas venir des débats intergouvernementaux mais plutôt des coalitions volontaires de gouvernements, de la société civile et des acteurs économiques. Tout le monde sera à l'affût d'une réémergence du leadership climatique, mais de manière décentralisée, car les pays ne sont plus désormais son unique incarnation.

L'Union européenne a été plus active dans le cadre de l'Agenda de l'action que dans celui des négociations, même si l'un de ses États membres (la Pologne) présidera la COP l'année prochaine. Les leaders infranationaux occupent le premier plan, à l'image du gouverneur de la Californie Jerry Brown, de l'ancien maire de New York Michael Bloomberg ou de la coalition « Nous sommes toujours dans l'Accord de Paris » (« We are still in »), qui poursuivent l'action climatique aux États-Unis, malgré les obstacles. Il reste à voir si ce leadership se traduira concrètement par de nouvelles actions sur le terrain. De nombreuses opportunités de faire connaître les actions en faveur du climat se présenteront, ce qui permettra d'évaluer la dynamique du Plan mondial d'action pour le climat et les progrès qu'il peut engendrer.

NÉGOCIATIONS DE LA COP23

Les négociations à venir doivent remplir deux missions importantes : faire progresser le squelette actuel du règlement de l'Accord de Paris, et concevoir le Dialogue facilitatif. Si beaucoup s'attendent à une COP technique – des négociateurs s'interrogeant sur une formulation consensuelle du règlement –, elle devrait également aboutir à un autre résultat qui ne sera pas négocié en tant que tel : la conception du Dialogue facilitatif, par lequel les Parties dresseront collectivement l'année prochaine le bilan de leurs efforts en matière de climat ; conçu de manière solide et appropriée, ce Dia-

logue pourra déjà aider à créer les conditions permettant aux Parties de revoir à la hausse leur ambition climatique.

RÈGLEMENT

En ce qui concerne le règlement, les progrès réalisés lors des précédentes conférences sur le climat ont été faibles mais continus, et les questions qui restent à résoudre comprennent notamment : le cadre de transparence, la communication sur l'adaptation, les indications pour les NDC ou la conception du Bilan mondial (Global stocktake) ainsi que les questions relatives à la mise en œuvre et la conformité[1]. Même si le règlement ne sera pas finalisé avant la COP24, la réussite sera évaluée à partir des avancées réalisées sur un ensemble de règles communes pour tous et suffisamment flexibles en fonction des capacités des pays.

DIALOGUE FACILITATIF

À l'issue de consultations approfondies avec les Parties et les acteurs non-étatiques, la présidence fidjienne aura la lourde tâche de proposer la conception d'un dialogue, processus qui ne se limi-

---

1 Biniaz, S. (2017). Analyse critique de l'article 15 de l'Accord de Paris : faciliter la mise en œuvre et promouvoir la conformité. Iddri, Policy Briefs N°10/17.

tera pas à un seul moment de la COP24.

Ce processus comprendra probablement une phase préparatoire lors de la prochaine session de Bonn début 2018 et une phase politique pendant la COP24. Pour accompagner la réalisation des progrès nécessaires, la présidence fidjienne a introduit le concept de Talanoa, qui fait référence à une conversation à bâtons rompus au fil de laquelle les idées sont partagées et la confiance fondée sur la compréhension mutuelle et l'empathie.

Rappelons que les niveaux d'ambition actuels sont loin d'être suffisants : il est ainsi urgent que les bonnes incitations soient en place pour que les Parties veuillent réviser leurs NDC, et que les bonnes opportunités soient disponibles pour qu'elles puissent effectivement présenter des contributions plus ambitieuses avant 2020.

AU-DELÀ DE LA COP23, LE CHEMIN DE L'AMBITION

Dans l'ensemble, cette COP sera probablement beaucoup plus importante et symbolique que beaucoup ne le reconnaissent, car elle donne le coup d'envoi d'une séquence politique de trois ans au cours de laquelle les sommets sur le climat se multiplieront : quelques semaines seulement après la COP23, le Président Macron invitera le 12 décembre le monde entier à Paris afin de célébrer le deuxième anniversaire de l'Accord de Paris et de mobiliser le financement climatique pour une transformation résiliente et sobre en carbone, réelle et profonde.

Moins d'un an plus tard et seulement quelques mois avant la COP24, le gouverneur californien Jerry Brown entend rassurer le monde sur le fait que l'ambition climatique américaine ne s'est pas affaiblie mais est passée du niveau fédéral au niveau national et local. Enfin, le secrétaire général des Nations Unies promet un autre sommet en 2019.

Cette profusion de réunions devrait aider à mettre clairement en évidence l'insuffisance des efforts existants et créer une nouvelle dynamique d'ambition.

Mais la notion même d'ambition, souvent limitée aux niveaux d'émission cumulée des pays, souffre d'un manque de reconnaissance globale, qui permettrait aux pays de s'engager dans une discussion constructive[1].

---

1 Levaï, D., Baron, R. (2017). Au-delà des objectifs de réduction d'émissions : l'ambition climatique dans le contexte du Dialogue facilitatif de 2018. Iddri, Policy Briefs N°12/17.

Ce n'est qu'en adoptant une approche plus large – et une vision plus riche, plus opérationnelle et donc plus efficace – que les décideurs pourront relever leur niveau d'ambition, en envisageant les transformations sectorielles à long terme nécessaires pour conduire la décarbonation . La COP23 semble être le bon moment pour aborder cette question et lancer la réflexion sur l'ambition dans une perspective multidimensionnelle. ∎

Transports Deep Decarbonization Pathways Project Consortium (2017, à paraître). Beyond emission targets: how to decarbonize the passenger transport sector. Iddri, Policy Briefs N°13/17

ARTIFICIALISATION DES TERRES : POUR LA TAXER, IL FAUT BIEN LA DÉFINIR.

Damien Demailly, Coordinateur du programme Nouvelle Prospérité IDDRI
Yann Laurans, Directeur de programme Biodiversité IDDRI
Alice Colsaet – IDDRI

La France s'alarme depuis longtemps de l'artificialisation d'un département tous les dix ans. Nous sommes cependant encore loin d'y mettre un terme, comme le Président de la République s'y est engagé pendant sa campagne électorale. C'est pourquoi il faut se féliciter du retour de cette question sur l'agenda politique, à l'initiative du ministre de la Transition écologique et solidaire qui vient de lancer une réflexion sur la taxation de l'artificialisation des terres.

Mais que faudrait-il taxer exactement ? L'artificialisation, le fait de transformer des espaces naturels ou agricoles en espaces artificialisés (espaces urbains, de transports, de loisirs et d'extraction), est-elle simplement synonyme – comme on l'entend souvent – de bétonnage des terres agricoles pour construire des logements ? Une étude de l'Iddri, publiée en début d'année, apporte des éléments de réponse.

L E MINISTRE NICOLAS HULOT veut lutter contre «la folie des grandeurs» des promoteurs immobiliers et remédier à la diminution des surfaces agricoles, et envisage donc de taxer les «bétonneurs» pour préserver la biodiversité. « J'étudie une nouvelle source de financement qui permettrait de lutter contre l'artificialisation des sols et de financer la préservation de la biodiversité » expliquait-il au journal Le Parisien le 11 octobre dernier[1]. Une prise de conscience et de position qui serait en rapport avec le sondage Ifop[2] publié par l'ONG environnementale WWF France, qui révèle que 78% des français seraient favorables à un moratoire sur l'artificialisation des terres agricoles dès 2020.

L'artificialisation résulte d'un processus de progression et de régression d'une grande diversité d'usages du sol. Ces usages du sol ont un intérêt variable pour la biodiversité, y compris en zone urbaine. Ce potentiel pour la biodiversité dépend fortement de la manière dont ces espaces sont gérés.

Image emblématique d'une banlieue tentaculaire aux USA , tirée du film de Gregory Greene «The End of Surburbia»

Une politique voulant protéger la biodiversité devrait donc s'intéresser à la manière de concevoir, d'aménager et de gérer ces différents espaces – autant, voire plus, qu'à

1 http://www.leparisien.fr/environnement/pour-proteger-les-terres-agricoles-hulot-veut-taxer-les-betonneurs-11-10-2017-7323051.php
2 https://www.wwf.fr/vous-informer/actualites/sondage-ifop-wwf-les-francais-pour-un-changement-de-modele-agricole

contenir l'urbanisation.

L'évaluation des politiques peine à faire le lien entre les actions menées en matière de biodiversité, les objectifs attendus et les résultats. Si des mesures politiques axées sur la biodiversité sont mises en avant, on constate en parallèle que les écosystèmes continuent de se dégrader, voire que les pressions sur la biodiversité augmentent – sans que la responsabilité des politiques publiques soit réellement interrogée. Comment évaluer réellement les politiques publiques mises en œuvre, les moyens employés, et leurs effets sur la biodiversité ?

UNE ANALYSE FINE DES DYNAMIQUES D'ARTIFICIALISATION

Grâce aux données[1] très détaillées disponibles sur l'Île-de-France – données qui n'existent malheureusement pas au niveau national – l'étude de l'DDRI[2] analyse les dynamiques d'artificialisation entre 1999 et 2012 sur ce territoire. La figure ci-dessous permet de visualiser les changements d'usage des sols, en distinguant des types d'espaces qui n'ont pas le même intérêt pour la biodiversité :

- Les espaces boisés, qui constituent d'importants réservoirs de biodiversité lorsque leur gestion est adaptée.

- Les espaces naturels ouverts, par exemple les landes ou prairies naturelles, qui sont des milieux essentiels pour de nombreuses espèces.

- Les espaces agricoles, pour les cultures et les pâturages, qui ont un potentiel de biodiversité variable selon les pratiques, faible par exemple dans le cas de monocultures intensives et d'une simplification du paysage.

- Les espaces ouverts artificialisés, c'est-à-dire les espaces verts urbains, les terrains de sport, les gazons bordant des zones d'activités ou des infrastructures de transport, qui tous peuvent être intéressants pour la biodiversité s'ils sont connectés à des corridors écologiques et bien gérés (non recours aux pesticides, fauches tardives, etc).

---

1 le MOS, réalisé par l'Institut d'aménagement et d'urbanisme d'Île-de-France
2 « Pour une approche de l'artificialisation des sols du point de vue de la biodiversité – le cas de l'Île-de-France « -IB N°01/2017) http://www.iddri.org/Publications/Collections/Syntheses/artificialisation_rapport final.pdf

- Les carrières, chantiers ou décharges, transformant sensiblement les milieux mais qui, étant souvent « renaturées » au fur et à mesure de leur exploitation, constituent une artificialisation réversible.

- Les espaces revêtus ou bâtis, c'est-à-dire les logements, les zones d'activité économique, les routes ou encore les parkings, dont l'intérêt pour la biodiversité est quasi nul.

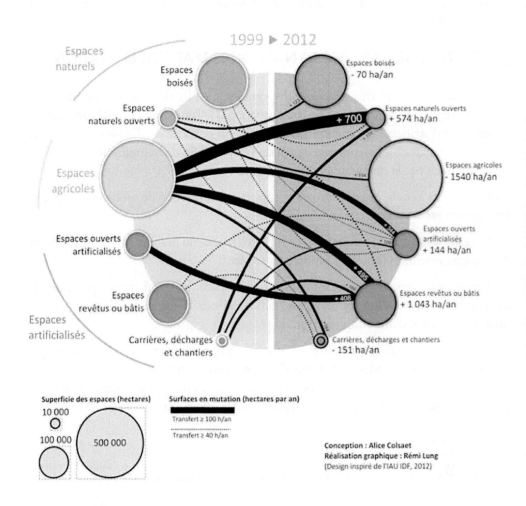

TAXATION DE L'ARTIFICIALISATION : 4 ENSEIGNEMENTS

En faisant l'hypothèse que la dynamique d'artificialisation au niveau national n'est pas radicalement différente de celle en Île-de-France, on peut tirer de nombreux enseignements de cette figure, utiles à la réflexion en cours sur la taxation de l'artificialisation. Soulignons en quatre ici.

Le premier est que la majorité – 60 % en Île-de-France – des nouveaux espaces artificialisés sont des espaces bâtis ou revêtus, autrement dit « bétonnés ». La construction de logements a une responsabilité importante dans ce bétonnage : 23 % des espaces sont artificialisés pour construire des habitations individuelles, et 3 % pour des habitations collectives... qui fournissent peu ou prou le même nombre de logements. 5 % sont des routes et autres infrastructures de transport et 6 % des parkings.

Rien de surprenant jusque-là. Ce qui l'est plus, c'est que 19 % des terres artificialisées le sont par des zones d'activités économiques, et notamment des entrepôts logistiques, et que ces activités progressent très fortement.

Le deuxième enseignement est que les espaces ouverts artificialisés sont victimes de ce bétonnage dans des proportions équivalentes aux terres agricoles. Ces espaces, à l'image des espaces verts, sont bâtis au fil du temps dans une dynamique de densification urbaine certes souhaitable pour limiter la consommation d'espace, mais qui contribue aussi à la perte d'écosystèmes.

Troisièmement, l'artificialisation n'est pas, et de loin, uniquement une « progression du béton » : 22 % des nouveaux espaces artificialisés sont transformées en espaces artificialisés ouverts (terrains de sport, pelouses artificielles, etc).

Quatrièmement, si ce sont bien les terres cultivées qui sont les premières touchées par l'artificialisation, il peut être trompeur de se focaliser uniquement sur la préservation du potentiel cultivable. Les espaces naturels ouverts, qui comprennent des milieux rares, sont aussi victimes de l'artificialisation, et peuvent également être transformés en terres agricoles intensives, avec des conséquences importantes pour la biodiversité.

L'analyse détaillée des dynamiques de conversion des terres dans une région comme l'Île-de-France met donc en lumière que l'artificialisation ne se limite pas au bétonnage de terres agricoles pour construire des logements.

QUELLE TAXE CONTRE L'ARTIFICIALISATION ?

Si l'objectif de la future taxe est de peser sur les usages les plus fortement responsables de l'artificialisation, alors elle devra également viser le développement des zones d'activité économique, la construction de nouveaux espaces ouverts artificialisés, leur bétonnage progressif, ou encore la progression des terres agricoles sur des espaces naturels.

Une taxe qui se veut incitative nécessite de définir finement les types d'artificialisation visés, d'avoir une compréhension approfondie de leur logique économique et de leurs contraintes, et doit être accompagnée d'une modification des dispositifs réglementaires et fiscaux existants, dont certains encouragent l'artificialisation.

Si, au contraire, l'objectif de la taxe est de générer des fonds visant à compenser les effets négatifs des aménagements qui artificialisent le territoire, alors on lui préférera une assiette large, avec un taux faible. Et ce seront les modalités de ces compensations et actions correctives qui feront le succès ou l'échec de cette taxe. ■[1]

1 Demailly, D., Laurans, Y., Colsaet, A. (2017). « Artificialisation : pour la taxer, il faut bien la définir ». Blog Iddri, 30 octobre 2017 http://blog.iddri.org/fr/2017/10/30/artificialisation-pour-la-taxer-il-faut-bien-la-definir/

LE DICAMBA, DERNIER PESTICIDE DE MONSANTO, FAIT DES RAVAGES AUX USA. BIENTÔT L'EUROPE ?

Alexandre Aget
UP' Magazine

Des milliers d'agriculteurs américains ont porté plainte, en 2017, contre Monsanto et le dicamba, un herbicide commercialisé par le groupe. Volatile, il se propage aux champs voisins et ravage tout, ou presque, sur son passage.
Vous croyiez connaître le glyphosate ? Il y a mieux : le dicamba !

LES SERVICES DE L'AGENCE AMÉRICAINE de protection de l'environnement (EPA) sont débordés. Depuis début 2017, ils doivent enquêter sur plus de 2 700 plaintes visant les effets de l'herbicide de la firme Monsanto : le dicamba. C'est ce que révèle un rapport de l'Université du Missouri publié mi-octobre. Principalement utilisé pour les plants de soja et de coton, cet herbicide doit obligatoirement être couplé à de nouvelles semences génétiquement modifiées (et hors de prix), car elles seules sont capables de lui résister.

«Si vous n'achetez pas Xtend [le nom de la semence Monsanto résistante au dicamba, NDLR], vous allez en souffrir», résume Michael Kemp, un fermier du Missouri interrogé par le New York Times. Car le dicamba présente, selon les plaignants et des experts agronomes, la particularité d'être très volatile. Ainsi, lors de son épandage sur les jeunes pousses, la substance s'évapore, flotte au gré du vent et détruit les cultures voisines où poussent des semences différentes. Plissées et difformes, les feuilles des plantations de soja de Michael Kemp sont très abîmées depuis qu'elles ont été exposées au dicamba, raconte-t-il.

LOIN D'ÊTRE ANODIN

Chez Générations Futures, on connaît cet herbicide depuis longtemps «et il est loin d'être anodin «, explique François Veillerette, directeur général de l'ONG. «Il n'a pas les mêmes propriétés que le glyphosate [utilisé dans le Roundup, NDLR], mais on sait déjà qu'il est toxique pour la reproduction et le développement des mammifères. Il pose aussi des problèmes de contamination de l'eau et de l'air, et il s'attaque à la végétation autour.»

Les semences résistantes au dicamba ont été déjà plantées sur plus de 4 millions d'hectares aux États-Unis, et Monsanto prévoit qu'elles seront utilisées sur plus de 16 millions d'hectares d'ici 2018. La firme met un point d'honneur à démocratiser le recours à son herbicide, à l'heure où le glyphosate apparaît de moins en moins efficace, certaines plantes ayant développé naturellement une résistance au produit.

«Le problème, c'est que cette utilisation exponentielle aux États-Unis va conduire aux mêmes conséquences que l'on connaît actuellement avec le glyphosate : la résistance des plantes. Plus on généralise son utilisation, plus en favorise à terme l'émergence de souches résistantes», prévient François Veillerette.

Pour tenter de calmer les esprits, et surtout d'obtenir une prolongation de son agrément pour l'utilisation du dicamba en 2018, Monsanto brandit un arsenal de mesures. Le groupe assure notamment avoir mis au point une nouvelle formule «qui réduit la volatilité de 90 %, comparé aux générations précédentes du produit».

Considérant que les plaintes proviennent d'une mauvaise utilisation du dicamba par les agriculteurs, il s'est aussi attaché à revoir les instructions sur ses étiquettes et à former ses utilisateurs. «Nous avons travaillé étroitement avec les États pour offrir des formations et des événements, qui ont été suivis par près de 50 000 agriculteurs», se défend la direction de Monsanto, qui assure avoir également étudié les réclamations de 1 287 clients, sans avoir pu trouver de preuve tangible incriminant le dicamba.

Autant d'arguments qui semblent avoir convaincu l'EPA – pointée du doigt pour son laxisme sous l'ère Trump – de reconduire son autorisation du dicamba pour la saison 2018. L'agence environnementale doit déterminer en 2018 si elle prolonge à plus long-terme son agrément, une fois qu'elle aura examiné l'ensemble des plaintes reçues et consulté industriels et experts fédéraux.

POSSIBLE «CONTAMINATION» EN EUROPE ?

En attendant, de plus en plus d'agriculteurs lésés rejoignent les recours collectifs déjà lancés contre Monsanto. L'Arkansas, qui a mis en place le 11 juillet dernier une interdiction d'utilisation du produit de 120 jours, envisage de réitérer la mesure dès le printemps 2018.

En Europe, où le débat sur la reconduction ou non du glyphosate divise plus que jamais, le dicamba se fait bien plus discret. Autorisé depuis 2008, il est utilisé dans 27 pays du Vieux Continent. «Ici, nous n'avons que l'herbicide et pas encore le package dicamba-graine OGM, donc on est à l'abri pour l'instant», explique François Veillerette.

Mais, selon lui, il n'est pas impossible qu'une souche résistante ou génétiquement modifiée arrive par mégarde, d'autant que les États-Unis figurent chaque année dans le trio de tête des plus gros exportateurs de graines oléagineuses. ■[1]

---

1 *Source : Anne-Diandra Louarn/France 24*

LA SOLUTION LA PLUS EFFICACE FACE À LA CRISE CLIMATIQUE : PLANTER DES ARBRES.

Alexandre Aget
UP' Magazine

Des chercheurs affirment qu'une meilleure gestion des forêts et des sols pourrait jouer un rôle majeur dans la lutte contre le changement climatique. Leur conclusion se fonde sur la description, la plus complète à ce jour, de la façon dont les émissions de gaz à effet de serre peuvent être réduites et stockées dans les forêts, les terres agricoles, les prairies et les zones humides, grâce à des solutions climatiques naturelles. Cette étude, menée par des scientifiques de The Nature Conservancy et de 15 autres institutions élargit et affine considérablement la portée des solutions climatiques précédemment évaluées par le Groupe d'experts intergouvernemental sur l'évolution du climat (GIEC) des Nations Unies.

EN TENANT COMPTE DES CONTRAINTES DE COÛTS, les chercheurs ont calculé que l'on pourrait réduire les émissions de gaz à effet de serre de 11,3 milliards de tonnes par an d'ici 2030. Ce chiffre est l'équivalent de l'actuelle combustion de pétrole dans le monde. Cette réduction est bien plus importante (de 30%) que celle évoquée dans la dernière estimation en la matière, et ce tout en préservant la production alimentaire et la biodiversité.

Un tel tonnage représenterait 37% de la réduction nécessaire des émissions pour

maintenir le réchauffement planétaire à moins de deux degrés Celsius d'ici 2030.

Mark Tercek, directeur de The Nature Conservancy qui a pris l'initiative de cette étude[1] déclare : « Notre impact aujourd'hui sur les sols est responsable d'un quart des émissions de gaz à effet de serre et la manière dont nous utiliserons et gérerons les terres dans le futur pourrait apporter 37% de la solution contre le changement climatique. Il s'agit d'un énorme potentiel, donc si nous prenons au sérieux le changement climatique, nous devrons investir sérieusement dans la nature, l'énergie propre et les transports propres. Nous devrons augmenter la production alimentaire et la production de bois pour répondre à la demande d'une population croissante, mais nous savons que nous devons le faire d'une manière qui tienne compte des changements climatiques »[2].

Christiana Figueres, coordinatrice de la Mission 2020 et ancienne directrice de la Convention-cadre des Nations Unies sur les changements climatiques (CCNUCC), a déclaré à la publication de cette vaste étude : « L'utilisation des sols est un secteur clé où nous pouvons à la fois réduire les émissions et absorber le carbone de l'atmosphère. Cette nouvelle étude montre comment nous pouvons intensifier massivement l'action sur l'utilisation des sols – parallèlement à une action renforcée dans les domaines de l'énergie, des transports, de la finance, de l'industrie et des infrastructures – pour mettre les émissions sur leur trajectoire descendante d'ici 2020. Les solutions climatiques naturelles sont vitales pour atteindre notre objectif ultime de décarbonisation totale et peuvent à la fois stimuler l'emploi et protéger les communautés des pays développés et en développement ».

ENCORE PLUS D'ARBRES POUR LE CLIMAT

Parmi les solutions climatiques naturelles, la plus efficace concerne les arbres. Selon la FAO, 3,9 milliards d'hectares, soit 30,6 % de la superficie totale des terres, sont des forêts. Les chercheurs ont découvert que les arbres ont le plus grand potentiel pour

---

1 Etude publiée dans la revue Proceedings of the National Academy of Sciences
http://www.pnas.org/content/early/2017/10/11/1710465114.full
2 https://phys.org/news/2017-10-nature-vital-climate.html

réduire les émissions de carbone de façon rentable. En effet, ils absorbent le dioxyde de carbone au fur et à mesure qu'ils croissent, l'éliminant de l'atmosphère. Les résultats de l'étude indiquent que les trois options les plus importantes pour augmenter le nombre et la taille des arbres (reboisement, prévention des pertes forestières et amélioration des pratiques forestières) pourraient éliminer 7 milliards de tonnes de dioxyde de carbone par an d'ici 2030. Ce n'est pas rien car cela équivaut à retirer de la route 1,5 milliard de voitures à essence.

La restauration des forêts sur les terres autrefois boisées et la prévention de nouvelles pertes de forêts mondiales sont les deux plus grandes opportunités. Le succès dépend en grande partie de l'amélioration des pratiques forestières et agricoles, en particulier celles qui réduisent la superficie des terres utilisées par le bétail. La réduction de l'empreinte du bétail libérerait de vastes superficies d'arbres dans le monde entier et peut être réalisée tout en préservant la sécurité alimentaire. Pendant ce temps, l'amélioration des pratiques forestières dans les forêts en exploitation et dans les forêts exploitées peut produire plus de fibres de bois tout en stockant plus de carbone, maintenir la biodiversité et aider à assainir l'air et l'eau. Les chercheurs ont précisé que les cinq pays où les forêts pourraient réduire le plus les émissions sont le Brésil, l'Indonésie, la Chine, la Russie et l'Inde.

Une importante part (42%) du potentiel de reforestation pour lutter contre le changement climatique dépend d'une réduction des pâturages pour l'élevage. Celle-ci pourrait être obtenue en améliorant l'efficacité de la production de viande et/ou via un changement des habitudes alimentaires comme, par exemple, la réduction de la consommation de bœuf. Mais la lutte contre la déforestation est une bataille sans merci contre les intérêts industriels. En Amazonie, les derniers chiffres publiés par l'Institut National d'Études Spatiales (INPE), qui utilise des satellites pour évaluer les surfaces recouvertes d'arbres dans le « poumon de la planète » sont accablants : entre juillet 2016 et août 2017, c'est 6624 km2 de forêts qui ont été détruites. C'est comme si 10 % du territoire français avait été détruit, en l'espace d'un an.

LE RÔLE CLÉ DE L'AGRICULTURE

Toujours selon la FAO, les terres agricoles couvrent 11% de la surface du globe, et changer la façon dont nous les cultivons pourrait permettre de réduire les émissions de 22% selon l'étude, ce qui équivaut à retirer 522 millions de voitures à essence de la route. Une application plus intelligente d'engrais chimiques au profit de la gestion des éléments nutritifs des terres cultivées, par exemple, améliorerait le rendement des cultures tout en réduisant les émissions d'oxyde nitreux, un gaz à effet de serre 300 fois plus puissant que le dioxyde de carbone. Parmi les autres interventions efficaces figurent la plantation d'arbres parmi les terres cultivées ainsi que l'amélioration de la gestion du bétail.

Ibrahim Mayaki, ancien Premier ministre du Niger et directeur du NEPAD (Nouveau partenariat pour le développement de l'Afrique), a déclaré : « Depuis la COP 21 en décembre 2015 à Paris, le rôle majeur de l'agriculture et de la foresterie dans la lutte contre le changement climatique a été clairement reconnu. Alors que les pays développés mettent davantage l'accent sur l'atténuation, les pays en développement tentent d'adapter leur agriculture à un monde en mutation. » Il ajoute : « Cette nouvelle étude souligne l'importance de la nature, et en particulier des arbres et des sols, comme support pour la séquestration du carbone à travers le cycle des plantes basé sur la photosynthèse. La promotion du piégeage du carbone dans les sols, avec des pratiques agricoles et forestières adaptées, pourrait déboucher sur des solutions gagnantes pour tous en matière d'atténuation, d'adaptation et de renforcement de la sécurité alimentaire. Tels sont les trois objectifs de l'Initiative «4 pour 1000» déjà soutenue par 250 pays, organisations et institutions. On sait ce qu'il faut faire, maintenant il est temps d'agir ! »

PUITS DE CARBONE

Les terres humides sont moins étendues que les terres agricoles ou forestières. Elles couvrent de 0,7 à 0,9 milliard d'hectares, soit 4 à 6 % de la surface terrestre, mais elles contiennent le plus de carbone par m2 et offrent 14 % des solutions climatiques naturelles rentables potentielles. Éviter le drainage et la conversion des tourbières est la meilleure de ces possibilités. On estime que les tourbières détiennent un quart du carbone stocké par les sols de la planète, mais environ 780 000 hectares sont perdus chaque année dans le monde, en particulier pour la culture de l'huile de palme. Les chercheurs ont découvert que leur conservation pourrait assurer un stock de 678 millions de tonnes d'émissions de carbone par an d'ici 2030, ce qui équivaut à retirer 145 millions de voitures des rues.

William H. Schlesinger, professeur émérite de biogéochimie et ancien président du Cary Institute of Ecosystem Studies, a déclaré : « Cette étude est la première tentative d'estimer systématiquement la quantité de carbone qui pourrait être piégée dans l'atmosphère par diverses actions en foresterie et en agriculture, et par la préservation des terres naturelles qui stockent le carbone très efficacement. Les résultats sont spectaculaires : premièrement, en raison de l'ampleur du piégeage potentiel du carbone par la nature, et deuxièmement, parce que nous avons besoin de solutions climatiques naturelles en tandem avec des réductions rapides des émissions de combustibles fossiles pour lutter contre le changement climatique. »

DÉSÉQUILIBRE

Alors que l'étude souligne le potentiel majeur des solutions climatiques naturelles face au changement climatique, ce sont les énergies renouvelables, l'efficacité énergétique et les transports propres qui reçoivent ensemble environ 30 fois plus d'investissements.

Justin Adams, directeur général de Global Lands, affirme : « Seulement 38 pays sur 160 ont fixé des objectifs spécifiques pour les solutions climatiques naturelles lors des négociations climatiques de Paris, ce qui équivaut à 2 gigatonnes de réductions d'émissions. Pour mettre cela en contexte, il nous faut 11 gigatonnes de réductions si nous voulons maîtriser le réchauffement climatique. Une meilleure gestion de nos terres est absolument essentielle pour lutter contre les changements climatiques. L'étude du PNAS nous montre que les responsables des terres - gouvernements, sociétés forestières et exploitations agricoles, pêcheurs et promoteurs immobiliers - sont tout aussi importants pour y parvenir que les entreprises d'énergie solaire, éolienne et électrique ». ■

PLANÈTE ::: CLIMAT

ILS SONT FOUS ! DES SCIENTIFIQUES ONT UN PLAN POUR STOPPER LE CHANGEMENT CLIMATIQUE : DIMINUER LE SOLEIL.

Alexandre Aget
UP' Magazine

Les scientifiques commencent à envisager sérieusement un plan radical de géoingénierie de l'environnement afin de lutter contre le changement climatique et d'atténuer certains des effets néfastes qu'il a déjà sur nous et sur l'environnement. Plusieurs groupes de scientifiques étudient l'idée de projeter un nuage d'aérosols sulfatés dans la haute atmosphère.
Cela disperserait une partie des rayons du soleil dans l'espace, réduisant ainsi la vitesse à laquelle la Terre se réchauffe.

NE TELLE MESURE POURRAIT CONTRIBUER À METTRE UN TERME aux effets néfastes du changement climatique, tels que le blanchiment des coraux et l'augmentation de la fréquence et de l'intensité des ouragans. James Crabbe, de l'Université du Bedfordshire au Royaume-Uni, mène une recherche pour déterminer le type d'effets que ce type de géoingénierie peut avoir sur la région des Caraïbes où l'étude est menée. Crabbe affirme au New Scientist : « Nous montrons de façon très convaincante qu'en injectant du dioxyde de soufre dans l'atmosphère, les températures à la surface de la mer diminueraient de façon significative vers 2069 ».

Il est vrai que lorsque la mer est trop chaude, les coraux expulsent les algues minuscules qui vivent dans leurs tissus et qui nourrissent leurs hôtes par la photosynthèse. Les coraux deviennent blancs ou «blanchis». Après un blanchiment sévère, la plupart des coraux meurent de faim. Le fait de maintenir les températures à un niveau bas a empêché, selon le modèle, que le phénomène ne se produise.

Mais le blanchiment des coraux n'est pas la seule menace. Selon James Crabbe, la gestion du rayonnement solaire réduirait également la fréquence des cyclones, typhons et autres ouragans. Ces tempêtes intenses « détruisent les récifs coralliens, non seulement en les écrasant, mais aussi en limitant leur reproduction et leur recrutement » : les larves dérivantes ne peuvent pas s'attacher à un nouveau récif en eaux agitées. Crabbe prétend que des ouragans se produiraient encore, mais pas aussi fréquemment, ce qui laisserait aux récifs le temps de se rétablir.

Naturellement, ce type d'altération de l'environnement soulève bien des questions. « L'une des principales préoccupations concernant la gestion du rayonnement solaire n'est pas nécessairement son efficacité, mais ses effets secondaires », déclare Rob Bellamy de l'Institute for Science, Innovation, and Society de l'Université d'Oxford. Il met en garde contre les problèmes potentiels qui peuvent survenir lorsque des écosystèmes fragiles sont ainsi perturbés : « cela pourrait perturber les régimes météorologiques régionaux et les moussons », ce qui serait un réel problème parce que beaucoup de gens dépendent de cycles saisonniers prévisibles pour des tâches comme l'agriculture.

Ces changements pourraient influencer les gens à l'échelle régionale et locale, ce qui signifie que si certaines parties du monde observeront les avantages escomptés, d'autres seront forcées de faire face à ses effets négatifs. Circonstance aggravante, les scientifiques ne sont pas en mesure de garantir que, si les changements mis en œuvre s'avéraient nuisibles, ils pourraient être annulés.

Si de tels changements pouvaient être mis en œuvre, ils ne sauraient à eux seuls assurer la sécurité mondiale contre les changements climatiques sur le long terme.

Bellamy se demande ce qui se passerait si le système de géoingénierie était arrêté, par exemple dans le cas d'un attentat terroriste. Il propose la réponse suivante : « Les températures mondiales reviendraient à ce qu'elles auraient été sans la géoingénierie », ce qui entraînerait une augmentation rapide et sans précédent de la température mondiale. Ce serait encore plus dangereux qu'une augmentation graduelle.

Crabbe admet que « nous ne savons pas... ce qui arriverait au milieu marin » dans ce scénario. Nous voilà rassurés ! Mais il ajoute aussitôt, dans un souffle désespéré : « La situation est actuellement si extrême qu'il faut prendre des dispositions ».

Un autre scientifique, Russell Seitz, de l'Université Harvard, a proposé une solution de rechange, moins agressive, pour refroidir la mer : augmenter la réflectivité des océans grâce à de minuscules bulles d'air qui pourraient être apportées à peu de frais par les navires ou les plates-formes pétrolières. Les durées de vie des microbulles sont mesurées en minutes, par opposition aux mois nécessaires pour allumer et éteindre les aérosols stratosphériques, de sorte que l'éclaircissement de l'eau peut permettre un meilleur contrôle local de la réduction de l'intensité du rayonnement solaire..

D'autres chercheurs ont proposé d'éclaircir les nuages au-dessus des récifs coralliens, ce qui ne refroidirait que cette zone, et de réduire l'acidification des océans - une autre menace pour les coraux causée par les émissions de gaz à effet de serre - en ajoutant des minéraux à l'océan pour neutraliser l'acide.

En tout état de cause, le rythme actuel des changements climatiques est un véritable désastre pour la Terre et ses habitants, et il faut faire quelque chose de radical pour lutter contre le réchauffement de la planète. Il reste encore beaucoup de recherches à faire pour s'assurer que toute solution de génie climatique profite à la planète entière. De plus, de telles solutions spectaculaires de géoingénierie ne devraient pas se substituer à la réduction volontaire des émissions nocives. Ce sera peut-être plus lent, mais beaucoup moins dangereux que ces délires dignes du Dr Folamour. Laissons donc la géoingénierie pour les studios de Hollywood, qui adorent produire des films cataclysmiques comme Geostorm, le dernier en date. Les technosciences ne pourront pas nous sauver dans la guerre contre le climat, contrairement à ce que pensent certains apprentis sorciers. ∎[1]

---

[1] *Sources : New Scientist, Popular Science, Futurism*

PLANÈTE ::: AGROSTRATÉGIES

L'AGRICULTURE BIOLOGIQUE POURRAIT NOURRIR TOUTE LA PLANÈTE. MAIS SOUS CONDITIONS.

Fabienne Marion
Rédactrice en chef UP' Magazine

Une nouvelle étude publiée dans la revue Nature affirme que l'agriculture biologique pourrait nourrir tous les humains vivant sur cette planète à au moins deux conditions : que nous gaspillions moins en réduisant nos déchets alimentaires et que nous laissions plus de place aux terres cultivées en mangeant moins de viande.

 OUS SERONS 9.8 MILLIARDS EN 2050 à vivre sur cette planète. C'est environ deux milliards de bouches supplémentaires à nourrir par rapport à aujourd'hui. Selon les auteurs de l'étude publiée dans Nature Communications, il faudra augmenter la production agricole de 50 % si l'on veut nourrir tout le monde. Un pari des plus difficiles quand on a en tête que les habitudes alimentaires ne cessent d'évoluer et que de plus en plus d'humains se nourrissent de viande et adoptent les (mauvaises) habitudes occidentales. Ces mauvaises habitudes conduisent à un mode de production agricole dont on connait maintenant l'impact négatif sur l'environnement. « Il est donc crucial de limiter les impacts négatifs de l'agriculture sur l'environnement, tout en veillant à ce que la

même quantité de nourriture puisse être livrée », résument les auteurs de l'étude.

Les experts ont lancé plusieurs stratégies pour faire face à ce problème imminent de sécurité alimentaire. Par honnêteté intellectuelle, ils ont refusé de trancher sur la meilleure solution. Ils ont, en revanche, mis sur la table plusieurs options possibles : améliorer l'efficacité de la production agricole et de l'utilisation des ressources, réduire le gaspillage alimentaire, réduire les produits d'origine animale que nous consommons, ou recourir à une agriculture plus biologique.

« L'agriculture biologique est une suggestion concrète, mais controversée, pour améliorer la durabilité des systèmes alimentaires », écrivent les auteurs de l'étude. Ce mode vertueux de production agricole « s'abstient d'utiliser des engrais et des pesticides synthétiques, favorise la rotation des cultures et se concentre sur la fertilité du sol et les cycles fermés des éléments nutritifs. » Les auteurs ne s'intéressent pas aux bienfaits de l'agriculture bio sur la santé humaine. Ils se fondent sur les preuves tangibles de bienfaits de ce modèle agricole sur l'environnement. En effet, étant donné que les cultures biologiques n'utilisent pas d'engrais azoté synthétique, cela signifie que moins d'azote en excès acidifie le sol et se retrouve dans

les cours d'eau ou s'échappe dans l'air sous forme de gaz à effet de serre. Cela signifie également que l'absence de recours aux pesticides artificiels réduit les émissions de produits chimiques dans l'environnement local et présente moins de risques pour la biodiversité des insectes - ce qui est important parce que de nombreux insectes sont des acteurs cruciaux dans leurs écosystèmes locaux.

Mais ces avantages se heurtent à une réalité que les ingénieurs agronomes appellent « l'écart de rendement » : les cultures biologiques ont besoin de plus de terres pour compenser un rendement inférieur à celui des cultures conventionnelles qui utilisent engrais et pesticides. Ce besoin de terres supplémentaires n'irait pas sans soulever un autre risque pour l'environnement : celui de la déforestation. Nous sommes face à un dilemme qui nous fait passer de Charybde en Scylla.

En raison de ce problème d'écart de rendement, « il y a des voix opposées qui disent que ce n'est pas possible... (et) il y a des partisans qui disent que cet écart de rendement n'est pas vraiment important et que l'on pourrait le surmonter », a déclaré Adrian Muller, un scientifique spécialiste des systèmes environnementaux à l'Institut de recherche en agriculture biologique en Suisse. « Nous voulions simplement examiner la question du point de vue des systèmes alimentaires, parce que nous pensons qu'il ne suffit pas d'examiner l'écart de rendement. Il est important d'examiner ensemble la production et la consommation et de voir ce que l'agriculture biologique peut apporter à ces systèmes alimentaires.

Pour le savoir, Adrian Muller et ses collègues ont élaboré des modèles basés sur les données de l'Organisation des Nations Unies pour l'alimentation et l'agriculture. Ils ont examiné les effets que la production biologique aurait selon différents scénarios, en modulant la gravité du changement climatique, la quantité de déchets alimentaires et la part des cultures utilisées pour nourrir le bétail au lieu de la population, par exemple.

Les chercheurs ont constaté que les besoins de la population humaine pouvaient être entièrement couverts par l'agriculture biologique - mais seulement si les déchets alimentaires étaient réduits de moitié et que les sources concurrentes d'aliments pour le bétail étaient totalement éliminées. Comme cette mesure réduirait considérablement la quantité de bétail, cela imposerait un changement radical de nos régimes alimentaires actuels à base de viande.

Les auteurs de l'étude expliquent qu'une solution plus réalisable serait peut-être de combiner tous les facteurs. Les cultures biologiques seraient destinées à couvrir environ 50 pour cent des récoltes, les déchets alimentaires seraient réduits de moitié et les sources d'aliments pour animaux concurrentes des besoins humains seraient réduites de moitié (ce qui permettrait de consacrer une plus grande superficie de culture pour l'alimentation humaine).

« Nous devons utiliser toutes les stratégies potentielles que nous avons, sans appuyer un extrême et sans négliger d'autres approches », affirme Adrian Muller.

Les auteurs ont conscience que ce challenge d'arriver à 50 % de production agricole biologique sera très difficile à tenir. Aujourd'hui ce modèle de culture ne représente qu'une infime proportion de la production agricole totale. Pour parvenir à substituer la production conventionnelle, gourmande en engrais et pesticides, à une production bio, les auteurs pensent que cela ne pourra se faire sans des mesures d'incitation fortes comme par exemple une taxation sur l'azote. « Il y a certaines choses qui peuvent être faites maintenant, a souligné M. Muller, comme le fait d'imposer une taxe supplémentaire sur l'azote » aux producteurs pour que le coût environnemental de l'excès d'engrais devienne un coût économique.

La conversion massive à l'agriculture biologique est nécessaire mais sera difficile à tenir. Plusieurs scientifiques, tout en approuvant les conclusions du rapport, reconnaissent que la taille des systèmes agricoles mondiaux et leur variabilité, ainsi que les hypothèses concernant les besoins nutritionnels futurs, rendaient difficiles les généralisations sur la conversion à l'agriculture biologique. Sir Colin Berry, professeur émérite de pathologie à l'Université Queen Mary de Londres, a déclaré au quotidien britannique The Guardian : « Comme pour tous les modèles, il faut faire des hypothèses et déterminer le poids auquel vous attachez un élément qui peut modifier considérablement les résultats. L'hypothèse selon laquelle les prairies resteront constantes est une hypothèse importante. La question du gaspillage est importante, mais les solutions, qui ne sont pas abordées ici, aux pertes après la récolte - avant la mise en marché - seront difficiles sans fongicides pour les céréales. Certaines populations pourraient se contenter de plus de protéines pour grandir et se développer

normalement, malgré les modèles qui nécessitent moins de protéines animales. »

Les Firbank, professeur d'agriculture durable à l'Université de Leeds, réagissant aux résultats de cette étude, est moins pessimiste. Il déclare : « L'une des interrogations sur l'agriculture biologique est qu'elle ne peut pas nourrir le monde. Ce document conclut que l'agriculture biologique a besoin de plus de terres que les méthodes conventionnelles, mais si nous gérons la demande alimentaire en réduisant le gaspillage et la quantité de récoltes cultivées comme aliments pour animaux, l'agriculture biologique peut nourrir le monde. » Il avertit toutefois : « Ces modèles ne peuvent être considérés que comme un guide : il y a beaucoup d'hypothèses qui peuvent ne pas se révéler vraies et tous ces exercices de scénarios sont limités par des connaissances limitées [et] sont assez simplistes par rapport à la vie réelle, mais suffisamment réalistes pour aider à formuler des politiques. Le message essentiel est précieux et opportun : nous devons sérieusement réfléchir à la manière dont nous gérons la demande mondiale de denrées alimentaires. » ■[1]

1 *Sources : Nature, The Guardian, Los Angeles Times*

PLANÈTE ::: CLIMAT

SELON L'ONU, 3°C DE RÉCHAUFFEMENT CLIMATIQUE VA NOYER CERTAINES DES PLUS GRANDES VILLES DU MONDE

Alexandre Aget
Journaliste UP' Magazine

La COP23 qui vient de s'achever laisse un goût amer. Les États ne sont pas parvenus à accélérer le rythme de leurs engagements. Une triste impression d'impuissance, alors que les rapports alarmants s'accumulent sur l'état du climat. Le dernier en date, publié par l'ONU alerte :
si nous atteignons la barre des 3° C de réchauffement, de nombreuses grandes villes du monde seront noyées sous la mer.

L'ONU LANCE UN AVERTISSEMENT[1] : des centaines de millions de citadins dans le monde entier feront face à l'inondation de leurs villes par la montée des eaux de mer si le réchauffement planétaire atteignait les 3° C, ce qui, compte tenu de l'état actuel des engagements de réduction des émissions de gaz à effet de serre, est hautement probable. Des quartiers entiers seront engloutis, des millions de gens poussés à l'exode ou noyés. Ce scénario catastrophe a été vérifié par un groupe de scientifiques de Cli-

---

1 https://www.theguardian.com/environment/2017/oct/31/un-warns-of-unacceptable-greenhouse-gas-emissions-gap

mate Central[1] qui ont analysé avec l'aide d'équipes de journalistes du Guardian différentes hypothèses. Dans tous les cas, si le réchauffement atteignait 3°, le niveau de la mer augmenterait de deux mètres environ, ce qui anéantirait des zones urbanisées partout dans le monde. Les villes de Shanghai à Alexandrie et Rio à Osaka seront parmi les plus touchées. Miami serait inondé - tout comme le tiers inférieur de l'état américain de Floride.

Cette triste perspective, tout le monde la connaît ou en est conscient. Mais force est de constater que les efforts locaux pour se préparer à ce scénario, tout comme les efforts internationaux pour que cela ne se produise, sont très inégaux. Dans six des régions côtières les plus susceptibles d'être touchées, les planificateurs gouvernementaux ne font que lentement face à l'énormité de la tâche qui les attend - et, dans certains cas, ne font rien.

Selon le Programme des Nations Unies pour l'environnement, la dynamique de changement est actuellement trop lente. Dans son rapport annuel[2] sur les écarts d'émissions, publié pendant la COP23, l'organisme international a déclaré que les engagements du gouvernement ne représentaient qu'un tiers de ce dont il avait besoin. Les acteurs non étatiques tels que les villes, les entreprises et les citoyens ne peuvent que partiellement combler ce vide, ce qui laisse le réchauffement sur la voie des 3°C ou au-delà d'ici la fin du siècle, selon le rapport.

Le chef de l'environnement des Nations unies, Erik Solheim, a déclaré que les progrès réalisés au cours de l'année écoulée depuis l'entrée en vigueur de l'accord de Paris ont été insuffisants. « Nous nous trouvons toujours dans une situation où nous ne faisons pas assez pour sauver des centaines de millions de personnes d'un avenir misérable «, a-t-il déclaré. Et il y a urgence. La semaine dernière encore, l'Organisation météorologique mondiale a annoncé que les concentrations de dioxyde de carbone dans l'atmosphère ont augmenté l'an dernier à une vitesse record pour atteindre 403,3 parties par million - un niveau jamais atteint depuis l'ère du Pliocène, il y a trois à cinq millions d'années.

1 http://sealevel.climatecentral.org/
2 https://www.theguardian.com/environment/2017/oct/31/un-warns-of-unacceptable-greenhouse-gas-emissions-gap

Une élévation de 3°C entraînerait des périodes de sécheresse plus longues, des ouragans plus violents et une élévation du niveau de la mer qui entraînerait la redéfinition de nombreuses côtes. Selon la vitesse à laquelle les calottes glaciaires et les glaciers fondent, cela pourrait prendre quelques décennies à peine. Colin Summerhayes, du Scott Polar Research Institute de Cambridge, a déclaré au Guardian[1] que le réchauffement de trois degrés ferait fondre la glace polaire et glaciaire beaucoup plus intensément et plus rapidement qu'on ne s'y attendait, ce qui pourrait faire monter le niveau de la mer de deux mètres d'ici 2100.

Au moins 275 millions de citadins vivent dans des zones vulnérables, la majorité d'entre eux dans des mégapoles côtières asiatiques et des centres industriels comme Shanghai, Shenzhen, Bangkok et Tokyo.

Osaka, la deuxième plus grande ville du Japon, devrait perdre ses quartiers d'affaires et de divertissement d'Umeda et de Namba, à moins que les émissions mondiales ne soient réduites ou que des mesures de protection contre les inondations ne soient mises en place. Les fonctionnaires acceptent à contrecœur qu'ils doivent maintenant consacrer plus d'efforts à ces derniers.

« Dans le passé, notre réponse était axée sur la réduction des causes du réchauffement de la planète, mais étant donné que le changement climatique est inévitable, selon le Groupe d'experts intergouvernemental sur l'évolution du climat (GIEC), nous discutons maintenant de la manière de réagir aux catastrophes naturelles qui suivront », a déclaré Toshikazu Nakaaki, du Bureau de l'environnement du gouvernement municipal d'Osaka.

À Miami - qui serait presque entièrement en dessous du niveau de la mer, même avec un réchauffement de 2°C - le sentiment d'urgence est évident à l'hôtel de ville, où les commissaires demandent aux électeurs d'approuver une obligation «Miami Forever» dans le bulletin de vote de novembre qui comprend 192 millions de dollars pour la modernisation des stations de pompage, l'extension des systèmes de drainage, l'élévation des routes et la construction de digues.

Ailleurs, il y a moins d'argent pour l'adaptation et le sentiment d'urgence est plus

1 https://www.theguardian.com/cities/2017/nov/03/miami-shanghai-3c-warming-cities-underwater

faible. À Rio de Janeiro, une montée de 3°C inonderait des plages célèbres comme Copacabana, l'aéroport domestique du front de mer, et de nombreux sites pour les Jeux Olympiques de l'année dernière. Mais la ville à court d'argent a été lente à se préparer. Un rapport établi pour la présidence brésilienne a constaté « des situations dans lesquelles les changements climatiques ne sont pas pris en compte dans le cadre de la planification ».

En Égypte, une élévation du niveau de la mer de seulement 50 centimètres devrait entraîner l'immersion des plages d'Alexandrie et déplacer 8 millions de personnes dans le delta du Nil si des mesures de protection ne sont pas prises, selon le GIEC. Mais les activistes locaux disent que les autorités y voient un problème lointain. « En ce qui me concerne, cette question ne figure pas sur la liste des priorités du gouvernement », a déclaré Ahmed Hassan, de l'Initiative Save Alexandria, un groupe qui travaille à sensibiliser la population aux effets du changement climatique sur la ville.

« Nous sommes conscients que les changements climatiques se produisent, et peut-être plus rapidement que prévu. Alors, nous essayons d'atténuer les changements climatiques et de nous y adapter pour protéger les gens et les biens. Nous ne pouvons pas l'arrêter, mais nous pouvons réduire le risque », a déclaré Alison Baptiste, directrice de la stratégie et des investissements à l'Agence de l'environnement du Royaume-Uni. Elle ajoute que les mesures en place devraient protéger la plupart des collectivités à court et à moyen terme, mais dans 50 ans, la situation deviendra plus difficile. « Si les projections sur le changement climatique sont exactes, nous allons devoir prendre des décisions difficiles ». ∎[1]

---

1 *Source : The Guardian*

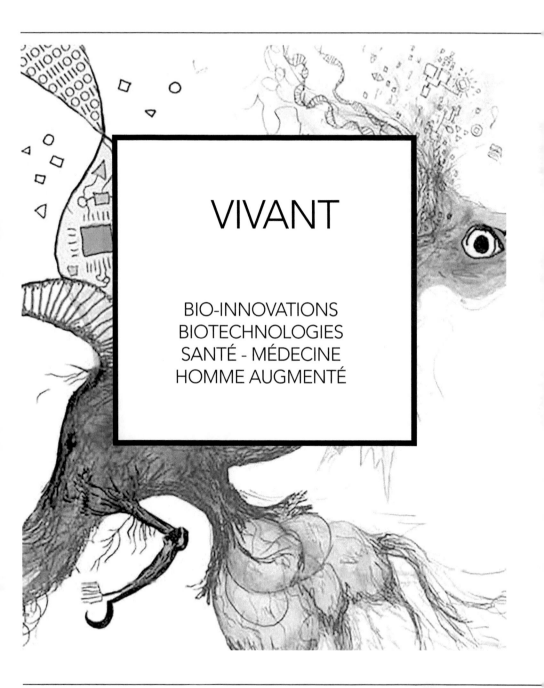

VIVANT

BIO-INNOVATIONS
BIOTECHNOLOGIES
SANTÉ - MÉDECINE
HOMME AUGMENTÉ

VIVANT ::: BIOTECHNOLOGIES

UN CODE ARTIFICIEL CONTRÔLANT DES VIRUS LES TRANSFORME EN ARMES CONTRE LES MALADIES INFECTIEUSES ET LE CANCER

Charles-Elie Guzman
UP' Magazine

Un projet de recherche mis au point par des scientifiques britanniques de l'Université de York et de l'Université de Leeds a permis d'établir la façon de rédiger un code qui peut régir l'assemblage des virus. En d'autres termes, les chercheurs déclarent être en mesure d'écrire un code pour contrôler le fonctionnement des virus. Cette découverte pourrait avoir un impact considérable sur l'avenir des traitements médicaux et de la vaccination.

DANS UNE ÉTUDE PRÉCÉDENTE les scientifiques de Leeds et de York avaient découvert que de nombreux virus simples utilisaient un code caché dans leurs instructions géné-tiques pour la production de protéines virales qui sont décodées pendant l'assemblage viral.

Aujourd'hui, les mêmes chercheurs[1] sont allés au-delà de la simple lecture des

---

1 Patel, N , Wroblewski, E, Leonov, G et al. (2017) Rewriting Nature's Assembly Manual for a ssRNA Virus. Proceedings of the National Academy of Sciences of the United States of America.

---

instructions d'assemblage cachées pour rédiger leurs propres messages afin de réglementer l'assemblage viral. Leur capacité à décoder et à réorienter les instructions d'autoassemblage dans les génomes viraux est si efficace qu'il est désormais possible d'écrire des instructions artificielles pour l'assemblage qui, selon les chercheurs, sont meilleures que celles trouvées dans la nature.

Ces messages artificiels sont écrits sous forme de molécules d'ARN qui, contrairement aux génomes viraux, n'encodent plus les messages pour la création de protéines virales, les rendant ainsi totalement inoffensifs pour l'organisme.

Cette nouvelle compréhension des codes d'autoassemblage viraux pourrait s'avérer extrêmement importante dans une série d'applications cliniques, telles que la thérapie anticancéreuse et la vaccination.

Le professeur Reidun Twarock, biologiste mathématicien aux départements de mathématiques, de biologie et d'analyse des systèmes complexes du York Centre for Complex Systems Analysis de l'Université de York, utilise l'analogie avec le bricolage pour expliquer ses recherches : « c'est comme si vous preniez un ensemble d'instructions pour construire une étagère, et comprendre ce qui rend l'assemblage efficace, puis utiliser les instructions pour construire une autre étagère en utilisant du bois de meilleure qualité ».

Il ajoute : « À l'avenir, nos recherches devraient permettre l'introduction dans le corps de quelque chose qui ressemble, vu de l'extérieur, à un virus, mais qui contient une cargaison différente à l'intérieur de sa coquille protéique. Ce virus serait totalement inoffensif car tout ce qui le rend infectieux aura été enlevé, ne laissant que le message du code d'assemblage qui rend la formation de la coquille protéique efficace.

Cette carapace pourrait déclencher une réponse du système immunitaire qui permettrait à l'organisme de vaincre une infection, s'il devait un jour la rencontrer dans l'organisme. Cette même méthode pourrait même servir à transporter des cargaisons vers des cellules particulières, dans une application que Twarock compare à un «cheval de Troie».

Le professeur Peter Stockley, chimiste biologique du Centre Astbury de biologie moléculaire structurale de l'Université de Leeds, précise : « Nos recherches montrent qu'il est maintenant possible de créer des particules virales très efficaces, qui englobent le manuel d'assemblage artificiel et potentiellement d'autres cargaisons, mais qui ne peuvent pas se reproduire. La clé de cette découverte est que les caractéristiques utiles des particules sont conservées, tandis que leur capacité de réplication et leur capacité à distribuer les protéines nocives ont été supprimées. »

Le professeur poursuit : « Ces particules ont un large éventail d'applications potentielles, y compris dans la production de vaccins synthétiques et de systèmes pour délivrer des gènes à des cellules spécifiques. »

L'équipe confirme à nos confrères de Futurism que les applications les plus immédiates de cette technique pourraient être trouvées dans des applications thérapeutiques pour les personnes atteintes de cancer et qu'elle pourrait également être utilisée pour créer des vaccins synthétiques. L'étape suivante consiste à reprendre les principes établis dans cette étude et à commencer à les tester en milieu clinique pour des cas d'utilisation spécifiques. Bien sûr, son utilisation chez les humains prendra un certain temps. « Nous estimons qu'il faudra environ 2 à 3 ans avant que de telles études soient ter-

minées et que cette technologie soit disponible », précisent les professeurs Twarock et Stockley. ∎[1]

---

1 *Sources : Eurekalert, Proceedings of the National Academy of Sciences*

VIVANT ::: BIOTECHNOLOGIES

UNE MACHINE À ÉDITER DES GÈNES, ENCORE PLUS PUISSANTE QUE CRISPR.

Charles-Elie Guzman
UP' Magazine

Deux groupes de scientifiques ont révélé un nouvel arsenal plus précis de techniques d'édition génétique qui pourraient un jour nous aider à éradiquer les maladies génétiques grâce à une chirurgie hautement ciblée au niveau chimique. Les nouvelles adaptations apportées au CRISPR-Cas9 sont si puissantes que certains les qualifient de «CRISPR 2.0».

OUS AVONS MIS AU POINT un nouvel éditeur de base – une machine moléculaire – qui, d'une manière programmable, irréversible, efficace et propre, peut corriger [les mutations] du génome des cellules vivantes », annonce le biologiste chimique David Liu du Broad Institute du MIT et des universités de Harvard. « Lorsqu'elle est ciblée sur certains sites de l'ADN génomique humain, cette conversion inverse la mutation associée à une maladie particulière. »

Environ la moitié des «mutations ponctuelles» associées à la maladie humaine se transforment en erreur dans les paires de nucléobases entre les substances chimiques adénine (A), cytosine (C), guanine (G) et thymine (T), qui constituent notre ADN.

Grâce au CRISPR-Cas9, cependant, les scientifiques peuvent modifier les structures du génome grâce à une technique qui coupe, copie et colle efficacement les

arrangements moléculaires de ces paires de bases - mais jusqu' à présent, la technique n'était pas en mesure de changer les paires de bases d'ADN uniques et a plutôt enlevé des sections entières.

Un nouveau système développé par l'équipe de Liu appelé Adenine Base Editor (ABE) change ceci, rendant possible des modifications beaucoup plus soignées, en réarrangeant les atomes d'adénine pour ressembler à de la guanine (G),

incitant les paires de bases A-T à devenir G-C à la place.

Cela ne semble peut-être pas grand-chose, mais sur les 32 000 mutations ponctuelles liées à la maladie, environ la moitié pourraient être résolues par ce simple échange.

Combinée à d'autres systèmes de montage de base, BE3 et BE4, qui ont également été mis au point par l'équipe de

Liu , cette découverte pourrait nous aider à guérir près des deux-tiers de toutes les mutations pathogènes.

La plus grande précision de la technique devrait permettre des manipulations génétiques plus fines que jamais, en introduisant moins d'erreurs aléatoires provenant des bases nucléiques adjacentes qui sont inévitablement copiées avec l'ADN ciblé.

« Si votre tâche est de couper et coller quelque chose, alors vous avez besoin de ciseaux », a expliqué Liu à Deborah Netburn au Los Angeles Times. « Si votre tâche est de fixer une seule lettre, mieux vaut un crayon. »

Dans une étude distincte, mais connexe, publiée dans Science , une autre équipe du Broad Institute détaille son développement de ce qu'on appelle Cas13 - une protéine CRISPR qui rend possible l'édition d'ARN.

Contrairement à l'édition de l'ADN, qui apporte des modifications permanentes à la structure du génome en réarrangeant les nucléobases, l'édition de l'ARN est une technique plus légère et non permanente, rendue possible dans ce cas-ci par un autre échange précis : la transformation de l'adénosine en inosine, qui est interprétée dans les cellules comme de la guanine.

Dans les cellules, l'ARN agit comme une sorte de messager qui aide à réguler la façon dont nos gènes produisent les protéines.

Parce qu'elle ne perturbe pas les gènes eux-mêmes, comme l'édition de l'ADN, la méthode n'entraînerait pas de changements durables et significatifs dans la façon dont notre corps fonctionne, mais pourrait tout de même créer des moyens temporaires d'aborder les mutations.

« Jusqu' à présent, nous avons très bien réussi à inactiver les gènes, mais il est beaucoup plus difficile de récupérer la fonction des protéines perdues », explique Feng Zhang, directeur de l'équipe de recherche. Il ajoute toutefois : « Cette nouvelle capacité d'éditer l'ARN ouvre plus de possibilités de récupérer cette fonction et de traiter de nombreuses maladies, dans presque tous les types de cellules. »

Bien sûr, il faudra un certain temps avant que l'un ou l'autre de ces nouveaux systèmes puisse aider les patients dans des situations cliniques, car même si la technologie existe maintenant, nous ne saurons pas en fin de compte à quel point ces méthodes sont fiables, sûres et efficaces tant que tant que des recherches plus approfondies n'auront pas été menées. Il n'en demeure pas moins que ces deux annonces quasi simultanées sont extrêmement prometteuses pour les sciences de la santé. Elles pourraient, en effet, servir un jour prochain à traiter des maladies comme la cécité génétique, les troubles métaboliques, la maladie de Parkinson et bien d'autres.

« La création d'une machine qui apporte le changement génétique dont vous avez besoin pour traiter une maladie est un pas en avant important, mais ce n'est qu'une partie de ce qui est nécessaire pour traiter un patient », prévient David Liu. « Nous devons encore livrer cette machine, nous devons tester sa sécurité, nous devons évaluer ses effets bénéfiques... Mais avoir la machine est un bon début. » ∎

VIVANT ::: SANTÉ

UNE HORLOGE CACHÉE DANS NOS MUSCLES

Charles-Elie Guzman
UP' Magazine

Des chercheurs de l'université de Genève ont découvert que les cellules musculaires abritent une horloge biologique. Elle pourrait jouer un rôle important dans la régulation de notre métabolisme et le développement du diabète.

ES HORLOGES BIOLOGIQUES déroulent leur tic-tac un peu partout dans le corps. Elles libèrent l'hormone de la mélatonine pendant le sommeil, favorisent la sécrétion d'enzymes digestives au moment des repas et nous tiennent éveillés aux heures les plus intenses de la journée. Logée dans le cerveau, l'horloge maîtresse synchronise l'ensemble des horloges secondaires présentes dans les divers organes. Des chercheurs de l'Université de Genève (UNIGE), avec leurs collègues des universités de Bath, du Surrey, de l'Université Claude Bernard à Lyon ainsi que de l'EPFL et du Nestlé Institute of Health Sciences ont découvert qu'une telle horloge circadienne est à l'œuvre dans nos muscles.

Leurs travaux, financés par le Fonds national suisse (FNS), révèlent que les perturbations de ce mécanisme peuvent jouer un rôle important dans le développement des diabètes de type 2[1]. Leur travail vient d'être publié dans la revue Proceedings of the National Academy of Sciences of the United States[2].

1 https://www.federationdesdiabetiques.org/information/diabete
2 http://www.pnas.org/content/114/41/E8565

Le groupe de chercheurs a découvert que les différents types de graisses (des lipides) contenus dans nos cellules musculaires connaissent des variations au cours de la journée, selon le type de lipide favorisé. Le processus pourrait-il être dû à une horloge biologique ? L'équipe internationale a testé cette hypothèse sur des sujets volontaires. Ils ont synchronisé les horloges biologiques de tous les sujets en les soumettant à des conditions identiques de lumière, d'alimentation et d'exercices pendant deux jours. Toutes les quatre heures, les chercheurs ont prélevé un échantillon très réduit de tissu musculaire au niveau de la cuisse afin d'en analyser la composition en lipides.

L'étude a relevé une corrélation claire entre la composition en lipides des cellules et l'heure de la journée, explique Howard Riezman du Département de biochimie de la Faculté des sciences de l'UNIGE, codirecteur de l'étude menée à Genève avec sa collègue Charna Dibner, du Département de médecine interne des spécialités de la Faculté de médecine de l'UNIGE. « La combinaison de lipides variant fortement d'un individu à l'autre, il nous fallait des preuves supplémentaires pour corroborer ces conclusions », explique-t-il.

Dans un second temps, les chercheurs ont opté pour une expérience in vitro. Ils ont isolé en culture des cellules musculaires humaines et les ont artificiellement synchronisées en l'absence d'horloge maîtresse, en utilisant une molécule de signalisation normalement sécrétée dans le corps. Ils ont pu observer une variation périodique de la composition lipidique des cellules, identique à celle constatée chez les sujets humains. Mais lorsqu'ils ont mis à mal le mécanisme de l'horloge en inhibant les gènes responsables, les variations périodiques dans les lipides n'ont plus été traçables.

DIABÈTES ET TROUBLES DU SOMMEIL SONT LIÉS

« Nous avons clairement montré que cette variation des types de lipides dans nos muscles est liée à notre rythme circadien, explique Ursula Loizides-Mangold, première auteure, du Département de médecine interne des spécialités de la Faculté de médecine de l'UNIGE. Mais la question essentielle reste : quelle est le rôle de ce mécanisme ? » Howard Riezman pense que l'horloge biologique des muscles, du fait de son impact sur les lipides, pourrait contribuer à réguler la sensibilité des cellules à l'insuline. Les lipides étant une composante de la membrane cellulaire, ils influencent le passage des molécules dans et en dehors des cellules musculaires. Tout changement de composition peut ajuster la sensibilité du muscle à l'hormone ainsi que sa capacité à absorber le sucre contenu dans le sang.

Une faible sensibilité du muscle à l'insuline mène à une situation qualifiée de résistance à l'insuline, connue pour son rôle dans les diabètes de type 2. « Les études démontrent nettement un lien entre les rythmes circadiens, la résistance à l'insuline et le développement de diabètes, explique Charna Dibner, codirectrice de l'étude. Si nous parvenons à établir un lien entre les mécanismes circadiens et les diabètes de type 2 au travers du métabolisme des lipides, cette découverte pourrait avoir d'importantes répercussions thérapeutiques. Grâce aux nouveaux outils dont nous disposons pour étudier l'horloge cellulaire des muscles humains in vitro, nous aurons désormais la possibilité d'approfondir cette hypothèse dans le cadre d'une prochaine étude. » ■[1]

---

1 *Source : Université de Genève*

VIVANT ::: SANTÉ

MÉDECINE PRÉDICTIVE PERSONNALISÉE : UN NOUVEAU PAS VIENT D'ÊTRE FRANCHI.

Fabienne Marion
UP' Magazine

Des généticiens de l'université de Genève ont fait un pas important vers une véritable médecine prédictive en explorant les liens entre maladie et activité génétique dans différents tissus. Et leurs résultats ont été surprenants ! Leurs découvertes pourraient bien révolutionner la manière dont chacun d'entre nous, selon son génome, prendra à l'avenir soin de sa santé. Ainsi, par exemple, dans le cas de la schizophrénie, les tissus cérébraux apparaissent assez logiquement comme les premiers facteurs contribuant au risque de développer la maladie.
Bien moins évident, l'intestin grêle semble également contribuer de manière substantielle à ce risque !

ES SCIENTIFIQUES, dont l'étude est à lire dans Nature Genetics[1], ont d'abord construit un modèle, première étape pour identifier dans le génome non codant les séquences indiquant un effet pathogène lié à une maladie. Dans une deuxième phase de leur recherche, ils ont été encore plus loin en associant le risque de

---

1 https://www.nature.com/ng/journal/vaop/ncurrent/full/ng.3969.html

développer une maladie - notamment la schizophrénie, les maladies cardiovasculaires ou encore le diabète - à la variabilité de l'activité du génome dans différents types de cellules.

Ces études se basent sur les données issues du projet international GTEx, pour « Genotype-Tissue Expression », lancé en 2010 et codirigé par le professeur Emmanouil Dermitzakis, généticien à la Faculté de médecine de l'Université de Genève (UNIGE) et directeur du Centre de génomique Health 2030. Ce projet avait pour objectif de recueillir autant de tissus que possible provenant d'un grand nombre d'individus afin de comprendre les effets que produisent les gènes et leurs variations. Les données publiées au cours des sept dernières années ont ainsi permis aux scientifiques du monde entier de faire de considérables progrès dans l'analyse des variations génomiques propres à chacun de ces tissus et les prédispositions aux maladies.

L'examen de différents types de tissus humains prélevés sur des centaines de personnes a permis de mieux comprendre comment les variants génomiques - ces modifications dans l'orthographe du code ADN héritées de nos parents - pouvaient contrôler comment, quand et combien de gènes sont activés et désactivés dans les différents tissus, accroissant le risque de développer un large éventail de maladies. L'une des principales découvertes du consortium GTEx est qu'un même variant présent dans de multiples tissus peut avoir un effet différent selon le tissu concerné. Un variant qui affecte l'activité de deux gènes associés à la tension artérielle aura par exemple un impact plus important sur l'expression de ces gènes dans l'artère tibiale, même si l'activité des gènes est plus élevée dans d'autres tissus.

COMPRENDRE L'EFFET PATHOGÈNE DES VARIATIONS DU GÉNOME NON CODANT

Pour évaluer l'influence des variants sur l'activité des gènes, les chercheurs effectuent une analyse dite « eQTL ». Un eQTL - ou locus quantitatif d'expression des caractères - consiste en une association entre un variant à un emplacement précis du génome et le niveau d'activité d'un gène dans un tissu particulier. En comparant les eQTL des différents tissus aux gènes associés à des maladies on peut donc déterminer quels tissus sont les plus liés à une maladie. Mais si on peut associer une région du génome à un phénotype (une maladie, par exemple), les scientifiques n'étaient pas encore en mesure de déterminer précisément quel nucléotide - les briques de notre ADN -, lorsqu'il mute, contribue au phénotype en question. Emmanouil Dermitzakis souligne ainsi : « Nous devions concevoir un modèle permettant de relier précisément les variants à une maladie particulière. Notre but, pour simplifier, était de localiser le nucléotide exact qui, en cas de mutation, augmente le risque d'une maladie, plutôt que la région ou le gène associé. »

Pour construire un modèle solide, les scientifiques ont effectué les analyses eQTL de centaines d'échantillons et ont identifié des milliers de variations causales dans le génome non codant. En utilisant cet ensemble de données, ils ont commencé à construire des modèles visant à reconnaître ces variations à partir de séquences d'ADN, sans avoir à les relier aux phénotypes existants. Comme le décrit Andrew A. Brown, maître assistant au département de médecine génétique et développement de la Faculté de médecine de l'UNIGE et l'un des premiers auteurs de ces études : « Nous voulions reconnaître les variants pathogènes sans aucune autre information que cette séquence. Si notre modèle est confirmé, nous résoudrons l'un des problèmes majeurs de la génomique moderne : en lisant simplement des séquences d'ADN non codant, nous pourrons identifier leurs ef-

fets pathogènes. C'est le véritable avenir de la médecine prédictive. »

A CHAQUE TISSU SON PROPRE RISQUE

Pour évaluer une prédisposition génétique à une maladie, les variations des gènes sont généralement associées à un phénotype. « Pourtant, cette méthode ne donne qu'une image partielle d'un tableau plus large », indique Halit Ongen, chercheur au département de médecine génétique et développement de la Faculté de médecine de l'UNIGE et premier auteur de la deuxième étude publiée dans Nature Genetics. « La base de données GTEx nous a permis de concevoir un modèle statistique qui relie les variations du génome non codant aux gènes et aux maladies. Néanmoins, pour être valide, l'analyse du risque de maladie doit aller plus loin, en définissant précisément dans quel tissu doit se trouver le gène mal exprimé pour que ce risque soit élevé. ». Les scientifiques ont ainsi pu classer la contribution de l'effet génétique des différents tissus sur les maladies. Et les résultats ont été surprenants ! Dans le cas de la schizophrénie, par exemple, les tissus cérébraux apparaissent assez logiquement comme les premiers facteurs contribuant au risque de développer la maladie. Bien moins évident, l'intestin grêle semble également contribuer de manière substantielle à ce risque.

S'il existe déjà des éléments cliniques indiquant que l'intestin envoie des signaux au cerveau par le biais du microbiome, ces résultats révèlent que la génétique de l'intestin grêle pourrait influencer le microbiome qui, à son tour, affecterait le cerveau; cela pourrait être très utile pour orienter la recherche vers des organes qui, génétiquement, contribuent beaucoup à une maladie plutôt que de limiter la recherche aux organes touchés. Par exemple, on pourrait identifier des biomarqueurs qui pourraient servir de signaux d'alerte pour une maladie à venir. De la recherche de pointe à la prévention personnalisée: un nouvel outil au service de la médecine de haute précision Mieux comprendre comment le génome d'une personne influe sur la biologie des maladies agira également sur la prévention. « Nous pouvons maintenant intégrer les variations, les gènes et les tissus dans un seul cadre d'analyse. Si chez beaucoup de gens la maladie aura les mêmes effets, les perturbations biologiques qui l'y ont conduit peuvent varier considérablement », souligne Emmanouil Dermitzakis. « Notre découverte a de nombreuses implications dans le domaine de la médecine personnalisée, et sont précisément les questions sur lesquelles nous travaillons au sein Centre de génomique Health 2030. La traduction de ces recherches fondamentales en applications cliniques profitera à tous, ici en Suisse, mais nous permettra aussi de mener d'importantes recherches qui façonneront la médecine de demain. » ■

VIVANT ::: SANTÉ

PHAGES: DES VIRUS TUEURS DE BACTÉRIES POUR LUTTER CONTRE LA RÉSISTANCE AUX ANTIBIOTIQUES ?

Dorothée Browaeys
UP' Magazine

La résistance aux antibiotiques - phénomène par lequel les bactéries cessent de répondre à certains antibiotiques - est une menace croissante dans le monde entier. Une menace qui devrait tuer 10 millions de personnes par an d'ici 2050. De nombreuses grandes sociétés pharmaceutiques ont cessé de mettre au point de nouveaux antibiotiques, et les médicaments qui sont encore en cours de développement se heurtent à de nombreux obstacles pour obtenir leur approbation. En septembre dernier, l'Organisation mondiale de la santé a averti que le monde est à court d'antibiotiques : « Il est urgent d'investir davantage dans la recherche et le développement sur les infections résistantes aux antibiotiques faute de quoi nous serons contraints de retourner à une époque où les gens craignaient les infections courantes et risquaient leur vie à cause d'une chirurgie mineure », a déclaré le Dr Tedros Adhanom Ghebreyesus, directeur général de l'OMS.

Conscients de l'urgence, certains fabricants de médicaments commencent donc à se tourner vers d'autres solutions, y compris une qui a une histoire centenaire derrière elle : la thérapie par les phages. Retour sur cette pratique ancienne de lutte biologique consistant à soumettre les bactéries qui créent pneumopathies menaçantes, graves infections cutanées, septicémies… à leurs chevaux de Troie naturels, les virus « bactériophages ».

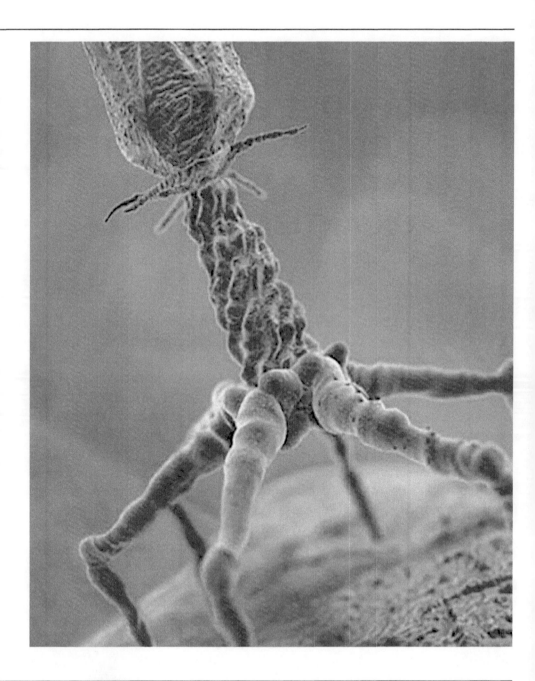

URGENCE EST RÉELLE : le recours outrancier aux antibiotiques tue[1]. Les bactéries résistantes tuent chaque année 25 000 personnes en Europe. Les infections acquises lors de l'hospitalisation (maladies nosocomiales) sont responsables[2] de 4 200 décès annuels en France dans les hôpitaux. Le *staphylococcus aureus* résistant à la méticilline (SARM) tue à lui seul 18 000 personnes par an aux États-Unis, soit plus que le sida[3].

Les impasses thérapeutiques se multiplient alors même qu'une alternative aux antibiotiques existe : la phagothérapie[4]. Découverts en 1915 par Frederick Twort, les phages, ces parasites de bactéries, ont été rapidement utilisés dès 1919 pour traiter des maladies infectieuses grâce à l'ingéniosité du biologiste franco-canadien Félix d'Hérelle. Ils étaient encore disponibles dans les années 40 en France, avant que les logiques de l'industrie pharmaceutique balaient ces solutions. Mais les pays de l'Est ont continué à soigner avec ces virus : en Géorgie, Pologne, Roumanie ou en Russie, de nombreuses infections bactériennes (pulmonaires, cutanées, digestives, etc.) sont traitées par les bactériophages depuis plusieurs décennies (parfois en association avec des antibiotiques).

Les instituts de Wroclaw (Pologne) et de Tbilissi (Géorgie), par exemple, ont une très grande expérience clinique auprès de centaines de milliers de patients. Des malades atteints de mucoviscidose, particulièrement sensibles aux infections respiratoires, sont régulièrement pris en charge à Tbilissi. Forts d'une pratique sur quatre-vingt dix ans les phagothérapeutes de l'Institut George Eliava ont constitué une collection exceptionnelle de bactériophages thérapeutiques. En Pologne, un Institut d'immunologie et de thérapie expérimentale a aussi poursuivi jusqu'à nos jours l'utilisation de la phagothérapie. Moins ouvert sur le monde extérieur que l'Institut Eliava, il n'en a pas moins publié un bilan dans une série d'articles scientifiques.

---

1 http://www.up-magazine.info/index.php/le-vivant/sciences/5544-les-bacteries-de-plus-en-plus-coriaces-resistent-aux-antibiotiques
2 http://www.lefigaro.fr/flash-actu/2011/04/26/97001-20110426FILWWW00317-infections-nosocomiales-4200-mortsan.php
3 Lire aussi dans UP' : http://www.up-magazine.info/index.php/le-vivant/sciences/5544-les-bacteries-de-plus-en-plus-coriaces-resistent-aux-antibiotiques
4 https://fr.wikipedia.org/wiki/Phagoth%C3%A9rapie

DES ANTIBACTÉRIENS INTELLIGENTS

Les résultats spectaculaires obtenus font affluer de nombreux malades vers ces centres. Le témoignage de Serge Fortuna l'illustre. Sans intervention des phages, l'homme aurait du être amputé. Victime d'un accident de moto, il a du se rendre à l'Institut Eliava de Tbilissi pour subir des injections de phages qui ont sauvé son membre. Son site *Les phages du futur*[1] expose la démarche pour aller se faire soigner en Georgie, mais à ses propres frais. Cette obligation de tourisme médical apparaît intenable pour de nombreux médecins qui reconnaissent les atouts de ces luttes virales contres les infections réfractaires. Ainsi, les docteurs Alain Dublanchet (voir son livre Les virus pour combattre les infections, éditions Favre 2009) et Olivier Patey (CHI Villeneuve Saint Georges) ont organisé le premier forum sur l'utilisation des bactériophages, le 31 janvier 2013, à Paris. Les associations comme *Phagespoirs* (dirigée par Jérome Larché) ou P.H.A.G.E militent pour le développement de ces thérapies.

L'AVANTAGE DE TUEURS TRÈS CIBLÉS

La phagothérapie est considérée comme sûre dans la mesure où les bactériophages sont souvent très spécifiques - ne s'adressant qu'à une seule ou qu'à quelques souches de bactéries bien déterminées — et qu'ils détruisent les bactéries en commandant leur réplication massive dans la bactérie qui aboutit à la destruction de la cellule hôte.

Les phages sont choisis de façon à ne pas nuire aux bactéries utiles comme celles qui sont normalement présentes dans la flore intestinale, sur les muqueuses ou sur la peau : ainsi sont réduites les probabilités d'infections opportunistes qui se développent après la sélection de certaines bactéries minoritaires au cours d'une antibiothérapie. Rappelons que les antibiotiques traditionnels détruisent aussi bien les bactéries nuisibles que les bactéries utiles comme celles qui facilitent la digestion des aliments, ce qui n'est pas sans effet sur le transit intestinal. C'est ainsi que la colite pseudo-membraneuse provoquée par Clostridium difficile est une redoutable complication qui survient dans les collectivités pour personnes âgées.

---

1 http://www.les-phages.com/

Les quantités administrées n'ont pas besoin d'être ajustées selon le poids et l'état physiologique de la personne traitée. Il faut savoir que les phages ne se répliquent qu'en présence de leur proie ce qui implique que leur quantité va donc toujours s'ajuster in situ : ils sont détruits et/ou éliminés quand la bactérie disparaît.

Les mécanismes de résistance qui empêchent les antibiotiques d'agir sur les bactéries n'ont aucune influence sur l'activité lytique des bactériophages. Mieux, comme ces virus bactériens coévoluent naturellement avec leurs hôtes, de manière presque synchrone, ils inventent des parades aux résistances, simultanément.

Afin d'être efficace, un phage doit atteindre le site où se trouvent les bactéries ; or ces virus, bien que très petits, ont une taille supérieure aux molécules médicamenteuses et ne diffusent pas aussi facilement. C'est pourquoi il est judicieux d'apporter les bactériophages au site infecté. C'est une limite par rapport aux antibiotiques.

Les souches virales sont faciles à récolter dans les lieux où prolifèrent les bactéries infectieuses. C'est un atout de plus, pour envisager ces solutions dans les pays en développement. L'Inde procède d'ailleurs actuellement à des essais avec des bactériophages.

L'heure est donc aujourd'hui à la reconnaissance des bienfaits de cette phagothérapie et à son encadrement juridique. En effet, les études cliniques, selon les normes réglementaires pharmaceutiques européennes ou américaines, n'ont jamais été réalisées et les traitements utilisés en Georgie ou en Russie ne sont pas autorisés sur notre territoire. La législation européenne interdit d'utiliser des organismes vivants comme médicaments. Il faut donc inventer un droit qui définisse les règles strictes d'usage.

PREMIÈRE ÉTUDE CLINIQUE INTERNATIONALE SUR LES PHAGES

Dans un premier temps, il faut évaluer les protocoles. Le programme européen *Phagoburn*[1] d'un montant de six millions d'euros, vient répondre à ce besoin. Lancé en juin 2013 pour une durée de 36 mois, il vise à évaluer la tolérance et l'efficacité des bactériophages pour lutter contre les infections cutanées sensibles et résistantes aux antibiotiques chez les grands brûlés. Un essai clinique multicentrique a débuté en juillet 2015 : deux cocktails de bactériophages sont testés contre deux bactéries associées à des complications particulièrement graves chez les grands brûlés : *Pseudomonas aeruginosa* et *Escherichia coli*. De fait, chez les patients brûlés, les infections représentent la première cause de mortalité, d'autant que ces espèces acquièrent souvent et rapidement de hauts niveaux de résistances aux antibiotiques, pouvant alors entraîner la mort par échec thérapeutique.

L'essai est coordonné par l'hôpital d'instruction des armées Percy, hôpital du Service de Santé des Armées (SSA), au sein du Ministère de la Défense. Il se déroule dans 11 centres de grands brûlés en France, en Suisse et en Belgique (Hôpital Reine Astrid de Bruxelles). Les virus sont fournis par la jeune société française *Pherecydes Pharma*[2], spécialisée dans ces nouvelles stratégies anti-infectieuses, et les tests de caractérisation et de sécurité sont assurés par firme vendéenne *Clean Cells*[3].

En France le consortium *Phosa*[4] cible les infections ostéoarticulaires (IOA) provoquées par les staphylocoques. Il est porté par la PME *Pherecydes Pharma*, et soutenu par

---

1 http://www.les-phages.com/
2 http://www.les-phages.com/
3 http://www.clean-cells.com/en.html
4 http://www.phosa.eu/

le financement public dans le cadre du 18e appel à projets «FUI - Fonds Unique Inter-ministériel» et labellisé par les pôles de compétitivité Medicen et Lyonbiopôle. Deux PME *BioFilm Control*[1] et *Vivexia*[2] s'y impliquent aux côtés des centres de recherche publics : le Centre hospitalier intercommunal de Villeneuve-Saint-Georges (CHIV) et les Hospices civils de Lyon (HCL).

Un autre programme Pneumophage, impliquant le Centre d'étude des pathologies respiratoires (le CEPR), le laboratoire mixte INSERM / Université de Tours (Faculté de Médecine), cible les pneumopathies. Lancé en juin 2015, il est financé en grande partie financé par la DGA (Direction Générale de l'Armement), dans le cadre du dispositif RAPID.

Il s'agit de démontrer l'intérêt de la phagothérapie inhalée pour traiter les infections respiratoires aiguës à *Pseudomonas aeruginosa* (PYO) acquises sous ventilation mécanique (90 % des pneumopathies nosocomiales sont liées aux instruments de réanimation). La coordination est assurée par la société DTF – La Diffusion Technique Française (Saint-Etienne), spécialisée dans le développement de nouveaux générateurs d'aéro-sols adaptés aux médicaments.

Les Américains s'intéressent aussi à ces démarches innovantes. Des essais cliniques de phase 1 sont en cours au Centre régional de Traitement des Blessures à Lubbock (Texas), concernant un cocktail viral homologué contre *Pseudomonas aeruginosa, Staphylococcus aureus* et *Escherichia coli.*

CONSTITUER DES PHAGOTHÈQUES ET RÉGLEMENTER LES PRATIQUES

Ces stratégies antimicrobiennes exigent de mettre en place des collections de phages, répertoriés afin de pouvoir trouver au moins un phage lytique de la souche bactérienne à traiter. L'association P.H.A.G.E travaille à la constitution d'une banque accessible à tous, tandis que les entreprises privées comme Pherecydes Pharma se constituent leurs propres phagothèques.

---

1 http://www.biofilmcontrol.com/
2 http://www.vivexia.fr/

Michèle Rivasi préconise la constitution d'une banque de référence en Allemagne… L'Institut Leibniz de Braunschweig, près d'Hanovre, semble aujourd'hui le mieux placé pour poursuivre les collectes et caractérisations qui font la spécialités des biologistes Caro Matzko et Gunnar Mergner.

Reste à savoir comment pourront être encadrées ces « thérapies vivantes » ? À ce jour, il n'existe pas d'autorisation de mise sur le marché pour les bactériophages « qui peuvent être assimilés à des biomédicaments comme les vaccins », selon Michèle Rivasi.

Une demande d'autorisation temporaire d'utilisation (ATU) a été refusée par l'Agence nationale de sécurité des médicaments et des produits de santé (ANSM) parce qu'elle ne satisfaisait pas aux conditions fixées par l'article L. 5121-12 du code de la santé publique, en termes de garantie de la sécurité d'emploi et de présomption de l'efficacité du médicament.

A l'échelon européen, « L'Agence européenne des médicaments (EMA) et le Centre européen de prévention et de contrôle des maladies ont indiqué, dans un récent rapport, qu'il fallait, soixante-dix ans après la découverte des antibiotiques, se préparer à un futur sans antibiotiques efficaces, a souligné la sénatrice Maryvonne Blondin mobilisée sur cette question[1]. Il faut donc véritablement développer de nouveau les cocktails de phages existants ». Selon elle, « Il faut à tout prix lever les blocages et les freins à la réutilisation des phages par la France, de manière à apporter un complément à l'antibiothérapie.

Les politiques en charge du dossier ont demandé à l'Agence européenne des médicaments qu'elle fasse une proposition sur les critères de qualité exigés pour les bactériophages. Marta Hugas, en charge de l'Unité Dangers biologiques et contaminants chimiques à l'EFSA (autorité européenne de sécurité des aliments) dispose d'une expertise sur l'encadrement des usages des phages dans le domaine alimentaire. Un rapport d'experts a rendu en 2009 un avis concernant l'usage intentionnel de microorganismes dans les aliments humains ou animaux[2]. Les spécialistes refusent d'inté-

---

1 Voir question orale de février 2013 : http://www.senat.fr/questions/base/2013/qSEQ13020350S.html
2 http://www.efsa.europa.eu/fr/efsajournal/pub/1431

grer dans la liste d'organismes présumés sans danger (QPS) les bactériophages. La raison invoquée est que chaque phage doit être évalué au cas par cas selon son acide nucléique afin de vérifier l'absence de facteurs de virulence et de gènes de résistance antimicrobien.

Ce signal indique la difficulté qu'il existe à lever certaines inquiétudes. Pourtant, si l'on regarde par dessus l'Atlantique, les États-Unis ont autorisé en 2006, une préparation à base de six virus bactériophages comme conservateur alimentaire, notamment pour lutter contre la listériose .

La difficulté de maîtriser des échanges génétiques ou le risque de multiplication de ces bactériophages, même si ces derniers n'ont aucune autonomie de reproduction hors de leurs hôtes constituent des obstacles à un feu vert réglementaire rapide. Les projets de recours à ces virus pour extraire de manière ciblée les gènes de résistance des bactéries – comme le propose Eligo Biosciences - complexifient encore le paysage.

Au delà des demandes médicales, bien d'autres secteurs sont intéressés par ces thérapies. Les éleveurs aimeraient aussi disposer de solutions virales pour lutter contre les salmonelles. Les agriculteurs lorgnent de ce côté pour endiguer l'invasion de bactéries comme *Xylella factidios* qui menace les oliveraies d'Italie et du sud de la France. ■

TROUBLES PSYCHIATRIQUES ET MALADIES NEURODÉGÉNÉRATIVES : UNE BASE BIOLOGIQUE COMMUNE ?

René Trégouët
Sénateur honoraire, fondateur du groupe de prospective du Sénat, chroniqueur invité UP' Magazine

Le domaine des neurosciences a connu une véritable révolution au cours de ces trente dernières années grâce à l'arrivée de nouveaux outils d'imagerie et d'investigation qui ont permis à la fois d'explorer très finement les structures cérébrales et de révéler dans le détail le fonctionnement électrique et biochimique des différentes aires cérébrales.
Parallèlement, les incroyables progrès des outils de séquençage et de cartographie du génome sont également venus éclairer d'une lumière nouvelle la prodigieuse complexité de notre cerveau et ont amené médecins et scientifiques à reconsidérer les origines et les causes des multiples troubles et pathologies qui peuvent venir altérer le fonctionnement de notre cerveau.

EST AINSI QU'IL Y A QUELQUES SEMAINES, une équipe de recherche en psychiatrie au CEA-Neurospin, avec l'Institut Mondor de Recherches Biomédicales (INSERM) et les hôpitaux universitaires Henri-Mondor AP-HP, a montré qu'un variant génétique du gène SNAP25 perturbe un réseau préfronto-limbique, ce qui augmenterait le risque de développer plusieurs pathologies, par-

mi lesquelles la schizophrénie, le trouble bipolaire ou encore le trouble de l'attention[1].

  Travaillant à la fois sur des tissus cérébraux de personnes décédées et sur l'analyse des gènes de deux groupes de patients (la première comprenant 71 sujets dont 25 patients bipolaires, la seconde comprenant 121 sujets sains), ces scientifiques ont pu montrer que la variation du gène SNAP25 modifiait l'expression d'une protéine associée, impliquée dans le traitement de l'information entre les régions cérébrales à l'origine de la régulation des émotions. Corrélativement à cette approche, l'analyse des données provenant des outils d'imagerie montre que dans ces deux groupes, la mutation à risque correspond, d'une part, à un plus grand volume de l'amygdale et, d'autre part, à une altération de la connectivité de l'aire préfronto-limbique.

---

1 Voir Journal of Neuroscience : http://www.jneurosci.org/content/early/2017/10/02/JNEUROSCI.1040-17.2017

Cette étude est très intéressante car elle confirme que cette variation du gène SNAP25 constitue bien un facteur de risque commun à la schizophrénie et au trouble bipolaire. Or ces maladies qui affectent environ 1 % de la population adulte sont handicapantes et difficiles à prendre en charge car elles résultent d'une intrication de causes biologiques, génétiques et environnementales. Cette étude, en montrant qu'un seul et même gène semble fortement impliqué dans l'apparition de maladies du cerveau distinctes ouvre donc de nouvelles voies de recherche fondamentale sur l'ensemble des mécanismes sous-jacents et communs qui est à l'œuvre dans ces pathologies.

En août 2013, une autre étude réalisée par Mark Weiser, chef du service de psychiatrie du Centre médical Sheba en Israël, avait, pour sa part, mis en évidence un lien génétique entre l'autisme et la schizophrénie. Grâce à l'étude de vastes bases de données en Israël et en Suède, l'équipe du docteur Weiser a constaté que les personnes ayant un frère ou une sœur schizophrène ont 12 fois plus de risques de développer des troubles du spectre autistique (TSA) que ceux n'étant pas dans cette situation particulière.

Pour parvenir à ces conclusions éclairantes, les chercheurs ont volontairement utilisé trois bases de données distinctes, l'une en Israël et deux en Suède, afin de déterminer le lien de parenté entre la schizophrénie et l'autisme. La base de données israélienne contenait des informations anonymes sur plus d'un million de soldats. Fait remarquable, ce lien entre risques de schizophrénie et autisme a été retrouvé dans les trois bases de données, ce qui rend les résultats de cette étude très solides.

En septembre dernier, s'appuyant sur une vaste analyse des données des génomes de 4.890 patients atteints de troubles du spectre autistique (TSA), des scientifiques de l'Université de Californie du sud (USC), dirigés par le neurobiologiste Bruce Herring, ont découvert huit nouvelles mutations, concentrées sur une même région du même gène, le gène TRIO, qui augmente sensiblement le risque de troubles du spectre autistique (TSA) (Voir Nature). Cette découverte importante, qui vient d'être publiée dans la prestigieuse revue Nature, confirme le rôle-clé de ce gène TRIO, qui commande la synthèse d'une protéine jouant un rôle-clé dans la stabilité des connexions entre les cellules du cerveau.

Selon ces travaux, les altérations observées dans la production de cette protéine au début du développement du cerveau de l'enfant seraient susceptibles de déclencher une réaction en chaîne qui va finir par perturber les connexions du cerveau, son « plan de câblage » et, par voie de conséquence, sa capacité à traiter et stocker correctement les informations. L'étude souligne par ailleurs que la probabilité que ces mutations se produisent par hasard est infime : environ de 1 sur 1,8 milliard de milliards…

Fait remarquable, les huit mutations découvertes se situent toutes dans « GEF1 / DH1 », une petite région du gène TRIO, qui code une zone spécifique de la protéine Trio, qui elle-même vient activer, en cascade, une autre protéine, Rac1. Or cette dernière joue également un rôle-clé dans l'établissement des réseaux de connexions du cerveau.

Ces travaux ont clairement montré qu'en l'absence de ces mutations, la protéine Rac1 est correctement activée, ce qui entraîne la croissance de filaments d'actine qui permettent les connexions cérébrales. En revanche, la présence de ces mutations bloque l'activation de la protéine Rac1, ce qui perturbe la stabilité des connexions entre les différentes aires du cerveau.

Mais ces chercheurs ont fait une autre observation très intéressante : le gène TRIO possède un homologue très proche, le gène KALRN. Or ces deux gènes appartiennent à une même voie de signalisation dans les cellules du cerveau. Et il s'avère que certaines mutations de KALRN sont présentes chez des patients souffrant de schizophrénie.

Autre indication, des mutations du gène KALRN perturbent cette voie pendant l'adolescence, ce qui pourrait expliquer pourquoi les symptômes de la schizophrénie apparaissent à ce moment de la vie. Cette découverte semble donc conforter l'hypothèse d'une base génétique commune à l'autisme et la schizophrénie.

Mais s'il apparaît de plus en plus clairement qu'il existe certaines bases génétiques sous-jacentes communes reliant les principales pathologies psychiatriques (Autisme, Schizophrénie et troubles bipolaires notamment), il semble bien qu'il existe également certains mécanismes génétiques communs à l'œuvre dans plusieurs maladies neurodégénératives graves, comme Alzheimer, Parkinson ou encore la sclérose en plaques.

Dès 2002, une étude réalisée par des chercheurs américains de génétique des populations et dirigée par la Professeure

Margaret Pericak-Vance, avait montré, en analysant et en comparant les génomes de plus de 500 familles de patients atteints d'Alzheimer ou de Parkinson, qu'il existait une même région précise sur le chromosome 10 qui semblait impliquée dans le risque d'apparition de ces deux pathologies pourtant distinctes.

On sait également que, sur le plan clinique, beaucoup de patients atteints de la maladie d'Alzheimer développent des troubles du mouvement observés dans la maladie de Parkinson ; symétriquement, les malades de Parkinson présentent parfois des signes de démence caractéristiques de la maladie d'Alzheimer. D'autres travaux ont par ailleurs montré qu'un déficit enzymatique au niveau d'un même groupe de cellules nerveuses ((le noyau basal de Meynert) est impliqué dans les deux pathologies et on retrouve dans le cerveau de certains malades d'Alzheimer des amas protéiques appelés corps de Lewy, caractéristiques de la maladie de Parkinson. Il faut enfin souligner qu'un processus inflammatoire comparable concernant le métabolisme oxydatif est à l'œuvre dans les deux pathologies.

En 2010, une équipe regroupant des chercheurs français du Centre de recherche biochimie macromoléculaire (CNRS/Universités Montpellier 1 et 2), et du National Institute of Health (Etats-Unis) a montré que certaines protéines jouant un rôle-clé dans plusieurs maladies neurodégénératives, telles que Parkinson, Alzheimer et le syndrome d'Huntington, présentent de fortes similitudes.

En 2013, des chercheurs de l'Université américaine de Stanford, dirigés par Alexander Stephan, ont montré, pour leur part, à partir de l'analyse des tissus cérébraux de malades décédés, qu'un excès de concentration de la protéine C1q au niveau des synapses entraînait la destruction des cellules immunitaires du cerveau. Selon ces chercheurs, le développement de molécules ciblant et bloquant la protéine C1q pourrait permettre des avancées thérapeutiques majeures dans de nombreuses maladies neurodégénératives, telles que la sclérose en plaques, la maladie de Parkinson ou encore la maladie d'Alzheimer.

En septembre 2016, une autre étude très intéressante réalisée par des chercheurs de l'Institut Salk, en Californie, a montré qu'en augmentant les niveaux de la protéine Neuréguline-1 dans le cerveau, il serait possible de réduire les symptômes de la maladie d'Alzheimer et d'améliorer la mémoire. Ces recherches ont permis de montrer que la neuréguline-1 favorise l'apparition des plaques amyloïdes caractéristiques de la maladie d'Alzheimer.

Plus largement, il semble que cette protéine neuréguline-1 joue un rôle majeur dans le bon déroulement de nombreuses fonctions cérébrales. Des chercheurs de la Georgia Regents University ont par exemple montré que certains patients atteints de schizophrénie présentaient des niveaux élevés de cette protéine. Une mutation du gène neuregulin-1 a par ailleurs été identifiée à la fois chez les familles fréquemment touchées par la schizophrénie et certains formes de maladie d'Alzheimer. Il est donc possible que cette protéine soit fortement impliquée dans plusieurs maladies neurodégénératives.

Ces récentes recherches montrent de manière cohérente et convergente qu'il existe très probablement certains mécanismes biologiques et génétiques communs favorisant l'apparition, en synergie avec d'autres facteurs environnementaux, de nombreuses maladies neurodégénératives mais également de troubles psychiatriques graves.

On comprend mieux l'importance de ces recherches quand on sait que le nombre de personnes souffrant de pathologies psychiatriques en France a été évalué en 2012 à 12 millions, soit presque un Français sur cinq (Voir Elsevier). Quant aux principales maladies neurologiques et neurodégénératives (Alzheimer, Epilepsie, Parkinson et Sclérose en plaques), elles touchent environ 1,7 million de personnes en France).

L'arrivée prochaine d'outils informatiques puissants d'intelligence artificielle et de techniques de séquençage encore plus rapides du génome devrait permettre de confirmer cette hypothèse de bases biologiques et génétiques communes à l'ensemble de ces pathologies du cerveau et devrait également accélérer la mise en œuvre de stratégies de prévention personnalisée et de nouvelles solutions thérapeutiques porteuses d'espoir. ∎

VIVANT ::: L'HOMME AUGMENTÉ

UN HUMAIN RÉPARÉ, AUGMENTÉ, QUI RÊVE D'IMMORTALITÉ.

Pascal Sommer

Biologiste à l'Institut des sciences du mouvement (CNRS/Aix-Marseille université),
Centre national de la recherche scientifique (CNRS)

Entre l'espoir d'immortalité et la fatalité de la mortalité,
l'humain a de tout temps cherché à contrer le vieillissement
et la défectuosité de parties fonctionnelles de son corps.

INSI, LE MYTHE DE PRO-MÉTHÉE montre que les Grecs anciens connaissaient déjà la potentialité de certaines parties du corps à se réparer tout seul. Ce Dieu, attaché sur un rocher pour avoir donné le feu aux hommes, voyait chaque jour son foie dévoré en partie par un aigle. Lequel foie se régénérait le jour suivant pour que la litanie de la punition s'accomplisse. Si les anciens avaient choisi le foie plutôt que d'autres organes pour illustrer le mythe, c'est parce qu'ils savaient le foie capable de se régénérer en grande partie.

Plus récemment, la symbolique des sorcières a souvent été associée à la salamandre, capable de régénérer ses membres. L'humain et les vertébrés supérieurs n'ont pas la même capacité que la salamandre, le poisson-zèbre ou l'axolotl et encore moins celle de régénération totale des végétaux. Mais les études récentes démontrent que cette capacité pourrait exister, ou à minima, être localement stimulée.

LES CELLULES SOUCHES : LA CLÉ DE LA RÉGÉNÉRATION ?

La capacité de régénération est principalement portée par des cellules du corps qui vont se reprogrammer pour remplacer le tissu ou l'organe lésé. Certaines de ces cellules dites « souches » sont générées par la moelle osseuse et peuvent circuler dans le corps. D'autres cellules souches sont générées par les tissus eux-mêmes, comme ces cellules souches des bulbes cutanés dont la mission est de permettre la croissance des cheveux et des poils tout au long de la vie.

Quelle que soit leur origine, ces cellules ont la potentialité de se transformer pour réparer et faire croître toute sorte de tissus. Cette potentialité de devenir différente, qu'on appelle la différenciation cellulaire, suscite de nombreux espoirs, notamment depuis qu'on les a aussi identifiées dans le système nerveux central (le cerveau) et périphérique (la moelle osseuse et les nerfs).

Si le phénomène de régénération est peu évident chez l'humain, il existe un mécanisme que tout le monde connaît. Il s'agit de la cicatrisation. Tout est dans le mot, c'est une réparation qui laisse une cicatrice. La régénération n'est donc que partielle et ne permet pas une reproduction à l'identique. Il n'est qu'à voir la peau régénérée des grands brûlés dont l'aspect cartonné n'est qu'une pâle reproduction de la belle élasticité du tissu cutané d'origine. Il faut donc comprendre le pourquoi de cette insuffisance, même s'il est bien compris que la cicatrisation est essentielle, voire vitale.

LES ACTEURS DE LA RÉPARATION DES CORPS

Les acteurs œuvrant à la régénération du corps sont au croisement de nombreux mécanismes intrinsèques du vivant, ce qui inclut en première ligne les biologistes et le corps médical, évidemment, mais aussi les physiciens et les mathématiciens ingénieurs ou théoriciens, les chimistes, les ingénieurs, les psychologues et de nombreux acteurs des sciences humaines et sociales.

Ces acteurs de la régénération humaine peuvent orienter leurs travaux vers la régénération d'une fonction, en cherchant à remplacer cette fonction déficiente, par exemple le genou, la peau ou le cœur, ou en incitant le corps à participer lui-même à cette régénération, par exemple en conduisant la repousse de canaux nerveux lésés. L'option actuelle est certainement un mélange des deux approches, par une ingénierie corporelle inclusive et incitative. Ainsi les prothèses de nouvelle génération remplacent et respectent la fonction à recréer, en reproduisant l'organe lésé de façon personnalisée, et en même temps, elles se doivent d'être biocompatibles, en s'intégrant dans le corps sans générer de mécanismes de défense ou de rejet.

Le Graal de cette recherche est de considérer l'élément inséré comme le point de départ de la régénération en incitant et orientant les propres mécanismes de réparation et de régénération du corps. Il s'agit alors de créer une niche pour que les mécanismes de cette régénération soient dûment incités à s'orienter vers une dynamique complète de reconstitution, et non seulement de cicatrisation.

En d'autres termes, les chercheurs, ingénieurs et médecins considèrent le site de réparation/régénération comme un écosystème cohérent. Il doit être connecté ou doit pouvoir se connecter lui-même même, c'est-à-dire être vascularisé et innervé. Il doit retenir les cellules souches circulantes et informer les cellules souches résidantes en leur donnant les informations nécessaires pour les orienter vers une croissance différenciée. Il devra fournir un environnement mécanique précis, tant les cellules sont sensibles aux propriétés mécaniques des tissus environnants ; ceci est illustré par la cicatrisation de la peau qui s'effectue dans l'environnement plastique formé par des mailles rigidifiées de colla-

gène qui n'a plus rien à voir avec l'élasticité de la peau de jouvenceaux servant de référence au discours du cosmétique.

APRÈS L'IMPRIMANTE 3D, VOICI L'IMPRESSION 4D !

Ces considérations théoriques sont celles de l'ingénierie tissulaire moderne qui s'inscrit dans une approche globale où la chimie des matériaux, la pharmacologie cellulaire, l'embryologie et la biomécanique, entre autres, se combinent pour proposer aux tissus lésés des niches cellulaires et tissulaires, à la fois prothèse fonctionnelle et matrice de régénération. Dans ce contexte, le facteur temps est un élément essentiel.

Il est bien connu du chirurgien qui suit les évolutions/involutions en direct sur le corps des personnes soignées. Il devient un élément complexe à prendre en compte pour les chercheurs. Le temps ajoute une quatrième dimension à la modélisation de prothèses et orthèses, qu'elles soient synthétisées classiquement avec un matériau unique ou par l'addition orchestrée de plusieurs matériaux séquentiellement ajoutés sous le contrôle d'un logiciel lors de l'impression tridimensionnelle. Cette « impression 4D » (l'impression 3D et le facteur temps) est certainement une clé pour optimiser la personnalisation des prothèses et orthèses et favoriser l'hybridation avec le corps. Ses potentialités sont à la base de l'ingénierie de ces niches propices à la régénération de tissus, voire à terme, d'organes.

L'introduction systématique du temps introduit un dernier concept qui caracole au front de nos connaissances. Il s'agit du destin des tissus régénérés. On voit que le destin des tissus cicatrisés n'est souvent pas optimal, au regard de leur fonction initiale, même si le corps a dûment fait son travail d'urgence. La croissance des tissus doit être rapide sous peine que d'autres mécanismes se mettent en place (inflammation, infection). La croissance des tissus doit être objectivée : un nerf doit redonner un nerf. La croissance doit être limitée : des cellules doivent mourir ou arrêter de croître au front de la plaie, souvent en invoquant ce mécanisme de mort programmée que l'on appelle l'apoptose. La croissance doit être évolutive : les informations initiales transmises aux cellules doivent soit évoluer soit être interprétées différemment par les cellules. C'est là où les mécanismes épigénétiques vont intervenir. Il s'agit de faire en sorte que le bout de tissu ou d'organe en construction évolue vers un ensemble complet et fonctionnel.

Si l'information initiale de la niche fournie est traduite par les gènes en un programme initial de croissance et de différenciation cellulaire, l'évolution de l'environnement va réguler cette action au fil du temps. Cette épigénétique, autour de la génétique, fait appel à des mécanismes qui sont loin d'être compris et qui font l'objet d'excitantes recherches. Un moteur important de la régulation épigénétique est l'environnement mécanique des tissus. La mollesse d'un foie n'a rien à voir avec l'élasticité des vaisseaux sanguins et de la peau ni avec la dureté d'un ligament ou d'un os. Ce facteur biomécanique est devenu essentiel dans la modélisation des prothèses, orthèses voire des niches environnementales favorables à la régénération.

En résumé, la régénération partielle du corps est l'objet de nombreuses études se traduisant déjà cliniquement. Il y a cependant beaucoup à faire tant les espoirs sont importants, comme celui de régénérer les nerfs chez le tétraplégique. Mais ce qui était inenvisageable il y a quelques décennies devient un objectif réaliste. Le futur seulement dira si cela est réalisable. Le foie pourrait perdre sa singularité régénératrice inscrite dans le mythe de Prométhée. Quant à la régénération de l'Humain dans son entièreté, même la salamandre n'en est pas capable. Pour le moment. ■ ₁

---

1 *La version originale de cet article a été publiée sur* The Conversation, *partenaire éditorial de UP' Magazine*

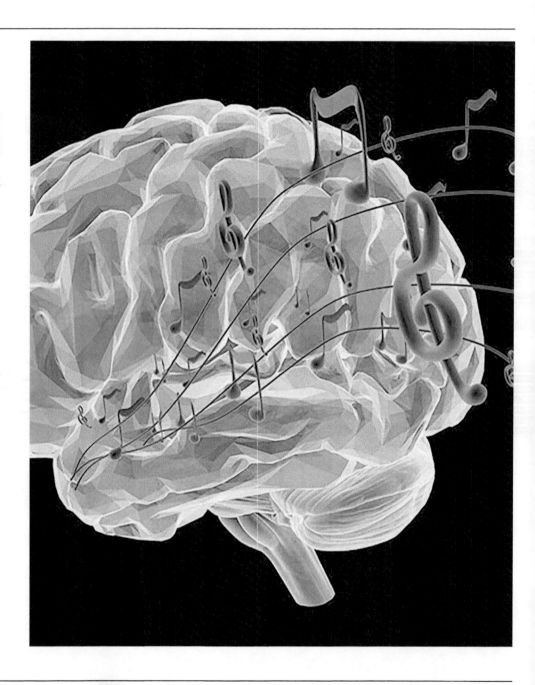

VIVANT ::: NEUROSCIENCES APPLIQUÉES

DES CHERCHEURS PARVIENNENT À RÉGULER LE PLAISIR PAR STIMULATION CÉRÉBRALE

Marine Barrio
UP' Magazine

Des chercheurs de l'Institut et hôpital neurologiques de Montréal rattaché à l'Université McGill ont prouvé qu'il est possible d'intensifier ou d'atténuer le plaisir tiré de la musique, tout comme l'envie irrésistible d'en entendre davantage, en stimulant ou en désactivant certains circuits cérébraux. Une piste intéressante pour le traitement des addictions et nombre de troubles psychologiques, comme la dépendance, l'obésité et la dépression qui découlent d'une mauvaise régulation du circuit de la récompense.

AMOUR DE LA MUSIQUE est considéré comme une expérience subjective ; ce que l'un juge agréable peut horripiler l'autre. Les musicologues font valoir depuis longtemps que si les goûts musicaux sont relatifs, le plaisir tiré de la musique, qu'elle relève du classique ou du heavy métal, provient notamment de ses caractéristiques structurelles, telles qu'un accord ou des motifs rythmiques, qui sont des sources d'anticipation et d'attentes.

Des études par imagerie cérébrale ont déjà démontré que l'écoute d'une musique agréable mobilise les circuits frontostriataux du cerveau qui régissent l'anticipation des récompenses et la surprise. Cependant, personne n'avait vérifié si ces circuits sont indissociables de la récompense tirée de la musique ni si on peut les manipuler de façon à modifier les mesures subjectives et physiologiques du plaisir musical.

Afin de moduler le fonctionnement des circuits frontostriataux, les chercheurs du laboratoire de Robert Zatorre ont recouru à la stimulation magnétique transcrânienne (SMT), technique non invasive qui stimule ou inhibe certaines régions cérébrales au moyen d'impulsions magnétiques. Ainsi, les chercheurs ont soumis le cortex préfrontal dorsolatéral gauche à la SMT. Les études du cerveau par imagerie ont révélé que la stimulation de cette région module le fonctionnement des circuits frontostriataux de façon à déclencher la sécrétion de dopamine, neurotransmetteur clé du mécanisme de la récompense.

Au cours de trois séances distinctes, les chercheurs ont appliqué une SMT excitatrice, inhibitrice ou neutre au cortex préfrontal dorsolatéral gauche de sujets sains. Les participants ont ensuite écouté leurs pièces musicales de prédilection et des pièces choisies par les chercheurs. Ils devaient alors attribuer un score en temps réel au plaisir qu'ils éprouvaient pendant que les chercheurs mesuraient leurs réponses psychophysiologiques. Les participants ont également eu la possibilité d'acheter véritablement les pièces musicales qu'avaient sélectionnées les chercheurs pour mesurer leur motivation à les réentendre.

Les chercheurs ont déterminé par comparaison à la séance témoin que la SMT excitatrice avait amélioré l'appréciation de la musique, augmenté les scores des mesures psychophysiologiques de l'émotion et la motivation des participants à acheter des pièces musicales, alors que la SMT inhibitrice avait réduit tous ces paramètres.

« Ces découvertes démontrent que le fonctionnement des circuits frontostriataux est essentiel au plaisir que nous tirons de la musique. Elles indiquent que le rôle de ces circuits dans l'apprentissage et la motivation peut être indissociable de ce plaisir », souligne Ernest Mas Herrero, boursier postdoctoral et auteur principal de l'étude dans un communiqué.

Ernest Mas Herrero a maintenant recours à une combinaison de SMT et d'imagerie par résonance magnétique fonctionnelle pour déterminer quelles régions et quels circuits précis sont responsables des changements découverts dans cette étude.

« La preuve que la SMT peut changer le plaisir et la valeur associés à la musique n'est pas seulement la démonstration importante - et remarquable - d'une meilleure connaissance des circuits à l'origine de ces réactions complexes, mais elle peut également déboucher sur des applications cliniques », de préciser Robert Zatorre, professeur de neurologie et de neurochirurgie et auteur en chef de l'étude. « Bon nombre de troubles psychologiques, comme la dépendance, l'obésité et la dépression découlent d'une mauvaise régulation du circuit de la récompense. La preuve qu'il est possible de manipuler ce circuit de façon si précise dans le cas de la musique ouvre la porte à de nombreuses applications éventuelles dans lesquelles il sera peut-être nécessaire de stimuler ou d'inhiber le système de récompense. »

Cette étude a été publiée dans la revue Nature Human Behaviour le 20 novembre 2017. Elle a été financée par le Conseil de recherches en sciences naturelles et en génie du Canada, les Instituts de recherche en santé du Canada, la Fondation canadienne pour l'innovation et une bourse Jeanne Timmins Costello. ■[1]

---

1 *Source : Institut et hôpital neurologiques de Montréal - le Neuro*

LAREVUE
#12.17

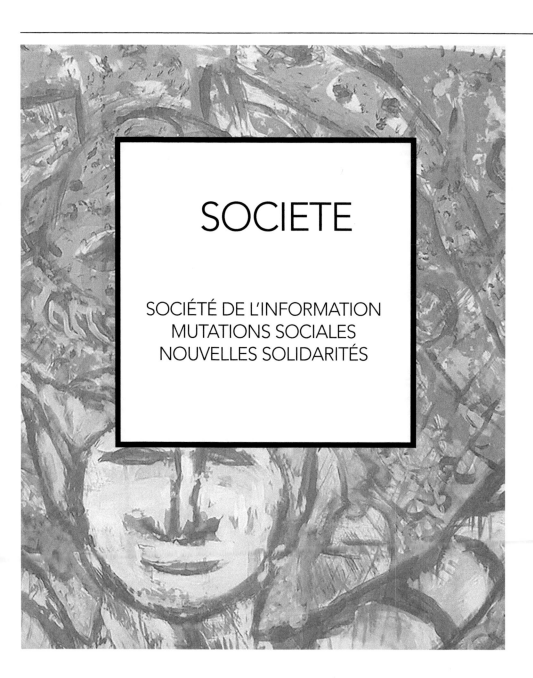

SOCIETE

SOCIÉTÉ DE L'INFORMATION
MUTATIONS SOCIALES
NOUVELLES SOLIDARITÉS

SOCIÉTÉ ::: SOCIÉTÉ DE L'INFORMATION

INFORMATION : À QUELS MÉDIAS PEUT-ON ENCORE FAIRE CONFIANCE ?

Fabienne Marion
UP' Magazine

La vague des fake news va-t-elle s'amplifier ? L'avenir de la démocratie est-il lié à la crédibilité de la presse ? Les Français ont-ils encore confiance en la presse ? Et ailleurs dans le monde ? Autant de questions auxquelles ont répondu 8 000 personnes en France et ailleurs dans le monde, interrogées sur la confiance qu'elles ont dans les médias. Il en ressort que la réputation des médias traditionnels reste en grande partie intacte selon une étude 'Trust in News ' réalisée et publiée par Kantar. Les réseaux sociaux et les Pure Player semblent en revanche particulièrement écorchés par le phénomène des 'fake news' qui auraient, notamment, influencé les derniers scrutins électoraux.

AKE NEWS » est devenu un cri de ralliement des politiciens populistes à travers le monde en 2016 et 2017, atteignant son point culminant en janvier 2017, le jour de l'inauguration de Donald Trump.

A l'occasion du Web Summit qui se tient actuellement à Lisbonne, les GAFA ont été vivement interpellés : Google, Facebook et Twitter sont mis en accusation face à leurs diffusions d'informations jugées problématiques. Comme l'explique le journal Les échos[1], Joseph Kahn, ma-

---

1 https://www.lesechos.fr/tech-medias/hightech/030848258983-echanges-muscles-sur-les-fake-news-au-web-summit-2128569.php

naging editor du New York Times, affrontait Quentin Hardy, responsable éditorial de Google Cloud à l'occasion d'une conférence. Directement prise à partie, la salle penchait clairement en faveur du premier, largement persuadée que les entreprises technologiques ont aujourd'hui trop de poids sur l'information.

« Il est très clair que l'influence de ces entreprises va bien au-delà de ce qu'elles-mêmes avaient envisagé », se désolait le journaliste. « Aucune de ces plateformes n'a réfléchi à comment exercer ce pouvoir ».

Le cabinet Gartner, pour sa part, estime qu'en 2022 les habitants des pays développés seront davantage exposés à de fausses informations qu'à de vraies ! Bienvenue dans un monde où « le citoyen lambda n'est plus en position d'apprécier le sérieux d'une information », résumait David Glance, directeur des pratiques informatiques à l'université d'Australie-Occidentale pour Les échos[1].

Pourtant, l'étude de Kantar a constaté que cette offensive du politique contre les médias traditionnels a eu l'effet inverse à celui recherché, rendant les consomma-teurs d'information plus avisés et réfléchis sur leur façon d'appréhender l'information.

Kantar[2] vient de publier les résultats de son étude « Trust in News ». 8 000 personnes au Brésil, en France, au Royaume-Uni et aux États-Unis ont été interrogées sur leur attitude à l'égard du traitement de l'information dans les médias.

Les principales conclusions de l'enquête montrent, qu'en moyenne, les consommateurs d'information à travers le monde croient fermement qu'un journalisme de qualité demeure la clé d'une démocratie sereine. Ils se montrent cependant sceptiques sur ce que qui leur est donné à lire, et sur la capacité du journalisme à rendre compte de l'actualité.

Par exemple, la campagne menée par le Président américain visant à qualifier les médias traditionnels d'émetteur de « fake news » a largement échoué. La réputation des médias traditionnels reste largement intacte, alors que celle des réseaux sociaux a été gravement affectée.

Il est ainsi montré que l'audience s'approprie l'information de manière de plus en plus avisée et à travers des modes de

---

1 https://www.lesechos.fr/idees-debats/sciences-prospective/030766385737-quelles-pistes-contre-les-fake-news-2124450.php#m7DTLIE0AERBF4v2.99
2 http://fr.kantar.com/opinion-publique/soci%C3%A9t%C3%A9/2017/trust-in-news-2017/

consommation de plus en plus sophistiqués. Ils s'adaptent en cela à l'évolution des médias eux-mêmes.

En France, le politique donne à penser qu'il influence les médias plus fortement que dans les autres pays analysés. Ainsi, seulement 29% des Français interrogés pensent que nos médias sont libres de toute influence politique, et 25% qu'ils sont indépendants des entreprises ou de la finance.

La confiance dans les médias traditionnels à travers les magazines et la télévision reste élevée, mais les Français sont plus méfiants envers les chaines d'infos en continu.

34% des Brésiliens et 22% des Américains croient que les « fake news » ont influencé les résultats de leurs dernières élections.

Autre élément : Il existe une réelle opportunité de croissance pour les marques de médias dans le développement de modèles d'abonnement visant les moins de 35 ans. Ces derniers expriment une plus grande volonté de payer pour de l'actualité au juste prix, et pas uniquement pour la presse papier.

A QUI FAIRE CONFIANCE ?

S'il existe aux États-Unis, au Royaume-Uni, en France et au Brésil une forte conviction qu'un journalisme de qualité est essentiel pour une démocratie en bonne santé (73% sont d'accord chez les personnes interrogées, 57% en France), le doute persiste : un peu plus de la moitié des personnes interrogées seulement croit que ce qu'elle lit est vrai « la plupart du temps ». De même, près des deux tiers (61%) s'inquiètent du fait que les médias ne sont pas assez exigeants avec les politiciens et les chefs d'entreprise. Une inquiétude moins présente chez les Français interrogés (53%).

Le phénomène « Fake News » a principalement nuit aux réseaux sociaux, tandis que la réputation des médias tradition-

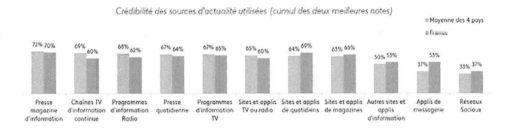

Crédibilité des sources d'actualité utilisées (cumul des deux meilleures notes)

IMPACT DU PHÉNOMÈNE DES FAKE NEWS SUR LA CONFIANCE DANS L'INFORMATION POLITIQUE ET ÉLECTORALE, SELON LES MÉDIAS UTILISÉS

Moyenne sur les 4 pays d'Internautes ayant entendu parler de fakes news

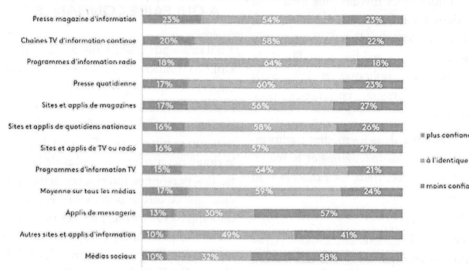

	plus confiance	à l'identique	moins confiance
Presse magazine d'information	23%	54%	23%
Chaines TV d'information continue	20%	58%	22%
Programmes d'information radio	18%	64%	18%
Presse quotidienne	17%	60%	23%
Sites et applis de magazines	17%	56%	27%
Sites et applis de quotidiens nationaux	16%	58%	26%
Sites et applis de TV ou radio	16%	57%	27%
Programmes d'information TV	15%	64%	21%
Moyenne sur tous les médias	17%	59%	24%
Applis de messagerie	13%	30%	57%
Autres sites et applis d'information	10%	49%	41%
Médias sociaux	10%	32%	58%

Focus France

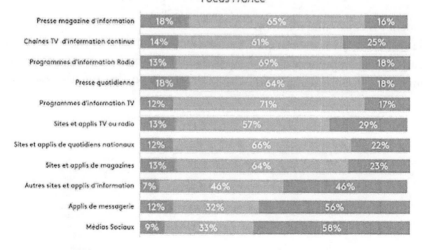

	plus confiance	à l'identique	moins confiance
Presse magazine d'information	18%	65%	16%
Chaines TV d'information continue	14%	61%	25%
Programmes d'information Radio	13%	69%	18%
Presse quotidienne	18%	64%	18%
Programmes d'information TV	12%	71%	17%
Sites et applis TV ou radio	13%	57%	29%
Sites et applis de quotidiens nationaux	12%	66%	22%
Sites et applis de magazines	13%	64%	23%
Autres sites et applis d'information	7%	46%	46%
Applis de messagerie	12%	32%	56%
Médias Sociaux	9%	33%	58%

nels est restée quasiment intacte. Les magazines imprimés sont les sources d'actualité jugées les plus fiables, tandis que les réseaux sociaux et les applications de messagerie sont en queue de classement. Les chaînes de télévision classiques et radios sont respectivement les deuxième et troisième plus fiables, suivies par les journaux. Les Pure Players sont jugés largement moins fiables que leurs confrères de la presse-écrite et des radios.

La campagne de « fake news » a principalement affecté les réseaux sociaux, 58% déclarant leur faire moins confiance. La réputation des sites d'information en ligne et Pure Players a également été significativement affectée. 41% des sondés disent leur faire « moins confiance ». Un chiffre plus élevé en France avec 46,5% des sondés.

UNE CONFIANCE RENOUVELÉE DANS LES MÉDIAS TRADITIONNELS

Pour plus de 6 Français sur 10 les médias traditionnels sont crédibles, même s'ils enregistrent une perte de confiance légère sur la période : 23% des sondés disent faire moins confiance aux magazines et aux journaux papier. On aurait pu craindre que le phénomène des fake

news affecte profondément la confiance des lecteurs dans les médias traditionnels. Or, cette nouvelle étude montre qu'il n'en est rien. Ainsi, 64 % des Français considèrent que les quotidiens demeurent crédibles. Même constat au niveau mondial : 72 % des personnes interrogées dans le cadre de cette étude ne remettent pas en cause le contenu de la presse magazine d'information.

L'atout de ces titres et médias audiovisuels traditionnels ? La couverture de l'actualité en profondeur. Dans ce contexte, la presse écrite demeure une référence avec plus de trois-quarts des interviewés qui lui accordent leur confiance à l'identique, voire de manière plus importante.

Les chaînes d'actualités 24 heures sur 24 conservent également une forte crédibilité avec 78% des sondés déclarant leur faire « autant confiance » ou « plus confiance » qu'avant le phénomène de « fake news ». Ainsi, on remarque une bien plus forte méfiance envers les chaines d'informations en continu avec un peu moins de 60% des Français qui se déclarent confiants, près de 75% au Royaume-Uni et 67% aux États-Unis.

En France, ils ne sont que 16% à faire moins confiance aux magazines et 18% aux journaux papier. Les deux supports ont cependant également connu une hausse de la confiance dans des proportions quasi identiques (23% et 17% respectivement, et 18% en France pour les deux supports). Les trois quarts des sondés déclarent faire « autant confiance » ou « plus confiance » à la presse papier qu'avant le phénomène de « fake news ».

LE RAPPORT À L'ACTUALITÉ ÉVOLUE - UN PUBLIC MIEUX INFORMÉ

Les sondés se déclarent largement plus informés qu'auparavant. 40% d'entre eux ont augmenté le nombre de sources d'information qu'ils utilisent (32% chez les Français). En moyenne, nous nous référons maintenant à quatre sources d'information. Les moins de 35 ans consultent en moyenne 4,5 sources, tandis que les plus de 55 ans en consultent en moyenne 3,5.

Nous devenons des consommateurs d'information de plus en plus attentifs.

LA TÉLÉVISION ET LES PLATEFORMES EN LIGNE (Y COMPRIS LA VIDÉO) SONT LES PRINCIPALES SOURCES POUR L'INFORMATION.

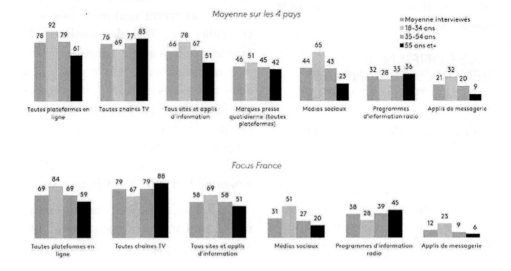

Médias consultés pour l'information au cours de la semaine écoulée, par tranches d'âge (%)

Pour les sondés, les réseaux sociaux sont considérés comme des « sources de découvertes d'information ».

Nous constatons que 40% des utilisateurs de réseaux sociaux consultent des idées qui ne sont pas les leurs. Presque deux tiers d'entre eux (61% des Français) s'inquiètent de l'effet que pourrait avoir la « personnalisation » et d'être enfermés dans une chambre d'écho médiatique.

Le plus grand nombre des sondés (44%) pense que se défendre des fake news est avant tout une responsabilité individuelle. Une part importante d'entre eux (42%) préconise une solution légale, tandis qu'environ un tiers espère qu'une intervention directe des plateformes, automatisée (bot / Intelligence artificielle) ou manuelle, permettra de résoudre le problème.

76 % des personnes interrogées cherchent à vérifier l'information. Si le phénomène des fake news n'a pas eu un impact trop lourd sur l'image des médias traditionnels, c'est sans doute, aussi, parce que leur public est aujourd'hui plus formé et plus apte à évaluer leur professionnalisme. Ainsi 76 % des personnes interrogées cherchent à vérifier l'information via différentes sources.

Même attitude plus réfléchie du côté des lecteurs en ligne : 70 % ont reconsidéré le partage d'une information craignant de faire circuler un fake news. Les points de vue alternatifs sont également bienvenus : 40 % des utilisateurs de réseaux sociaux s'intéressent aux avis qui divergent et presque deux tiers s'inquiètent d'une personnalisation des contenus qui réduirait leur visibilité en la matière. Si ces données sont positives, un élément vient noircir ce tableau : ils sont malheureusement encore 18 % à partager une information en se contentant… d'avoir lu le titre.

L'INFORMATION DES RÉSEAUX SOCIAUX AFFECTÉE PAR LES FAKE NEWS

58 % des personnes interrogées ont moins confiance dans les médias sociaux. La vague de fake news a principalement affecté les médias sociaux dont Facebook. Ainsi, 58.2% des Français ont plus de doutes à leur sujet. Un chiffre qui est quasi identique à ceux constatés dans les autres pays. Les applis de messageries comme Whatsapp sont également concernées avec 57 % de personnes déclarant leur faire « moins confiance ».

Les sites pure player, sont, eux, plus préservés par cette vague de défiance

: avec « seulement » 41 % de personnes doutant de la véracité de leurs informations. L'étude permet également de relever un début de reconnaissance pour des initiatives menées contre les fake news, initiées par des acteurs du digital comme Facebook ou Google. Ils sont 16 % de Français à noter ces efforts, 33 % au Brésil, 22 % aux Etats-Unis et 13 % au Royaume-Uni.

LA VIE AU-DELÀ DE LA PUBLICITÉ

En dépit d'une crainte généralisée (44% chez les consommateurs d'actualité, 52% chez les moins de 35 ans ; 43% des Français), sur la situation financière difficile des médias traditionnels, plus de la moitié des personnes interrogées ne voit pas l'intérêt de payer pour de l'actualité, du fait du volume de contenus disponible gratuitement.

Une forte disparité persiste concernant le contenu payant. 42% des moins de 35 ans ont payé pour de l'information en ligne au cours de la dernière année, contre seulement 18% des 55 ans et plus (paiement unique ou un abonnement en cours).

Hors ligne, c'est 48% des 55 ans et + qui ont acheté un journal la semaine

précédente, contre 38% des moins de 35 ans. Pour les populations plus jeunes, 17% des moins de 35 ans paieraient pour de l'actualité numérique si elle était moins chère. C'est un modèle économique basé sur le nombre d'abonnements qui devient monnaie courante, particulièrement dans le secteur du divertissement (Netflix, Spotify, etc.).

Tester l'élasticité prix pourrait également être un autre moyen de maximiser les revenus pour cette population significative des moins de 35 ans.

LE JOURNALISME SYNONYME DE SANTÉ DÉMOCRATIQUE

Un avis partagé par 73 % des personnes interrogées Le journalisme indissociable de la vitalité démocratique ? C'est ce qu'affirme 73% des personnes ayant répondu à cette étude. Mais ce constat demeure fragile. Le professionnalisme de la presse est désormais scruté, examiné. Plus que jamais, la presse doit être garante d'une information de qualité, d'une intégrité éditoriale. En effet, seulement 29% des français pensent que les médias sont libres de toute influence politique. Cette tendance est particulièrement forte quand on aborde le problème de l'ingérence des entreprises et de la finance. Seuls 25% des Français pensent que la presse est peu ou pas impactée contre 35% au Royaume uni et 34% aux États-Unis.

CONCLUSION

Le consommateur d'information en 2017 entretient une relation très complexe avec les médias traditionnels. Il affiche une soif grandissante d'informations et continue de croire que le journalisme est une pierre angulaire de la démocratie. Cependant, les marques de presse sont plus que jamais sous surveillance.

Les lecteurs qui font le plus confiance à leur source d'information sont aussi ceux qui consomment le plus de contenus et sont les plus disposés à payer, à la fois offline et online.

Mais cette confiance s'est érodée depuis le phénomène des «fake news». Bien que les réseaux sociaux puissent être considérés comme des catalyseurs de 'fake news', les médias traditionnels sont souvent perçus comme étant à l'origine de ces nouvelles. Il reste donc un travail pédagogique à effectuer pour aider le consommateur d'information à identifier le vrai du faux.

- 39% des sondés et 32% des Français utilisent plus de sources d'information qu'il y a un an,

- 73% des sondés et seulement 57% des Français pensent qu'un journalisme de qualité est la clé d'une démocratie saine,

- 56% des sondés et le même pourcentage de Français croient que ce qu'ils lisent est vrai la plupart du temps,

- 78% lisent leur actualité en ligne. ∎

SOCIÉTÉ ::: MUTATIONS SOCIALES, SOLIDARITÉS

UN MILLIARD D' « INVISIBLES » ET DES CENTAINES DE MILLIONS D'ENFANTS FANTÔMES DANS LE MONDE

Alexandre Aget
UP' Magazine

Ils sont très exactement 1.102.894.146. Plus d'un milliard de personnes sont sans identité dans le monde. Un terrien sur sept ! C'est ce que révèlent les statistiques de la Banque mondiale. Ils vivent essentiellement en Afrique et en Asie et plus d'un tiers sont des enfants dont la naissance n'a pas été enregistrée.

E PROBLÈME EST PARTICULIÈREMENT CRIANT dans les zones géographiques touchées par la pauvreté, la discrimination, les épidémies ou les conflits armés. «Les causes sont multiples», souligne à l'AFP Vyjayanti Desai, qui dirige l'ID4D[1], le programme Identification for development de la Banque mondiale. Dans les pays en développement, dit-elle, l'une des principales raisons est la distance séparant les personnes des services de l'État. C'est par exemple un obstacle majeur pour les populations d'Amazonie, poursuit Carolina Trivelli, ancienne ministre du Développement du Pérou et membre du conseil d'ID4D. «Il faut cinq jours de bateau pour atteindre un service administratif», dit-elle.

---

1 http://www.worldbank.org/en/programs/id4d

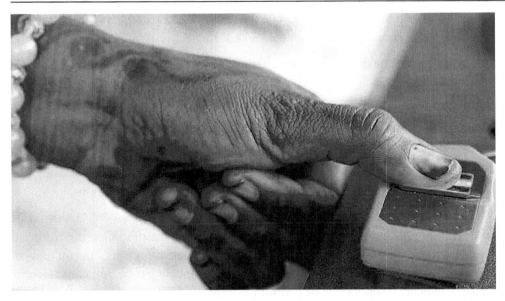

En outre, les familles ne sont souvent tout simplement pas informées de l'importance de l'enregistrement à la naissance et des conséquences en cas de non-enregistrement comme en Somalie, au Liberia ou en Éthiopie. Et quand elles sont conscientes de la nécessité de déclarer une naissance, «le coût peut être rédhibitoire» pour des familles déjà très pauvres, commente Anne-Sophie Lois, représentante aux Nations unies et directrice à Genève de l'organisation d'aide à l'enfance Plan International.

230 millions d'enfants ne sont enregistrés nulle part à la naissance : ni acte ni certificat qui spécifie la date, le lieu de naissance et la nationalité. C'est un enfant sur cinq qui naît sans certificat et plus d'un tiers (35 %) qui n'a aucune existence officielle.

Dès la naissance, son droit le plus fondamental, celui d'être officiellement reconnu par l'État est bafoué (Déclaration universelle des droits de l'homme de 1948 et pacte international relatif aux droits civils et politiques de l'ONU).

Du coup, des millions d'enfants d'Afrique ou d'Asie n'ont, au mieux, leur premier contact avec l'administration que lorsqu'ils sont en âge d'aller à l'école. Or «les certificats de naissance sont souvent nécessaires pour s'inscrire à l'école ou passer un examen», commente Mme Lois. Par l'absence d'un simple papier officiel, les enfants concernés n'ont pas accès aux services de base comme l'éducation, la santé ou la sécurité sociale. Une privation qui se poursuit à l'âge adulte.

Le climat politique dissuade aussi de nombreuses familles d'accepter d'être officiellement identifiées.

«En raison de conflits entre ethnies, elles redoutent d'être identifiées comme appartenant à telle ou telle ethnie dans la mesure où des gouvernements ont --et c'est triste-- des préférences pour certains groupes» au détriment des autres, relate Mme Trivelli.

Dans de nombreux pays, les naissances hors mariages ou consécutives à un viol sont, elles aussi, volontairement dissimulées par crainte de discriminations.

En Chine, l'absence d'enregistrement à la naissance a longtemps été, là aussi, délibérée en raison de la politique de l'enfant unique, pour éviter des sanctions. Selon Le Figaro[1], comme des millions de «Heihu», les enfants «noirs», projetés dans un univers kafkaïen parce qu'ils sont nés en dehors du plan, n'attendent pas de miracles du récent assouplissement de la politique de planning familial. Celui-ci autorise pourtant désormais tous les Chinois à avoir un second enfant.

Or au-delà de ne pouvoir aller à l'école, ces enfants sont en proie à toutes sortes de violences : du travail forcé pour les garçons au mariage précoce pour les filles, dénonce depuis longtemps l'Unicef qui avait publié un rapport en 2013.

Ces enfants se retrouvent aussi dans les trafics d'êtres humains, ajoute Mme Lois, «sans que les autorités ne s'aperçoivent de leur disparition».

LE NUMÉRIQUE POUR LUTTER CONTRE CE FLÉAU

Pour ces centaines de millions d'« invisibles », les conséquences sont dramatiques : Sans identification officielle, une personne ne peut pas avoir accès aux soins de santé (assurance santé, vaccinations, soins maternels), aux droits politiques et légaux (voter, remplir une pétition, accéder à la propriété ou recevoir un héritage), aux bénéfices so-

---

1 http://www.lefigaro.fr/international/2015/12/01/01003-
20151201ARTFIG00314-les-enfants-fantomes-de-la-chine.php

ciaux (bons alimentaires, pensions ou transferts d'argent), à l'égalité de genre (prévention contre les mariages précoces) aux migrations (traverser une frontière en sécurité et légalement, demander l'asile), aux services financiers (ouvrir un compte bancaire ou obtenir un capital ou un crédit).

Pour combattre ce fléau, les organisations travaillent patiemment sur le terrain à l'identification de ces personnes «invisibles». Et les technologies numériques sont un formidable coup de pouce pour «fournir des documents légaux et produire des statistiques complètes et précises», souligne Mme Lois.

Carolina Trivelli observe en outre que l'évolution de la technologie, en particulier sa miniaturisation, permet aux services de l'État et aux organisations d'aller vers les populations pour procéder à l'enregistrement de leurs données biométriques sur le terrain à l'aide de minuscules boitiers.

L'organisation Plan International[1], qui a lancé il y a une dizaine d'années une campagne intitulée «Chaque enfant compte», a contribué à l'enregistrement de plus de 40 millions d'enfants dans 32 pays. Elle a développé une stratégie via une application mobile : les chefs de villages peuvent télécharger une application pour notifier l'état civil des naissances et des décès dans leur village. «Les systèmes de déclaration des naissances ne donnent pas seulement une identité légale aux enfants, ils fournissent aux gouvernements une source continue de données. Ce qui leur permet d'organiser des plans de manière efficace comme des programmes de vaccination ou d'éducation».

La Banque mondiale reconnaît toutefois que les systèmes d'identification centralisés peuvent exposer des groupes vulnérables à des risques en cas d'utilisation inadéquate de leurs données. «Nous sommes très prudents. Mettre en place un cadre législatif pour protéger la vie privée et les données personnelles est essentielle», conclut Vyjayanti Desai. ∎[2]

Lire le rapport de la Banque mondiale sur les principes d'identification à l'âge du digital [3]

1 https://www.plan-international.fr/
2 *Sources : AFP, World Bank, Plan International*
3 http://documents.worldbank.org/curated/en/213581486378184357/pdf/112614-REVISED-English-ID4D-IdentificationPrinciples.pdf

SOCIÉTÉ ::: MUTATIONS SOCIALES, SOLIDARITÉS

LES VIOLENCES FAITES AUX FEMMES : QUE VIENNENT-ELLES DIRE DE NOTRE HUMANITÉ ?

Christine Marsan
Essayiste, chroniqueuse UP' Magazine

Débat télévisé, pétitions viennent rappeler que commettre des agressions verbales ou physiques contre des femmes est inacceptable, comme elle l'est contre toute personne. Ce que ces témoignages permettent c'est de rendre le débat public et de dire « stop » est une bonne chose, mais à quoi ?

 ORSQU'UN HOMME REGARDE UNE FEMME AVEC INSISTANCE et lui manifeste clairement son désir, sans que celle-ci ne soit nullement d'accord avec ce type d'interaction, ceci est évidemment insupportable. Et ce qui l'est plus encore c'est que cela puisse être considéré comme normal et que des mères minimisent les faits lorsque leurs filles leur crient leur sentiment d'injustice et leur désarroi.

Mais savons-nous nous regarder entre hommes et femmes autrement qu'en objet ? Combien de femmes s'apprêtent-elles pour séduire un homme, combien d'autres pensent au compte en banque du futur ami pour subvenir à leurs besoins et l'abandonnent lorsqu'il est au chômage ? Et combien d'hommes vers la cinquantaine ou à soixante ans fraient avec une jeune femme pour avoir de nouveaux enfants et s'illusionner dans une jeunesse, achetée, la plupart du temps ? Ou encore combien

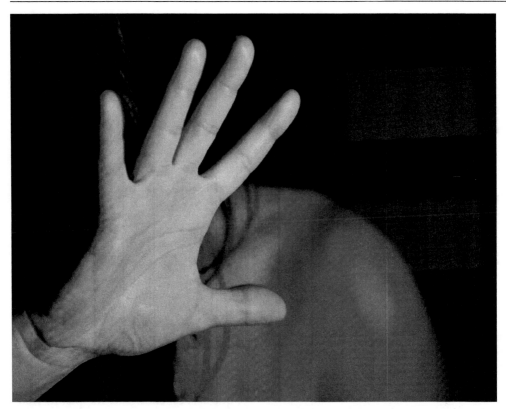

d'hommes sont convaincus que forcer une femme va la faire tomber amoureuse et que c'est normal[1] ?

Dans ces différents cas que nous pourrions multiplier à l'envi, quand sommes-nous des sujets qui rencontrons des sujets ? Nous cherchons, dans l'autre, un moyen pour obtenir quelque chose de lui ou à travers lui ou elle. Ou, lorsque nous voulons le posséder affectivement et/ou sexuellement, nous ne voyons que l'objet qui va satisfaire notre désir ou valoriser notre ego. Quand parvenons-nous à véritablement rencontrer la personne qui nous fait face, cet homme ou cette femme dans toute sa singularité et ses multiples facettes avant de le ou la réduire à un objet sexuel ou matériel ?

---

1 Excellent article de David Wong sur le conditionnement masculin au travers des films ou séries télévisées. http://www.cracked.com/blog/how-men-are-trained-to-think-sexual-assault-no-big-deal/

Car lorsqu'il y a rencontre véritable, chacun se dépose, en confiance, un lien ténu s'établit, un dialogue authentique se nourrit et comme dit l'adage « et plus si affinité », mais l'amitié est primordiale et permet une qualité de liens au-delà de l'instrumentalisation et de la sexualisation des relations. Rappelons-nous qu'Aristote, dans l'Ethique à Nicomaque, nommait philia l'affection qui définit le fait que nous aimons un être pour ce qu'il est et non pour ce qu'il peut nous apporter.

C'est à cette conscience de l'altérité que cette mise en exergue de violences nous invite.

LES VIOLENCES SUR TOUTES LES FACETTES DE NOTRE IDENTITÉ D'ÊTRE HUMAIN

Nous vivons des violences raciales, religieuses, liées à notre sexe ou à notre genre et aussi celles sociales et ethniques, nos seuils de tolérance sont exacerbés et nos capacités à accueillir l'autre largement diminuées.

Alors oui c'est une excellente chose qu'une grande majorité de femmes osent

dire « stop », « ça suffit », nous ne sommes pas des objets de consommation. Oui c'est essentiel de vouloir faire cesser la violence et de prendre conscience qu'il nous faut manifester entre nous une communication (CNV) et une éducation bienveillante notamment pour les enfants, toutefois, regardons aussi comment nous sommes instrumentalisés par le marketing et la société de consommation. Ouvrons les yeux sur les représentations que nous avons sur le réel et combien elles déterminent nos interactions et conditionnent notre tolérance ou à l'inverse encouragent nos radicalismes.

Osons refuser la mode qui transforme les femmes en prostituées, osons ouvrir les yeux et voir dans une illusion de liberté que nous nous prêtons à entretenir un système qui nous rend objet de désir et que cela est énormalé. Rappelons-nous certaines campagnes de publicité notamment celle de Dolce et Gabana[1], combien d'entre nous s'habillent avec des vêtements de marque qui véhiculent une image particulière de la femme. De la même manière que certains ne s'habillent plus chez H&M ou Zara, les GAFA du textile, pour agir de manière responsable face à l'exploitation de celles et ceux qui

---

1 http://tempsreel.nouvelobs.com/monde/20070313.OBS6782/dolce-gabbana-cesse-toute-publicite-en-espagne.html
http://www.jeanmarcmorandini.com/article-3781-la-pub-dolce-gabbana-retiree-dans-le-monde-mis-a-jour.html

fabriquent ces vêtements, décider comment nous nous habillons est également une manifestation de conscience et de décision de dignité personnelle. Ne confondons pas la liberté de pouvoir faire tout ce que l'on veut et de ce fait suivre toutes les modes et le libre arbitre, qui consiste, en conscience, à faire le tri de ce que la société nous propose, et de nous poser en Femme et Homme Libre et Debout.

COMMENT LES AGRESSIONS NOUS STRUCTURENT-ELLES ?

Nombreux sont ceux qui ont connu et subi des violences liées à leurs identités, et pas que les femmes. La question est qu'en fait-on ?

Evidemment cela va déterminer notre identité. Une femme agressée, insultée, voire violée, va changer son rapport à l'homme soit en tombant dans le rôle de victime soit en se construisant en guerrière et copiant par là-même les modalités relationnelles agressives de cette facette masculine maléficiée comme dirait Charles-Rafaël Payeur. L'un réagira à la discrimination pour sa couleur de peau ou l'autre pour son origine religieuse, certains répondront par la haine, d'autres par le repli passif et soumis et quelques-uns décideront en homme ou femme libre

que leur singularité n'est pas déterminée par autrui, ni en creux, par l'inhibition, ni par une mise en exergue excessive.

Chercher à obtenir réparation est la facette victime de notre fonctionnement psychique qui a besoin que l'injustice soit entendue et qu'une réponse publique, légale ou médiatique, soit apportée à la souffrance encore vibrante. Pour certains, étreints par la peur, c'est la résignation qui prime. Et puis, il y a celles et ceux qui trouvent une autre voie, celle du pardon à elles-mêmes d'abord, puis aux agresseurs, pas un pardon qui cautionne, un pardon qui transcende. C'est voir dans certains actes sexistes la part de limitation que vit l'agresseur à ne pas savoir entrer en relation avec autrui autrement. Et décider alors de lui sourire pour lui ouvrir la porte afin qu'autre chose devienne possible.

L'humour, le dialogue et la bonté face à l'agression, sexuelle notamment, portent très souvent leurs fruits. L'agresseur est déstabilisé, car en n'étant plus mûe par la peur, cette interaction inédite restaure l'altérité, en sortant de la proie et du prédateur, les mots viennent apporter une bribe de relation qui n'a peut-être jamais existé dans la construction de l'agresseur.

Evidemment, cela signifie pouvoir, en

cas de danger ou de menace, savoir réagir autrement, une tierce voie et oui cela s'apprend. Et heureusement, nombreuses sont aujourd'hui les écoles qui prennent le chemin de ces apprentissages pour apporter aux plus jeunes les clés de l'altérité.

Décider de sortir de la construction identitaire réactive, ne plus vouloir être déterminé.e par les violences ou par des comportements réactifs c'est décider d'être un Homme ou une Femme Debout, qui n'a pas besoin de rester englué dans son vécu de victime ni de plonger dans celui de persécuteur en dénonçant, en relayant, en accentuant un phénomène qui clive les sexes et conduira inévitablement à davantage de violences.

Permettre que des faits répréhensibles soient reconnus est une chose, la justice est là pour s'en charger, et/ou déposer sa peine chez un psy pour se débarrasser des blessures et des schémas relationnels répétitifs, est une autre piste.

Et puis, décider de sortir de cette dynamique relationnelle et s'occuper de grandir en conscience, en présence à ce qui est et trouver dans chaque situation relationnelle une opportunité de croissance et de cocréation en est une troisième. L'identité n'est alors plus déterminée par l'agression, la comparaison à autrui, mais par un choix délibéré de se construire, en conscience, vers un Soi qui est l'élaboration aboutie de notre chemin de vie.

Et pour cela il est essentiel de décider de sortir de nos conditionnements, aussi bien ceux des petites filles et des femmes que ceux des petits garçons et des hommes. Repenser ce qui est normal au regard ce qui va permettre la rencontre de deux sujets et non de deux objets est-il essentiel pour co-construire de nouvelles bases à notre altérité.

DÉCIDER DE NE PAS CAUTIONNER NI ALIMENTER LA VIOLENCE À SON TOUR

Que des femmes aient besoin de faire savoir que des pratiques abusives ont lieu dans certains milieux professionnels et qu'elles saisissent la justice pour obtenir réparation est une chose, utiliser les médias et les réseaux sociaux en est une autre et lancer une pétition avec un tel titre « Balance ton porc » ne fait qu'accentuer la violence. Cela ne résout rien et risque d'exacerber les oppositions homme/femme.

La colère est un moteur à l'action, mais sans être alchimisée, transcendée, brute, appelle la colère en retour, la haine et la spirale de la violence ne peuvent être interrompues.

Ce que le nom de cette pétition met en exergue c'est la puissance des mots et leur effet sur nos actions. Bien entendu, il est inadmissible que pour un même comportement, par exemple avoir plusieurs aventures amoureuses, un homme soit qualifié de Don Juan et une femme de pute ou de salope. Cette différence de traitement est totalement insupportable.

Pour autant, afin de sensibiliser autrui, n'existe-t-il que les insultes et la vulgarité pour réveiller les consciences ?

Chaque mot a une portée vibratoire et symbolique et choisir avec discernement à la fois ce que l'on cherche à exprimer comme l'impact que les mots auront sur autrui, et avec les réseaux sociaux, sur la société, est une marque de responsabilité individuelle et collective déterminante. Si « nous » voulons éveiller à la conscience, encore nous faut-il être le plus irréprochable possible, et tout le défi réside alors à utiliser des mots percutants sans qu'ils soient offensants ou incitants à la violence. La puissance du message ne réside pas dans l'effet choc ou buzz, c'est alors perpétuer le même système que l'on cherche précisément à dénoncer

Il n'est pas non plus question de « politiquement correct », il est question de pouvoir parler de tout et d'une manière qui puisse faire grandir chacun.

Enfin, inciter à dénoncer l'homme (ou dans certains cas la femme) qui nous a agressé c'est oublié notre Histoire. Nous avons un devoir de mémoire face à nos aînés, à tous ceux qui ont vécu les horreurs de génocides et récemment de la Shoah, cautionner la dénonciation s'est renouer avec Vichy, avec notre passé de collaboration – oui nous ne sommes pas que des résistants – et surtout à pointer notre passivité face à la ségrégation qui a conduit aux trains de déportation et aux camps de la mort.

Si nous voulons faire cesser toute forme de violence, nous avons la responsabilité de sortir de la loi du talion, de tenter chaque jour de manifester un comportement impeccable, de faire en sorte que nos paroles et nos actions apportent résolution, apaisement et pardon. Alors nous permettrons de faire grandir en conscience nos relations et qui sait, la société. Décider de repenser l'altérité, revisiter nos conditionnements pour modifier notre vivre et notre agir ensemble. ■

Pour aller plus loin : - Livre « Délicate transition : De l'émergence à la convergence, une ode aux explorateurs de RenaiSens » de Christine Marsan, sous la direction de Didier Chambaretaud – Préface de Michel Bauwens – Edition Essais d'aujourd'hui, Juin 2017.

SOCIÉTÉ ::: MUTATIONS SOCIALES, SOLIDARITÉS

INNOVATIONS SOCIALES NUMÉRIQUES : CLARTÉ THÉORIQUE… MAIS GRAND FLOU EMPIRIQUE.

Müge Ozman
Professeur de management, Télécom École de Management – Institut Mines-Télécom
Cédric Gossart
Professeur associé, Institut Mines-Télécom (IMT)

Le premier obstacle que rencontre un chercheur travaillant sur les innovations sociales numériques (ISN) est celui de leur définition. S'agit-il d'une nouvelle expression fourre-tout ? Une combinaison de trois mots à la mode ?

CES INNOVATIONS ONT SOUVENT UNE CONNOTATION POSITIVE associée aux notions d'ouverture, de collaboration ou d'inclusion, à l'inverse d'innovations plus commerciales. Pour définir un concept aux contours assez flous, il faut objectiver les choses et la figure suivante est un bon début. Elle place les ISN à l'intersection de trois sphères : celle de l'in-

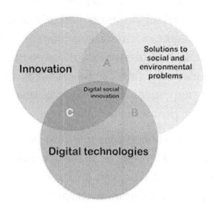

novation, celle des problèmes sociaux et environnementaux, et celle des technologies numériques.

La première sphère (en gris moyen) est celle des innovations qui regroupe les nouveautés (sociales, technologiques…), qu'elles aient ou non fait leur entrée sur un marché. La deuxième sphère (en gris clair) comprend les solutions permettant de résoudre les problèmes sociaux et environnementaux, qu'il s'agisse de politiques publiques, de projets de recherche, de nouvelles pratiques, d'actions de la société civile et d'entreprises, ou du renforcement des mouvements sociaux favorisant une meilleure répartition du pouvoir et des ressources.

Par exemple, les actions d'inclusion sociale permettent une plus grande participation des citoyens à la vie sociale, quel que soit leur âge, sexe, handicap, race, ethnie, origine, religion, ou CSP (voir p. ex. les actions de discrimination positive à l'entrée d'établissements scolaires sélectifs).

Quant à la troisième sphère (en gris foncé), elle concerne les technologies numériques (équipements ou services) servant à collecter, traiter et échanger des informations et autres données.

DES IDÉES INNOVANTES… À LA DIFFUSION DE NOUVELLES PRATIQUES

De nombreuses technologies numériques ne sont plus considérées comme des innovations en 2017, notamment en Europe, où elles sont devenues grand public comme Internet (selon Eurostat[1] seulement 15 % des Européens n'ont jamais utilisé cette innovation).

En revanche, certaines technologies numériques sont des nouveautés (zone C de la figure ci-dessus), comme le service Victor & Charles qui permet aux gestionnaires d'hôtels d'accéder au profil social numérique de leurs clients afin d'ajuster au mieux leur offre de service.

Dans la sphère en gris clair, des solutions aux problèmes sociaux et environnementaux, nombre d'entre elles ne sont ni numériques ni innovantes, et relèvent des moyens traditionnels de lutte, par exemple, contre l'exclusion sociale ou la pollution. On peut citer les politiques classiques de lutte contre l'exclusion sociale comme les habitations à loyer mo-

---

1 http://ec.europa.eu/eurostat/statistics-explained/index.php/Internet_access_and_use_statistics_-_households_and_individuals

déré (HLM), introduites après la Seconde Guerre mondiale afin d'offrir des logements subventionnés aux ménages les plus modestes (elles représentaient alors une innovation sociale mais ont depuis été institutionnalisées).

À la croisée des sphères gris clair des solutions et gris foncé du numérique, on trouve la zone B qui n'a pas d'intersection avec la sphère gris moyen des innovations. Cette zone B regroupe des solutions numériques aux problèmes sociaux ou environnementaux qui ne sont pas innovantes, telles que la lettre électronique mensuelle ATOUTS[1] de la Fédération nationale des Offices Publics de l'Habitat (OPH).

Quant à la zone A, elle contient des innovations visant à résoudre des problèmes sociaux et environnementaux, mais qui ne reposent pas sur des technologies numériques. Par exemple, la startup française Baluchon fabrique des petites maisons en bois très abordables, facilitant l'accès à la propriété des foyers modestes. Pour finir, la zone C concerne les innovations numériques qui n'ambitionnent pas de résoudre des problèmes sociaux ou environnementaux, comme une tablette 3D ou un smartphone à reconnaissance faciale.

UTILISER LES TECHNOLOGIES NUMÉRIQUES POUR RÉSOUDRE DES PROBLÈMES CONCRETS

À l'intersection des trois sphères de notre figure, les ISN peuvent donc être définies de manière large comme des innovations numériques visant à résoudre des problèmes sociaux et/ou environnementaux. Nombre d'entre elles sont des plateformes numériques facilitant les interactions de pair à pair et la mobilisation citoyenne en vue de résoudre des problèmes sociaux ou environnementaux.

Systèmes d'information de voisinage, plateformes d'engagement citoyen, SIG participatifs, plateformes de financement participatif soutenant des projets sociaux ou environnementaux : autant d'innovations appartenant à la sphère des ISN.

Par exemple, l'application Ushahidi[2], conçue pour cartographier les violences après les élections kényanes de 2008, collecte et diffuse des informations sur les violences urbaines, ce qui permet aux usagers de les éviter et aux autorités

---

1 http://www.foph.fr/oph/Actualites/Atoutslanewsletterquimetalhonneurlesinitiativesdesoffices
2 https://www.ushahidi.com/

publiques de les prévenir. Quant à l'application I Wheel Share[1], elle facilite la collecte et la diffusion d'informations sur les expériences urbaines (positives et négatives) susceptibles d'être utiles aux personnes en situation de handicap.

Deux derniers exemples, qui reposent sur des équipements numériques autres qu'un smartphone. Primo le boîtier électronique KoomBook[2], créé par l'ONG Bibliothèques sans frontières, et qui utilise un hotspot wifi pour fournir des ressources éducatives basiques aux personnes privées d'accès à Internet. Deuxio le capteur portatif développé par l'entreprise Plume Labs, qui mesure la pollution de l'air locale en temps réel et communique ses données à une communauté d'usagers.

CLARTÉ THÉORIQUE... MAIS GRAND FLOU EMPIRIQUE

Qu'elles semblent nettes les frontières des ISN dans notre figure ! Malheureusement ça n'est pas si clair dans la pratique, où ces frontières sont beaucoup plus floues. Par exemple, peut-on dire d'une technologie qui facilite au plus grand nombre l'accès à certains biens et services

(mobilité urbaine individuelle, hébergement touristique de courte durée…) qu'elle ambitionne de résoudre des problèmes sociaux ou environnementaux ?

Prenons le cas d'Airbnb : d'après notre définition, cette innovation numérique pourrait être considérée comme une ISN. En effet, elle repose sur une plateforme numérique à travers laquelle une voyageuse peut trouver un hébergement moins cher et moins anonyme qu'à l'hôtel, tout en faisant (peut-être) connaissance avec ses propriétaires et en bénéficiant de leurs (éventuelles) offres de services (« expériences » Airbnb). Par exemple, un cours de koto suivi d'un thé matcha dans une maison culturelle japonaise vous coûtera 63 euros.

D'un côté, Airbnb permet donc à certaines personnes d'arrondir leurs fins de mois, et de l'autre à des voyageurs-euses d'avoir accès à un panel d'« expériences » locales. Mais l'ISN de cette entreprise facilite également une activité lucrative non soumise aux obligations légales (fiscalité, droit du travail, hygiène…) imposées aux hôteliers.

Elle exclut aussi les acteurs ne disposant pas d'un capital numérique suffisant

---

1 https://www.iwheelshare.com/
2 https://www.bibliosansfrontieres.org/activites/nos-outils/koombook

ou de biens immobiliers situés en zone touristique. Une grande partie des acteurs locaux reste du côté pauvre des fractures numérique et immobilière.

MESURER L'IMPACT SOCIÉTAL

Sans disposer d'indicateurs robustes des impacts sociaux et environnementaux des ISN, il semble difficile d'en clarifier les contours. Or, construire de tels indicateurs n'est pas aisé d'un point de vue méthodologique, et il n'est pas facile d'obtenir des données pour les utiliser, car les innovateurs y donnent rarement accès.

De plus, certains innovateurs et autres acteurs peuvent pratiquer le «sharewashing» en masquant des activités commerciales derrière un écran de fumée « partageux ». Pour dépasser ces difficultés, on ne peut qu'encourager un débat ouvert au sujet de la redistribution des bénéfices générés par les ISN, des personnes exclues de leur utilisation, et des facteurs qui en déterminent les impacts sociaux et environnementaux.

La difficulté d'éclaircir les frontières des ISN ne doit pas décourager les contributions à ce nouvel objet de recherche, car il serait regrettable qu'il restât au stade de simple expression à la mode. En effet, les ISN portent un fort potentiel de transformation sociale et environnementale, ne soit-ce que par leur capacité à reconfigurer les relations de pouvoir et les modalités de conception des biens et services polluants[1].

Mais il serait tout aussi regrettable d'imposer une définition trop restrictive des ISN où des acteurs comme Uber et Airbnb n'auraient pas leur place. Au final, seule l'implication d'une grande variété de parties prenantes des ISN (utilisateurs et non-utilisateurs, à but lucratif et non lucratif...) à la construction de ce nouvel objet social nous semble à même de générer un consensus, mais nous manquons en France d'institutions capables de porter un tel projet. ■[2]

---

1 Voir Smith et coll. 2013 : https://papers.ssrn.com/sol3/papers.cfm?abstract_id=2731835
2 *La version originale de cet article a été publiée sur* The Conversation, *partenaire éditorial de* UP' *Magazine*

SOCIÉTÉ ::: MAL DU SIÈCLE

LE STRESS MIS EN OBSERVATION

Fabienne Marion
Rédactrice en chef UP' Magazine

Le stress, vous connaissez ? Ce « mal du siècle » qui touche 89 % des Français et 24 % des salariés français en « état d'hyperstress », soit à un niveau déclaré dangereux pour leur santé ? Quelles sont les conséquences sur la santé ?
Où en est la recherche scientifique ? C'est pour tenter de répondre à ces inquiétudes que la Fondation Ramsay Générale de Santé crée son Observatoire du stress et publie ses premiers résultats.

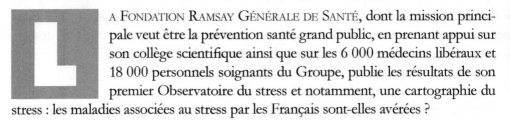

A FONDATION RAMSAY GÉNÉRALE DE SANTÉ, dont la mission principale veut être la prévention santé grand public, en prenant appui sur son collège scientifique ainsi que sur les 6 000 médecins libéraux et 18 000 personnels soignants du Groupe, publie les résultats de son premier Observatoire du stress et notamment, une cartographie du stress : les maladies associées au stress par les Français sont-elles avérées ?

• Près de 9 Français sur 10 sont stressés et près de 4 sur 10 ont vu leur stress augmenter sur les trois dernières années. 60 % des femmes et 57 % des jeunes sont concernés.

• À court terme, les Français pensent que le stress a un impact sur leur sommeil (54 %), sur leur comportement (40 %) et sur leur vie de famille (26 %) et 8 Français sur 10 sont convaincus de l'impact du stress sur leur état de santé à long terme.

• Parmi les maladies avérées causées par le stress : les pathologies psychologiques, le surpoids et le diabète, les troubles musculo-squelettiques, mais aussi les affections

LAREVUE
#12.17

digestives, cardiovasculaires et dermatologiques.

• Quant à la recherche scientifique sur le sujet, elle a doublé entre 2007 et 2017. Elle se focalise sur les impacts du stress sur les troubles psychiques (24 %), les cancers (22 %) et sur le poids et le diabète (20 %).

« 9 Français sur 10 éprouvent du stress, et l'identifie comme cause d'un certain nombre de pathologies. La priorité que s'est fixée notre Observatoire était donc d'objectiver les conséquences médicales du stress et les pathologies associées, afin de déterminer les cas où la prévention du stress aurait un réel impact sur l'état de santé des Français et ainsi mener des actions plus ciblées », commente le Dr Stéphane Locret, Directeur du Collège scientifique de la Fondation Ramsay Générale de Santé.

CETTE PREMIÈRE ÉTUDE DE L'OBSERVATOIRE DU STRESS SE COMPOSE DE DEUX VOLETS :

• UN SONDAGE RÉALISÉ AVEC OPINIONWAY ET VISANT À DÉFINIR LE RAPPORT DES FRANÇAIS AU STRESS,

• UNE CARTOGRAPHIE MÉDICALE DU STRESS RÉALISÉE AVEC KAP CODE, STARTUP SPÉCIALISÉE DANS LA RECHERCHE DE SIGNAUX SANITAIRE SUR LES RÉSEAUX SOCIAUX, COMPARANT :

- LES PATHOLOGIES ASSOCIÉES AU STRESS PAR LES FRANÇAIS VIA UN SCAN DES PUBLICATIONS SUR LES RÉSEAUX SOCIAUX ENTRE 2007 ET 2016,

- L'ÉTAT DES PUBLICATIONS DE LA RECHERCHE MÉDICALE SUR LE STRESS SUR CES 10 DERNIÈRES ANNÉES,

- ET LES RÉSULTATS D'UNE ÉTUDE DE L'INSERM SUR LES PATHOLOGIES AVÉRÉES DÉCOULANT DU STRESS.

Le stress touche 89 % des Français et est en hausse depuis trois ans chez 38 % d'entre eux. 50 % des Français se considèrent mêmes comme assez ou très stressés, et notamment les femmes (68 % contre 38 % chez les hommes), les 25-34 ans (57 %) et les habitants du Nord Est de la France (57 %). Si le stress augmente depuis trois ans chez 38 % des Français, c'est encore plus vrai chez les personnes déjà très stressées, qui sont 78 % à avoir vu leur stress croître ces trois dernières années.

VIE PROFESSIONNELLE : 1ÈRE CAUSE DE STRESS DES FRANÇAIS (36%)

Les mutations de l'environnement dans lequel les entreprises évoluent ont une influence directe sur les conditions de travail : la peur du chômage, la mondialisation, l'accélération des changements qui tendent à éloigner les managers des salariés, l'utilisation abusive des nouvelles technologies de l'information qui, tout à la fois, connectent et isolent, la financiarisation de l'économie et des entreprises, les temps de trajets dans les grandes villes, le déficit de collectif et l'excès d'individualisme sont autant d'éléments que les entreprises ne peuvent ignorer.

Alors que les Français entretiennent traditionnellement un rapport particulier au travail, mêlant fierté et besoin de reconnaissance, l'entreprise tend de plus en plus à devenir le dernier refuge du lien social. C'est ce qui ressort d'un rapport[1] réalisé par Muriel Penicaud, entre autres, alors en charge des ressources humaines de Danone en 2010

1 http://www.dgdr.cnrs.fr/drh/protect-soc/documents/fiches_rps/rapport_lachmann.pdf

> **«UN ÉTAT DE STRESS SURVIENT LORSQU'IL Y A DÉSÉQUILIBRE ENTRE LA PERCEPTION QU'UNE PERSONNE A DES CONTRAINTES QUE LUI IMPOSE SON ENVIRONNEMENT ET LA PERCEPTION QU'ELLE A DE SES PROPRES RESSOURCES POUR Y FAIRE FACE. »**
>
> Définition selon l' Accord national interprofessionnel du 2 juillet 2008 sur le stress au travail.

où, déjà, un observatoire du stress a été créé il y a deux ans ; rapport se voulant force de dix propositions pour améliorer la santé psychologique au travail.

Autres facteurs de stress : les problèmes financiers (35 %), la vie personnelle (33 %) et les problèmes de santé / maladies chroniques (31 %).

QUELLES CONSÉQUENCES ET IMPACTS DU STRESS DANS LA VIE DES FRANÇAIS ?

À court terme, ils considèrent qu'il influe largement sur la qualité de leur sommeil (54 %) et sur leur comportement, en générant de la nervosité ou de l'énervement (40 %).

À long terme, 83 % des Français estiment que le stress a des conséquences sur leur santé, ce qui est encore plus vrai pour les Français très stressés qui sont 95 % à le penser. Dans le détail, 70 % pensent que le stress engendre à long terme des problèmes de sommeil, 57 % des problèmes psychologiques et 51 % des problèmes cardiaques.

Pour lutter contre le stress, le sport (55 %) et la relaxation/yoga/méditation (45 %) sont considérés comme les meilleurs alliés.

En complément du sport, les Français les plus stressés sont 58 % à privilégier des solutions médicales, comme consulter un professionnel de santé (31 %), recourir à des médecines parallèles (19 %) ou encore prendre des médicaments (18 %).

Mais dans la pratique, encore près d'1/3 des Français ne met rien en œuvre pour lutter contre le stress.

LES PATHOLOGIES QUE LES FRANÇAIS ASSOCIENT AU STRESS SONT-ELLES AVÉRÉES ?

Dans le cadre de l'Observatoire du stress, la Fondation Ramsay Générale de Santé, avec Kap Code, a analysé les pathologies que les Français associent au stress, à partir de 8 958 conversations observées sur les réseaux sociaux entre 2007 et 2016. Suite à cela, elle a confronté cette perception aux résultats d'une étude l'Inserm mettant en avant les pathologies avérées découlant du stress* :

• Les conséquences du stress sur la santé mentale sont les plus représentées avec 56 % de part de voix. Celles-ci concernent la qualité du sommeil, le burn out, les

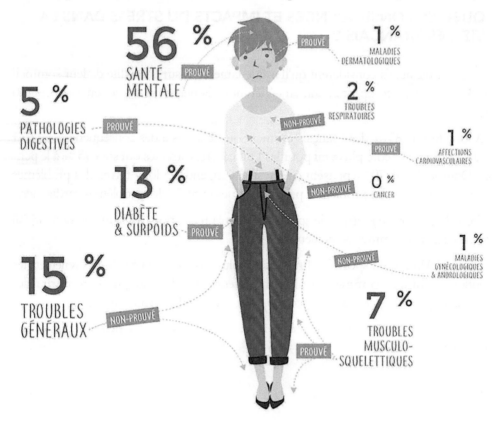

souffrances émotionnelles, les addictions… Des pathologies avérées médicalement, comme le montre l'étude de l'Inserm.

• Viennent ensuite des troubles plus généraux, tels que l'asthénie ou les acouphènes… avec 15 % des citations. Or, il n'y a pas de lien avéré entre le stress et ces pathologies, selon l'Inserm.

• Les pathologies liées au diabète et au surpoids comptent pour 13 % des mentions. Ces pathologies sont bien avérées.

• Ensuite, à moins de 10 % de parts de voix, on retrouve les troubles musculo-squelettiques (tremblements, contractures…) à hauteur de 7 %, les pathologies digestives (5 %) comme les nausées, ulcères et douleurs abdominales, les troubles respiratoires, les pathologies dermatologiques (psoriasis, eczéma, acné), les maladies gynécologiques et andrologiques (infertilité, bouffées de chaleur, perte de cheveux) et les pathologies cardiovasculaires (tachycardie). Concernant ces pathologies, si les troubles musculo-squelettiques, les maladies digestives, les affections cardiaques et les pathologies dermatologiques sont bien avérées, ce n'est pas le cas des troubles respiratoires ou gynécologiques.

OÙ EN EST LA RECHERCHE SCIENTIFIQUE ?

La Fondation Ramsay Générale de Santé, avec Kap Code, a également analysé les publications scientifiques de ces dix dernières années en lien avec le stress. Il en ressort que 24 % des recherches sur le stress analysent ses impacts sur la santé mentale (insomnie, souffrance émotionnelle…), 20 % sur les maladies métaboliques (diabète, surpoids…) et 14 % sur les affections cardiovasculaires.

Par ailleurs, si le corpus analysé sur les réseaux sociaux ne fait pas mention du cancer comme conséquence du stress et si l'Inserm n'a pas non plus démontré de lien de cause à effet, il est à noter que sur les dix dernières années, 22 % des articles scientifiques en lien avec le stress ont porté sur son implication dans les diverses formes de cancers.

En 2013, des chercheurs du Consortium IPD-Travail, dirigés par l'Institut Finlan-

dais de la Santé au travail, ont mené une méta-analyse sur 12 études portant au total sur plus de 100 000 patients âgés de 17 à 70 ans, originaires de six pays d'Europe dont la France. Les chercheurs n'ont trouvé aucune preuve d'une association entre stress au travail et risque global de cancer.

En 2014, une étude danoise menée par la Société Danoise du Cancer arrivait à la même conclusion. Une analyse a comparé les données médicales de 1300 prisonniers danois combattants de la Résistance, ayant survécu à l'horreur et au stress des camps allemands pendant la deuxième guerre mondiale, et les décès liés au cancer dans le pays depuis 1943. Aussi violente que fût cette expérience par les combattants, les chercheurs n'ont pas démontré de risque accru de cancer dans cette population.

En 2016, des chercheurs britanniques ont utilisé les données recueillies par la Breast Cancer Now Generations Study, une étude portant sur plus de 100 000 femmes dont l'objectif est de mieux comprendre les causes du cancer du sein. Là encore, les résultats sont rassurants. Sur les 106 612 femmes de l'étude, 1783 ont développé un cancer du sein, mais l'analyse des résultats ne montre aucun lien entre la fréquence des situations stressantes ou la survenue d'événements tragiques et le risque de cancer.

Néanmoins, une autre étude montre toutefois que le stress diminue le taux d'en-képhalines alors que celui-ci est protecteur du cancer du sein. Menée en 2015 par des chercheurs de l'université de Lund en Suède et publiée dans le Journal of Clinical Oncology, cette étude traduit l'influence du taux d'enképhalines (un peptide endogène de la famille des endorphines) sur le risque de cancer du sein. Il apparait que plus le taux d'enképhalines est bas, plus le niveau de stress est élevé, et plus le risque de cancer du sein est élevé.

Une autre étude récente laisse penser qu'un lien existerait entre stress et cancer : des chercheurs de l'INRS (Institut National de la Recherche Scientifique) et de l'université de Montréal ont mis en évidence, pour la première fois, un lien entre le stress perçu au travail et la probabilité de certains cancers chez l'homme. Les résultats de l'étude, publiés dans la revue Preventive Medecine, révèlent que le risque de cancer du poumon, du côlon, du rectum, de l'estomac et du lymphome non hodgkinien serait majoré par une exposition prolongée au stress ressenti au travail.

Que conclure ? L'étude la plus récente fait apparaître un facteur de risque important : la durée d'exposition au stress. Il n'y aurait pas de lien chez les hommes exposés pendant 15 ans à des situations stressantes, alors qu'il y en aurait chez les hommes exposés pendant une durée de 15 à 30 ans. Il serait donc essentiel de ne pas exercer un emploi très stressant de manière trop prolongée, mais d'alterner avec des activités moins génératrices de tension[1].

---

1 Source : Focus RH – 27/03/2017 : http://www.focusrh.com/tribunes/stress-et-cancer-existe-t-il-des-liens-par-philippe-rodet-29682.html

De nombreuses autres études et analyses sont en cours. Dont notamment, une étude clinique actuellement à l'unité de recherche clinique en psychiatrie du centre hospitalier Henri Laborit de Poitiers pour évaluer l'impact d'une cure thermale sur le cerveau d'un patient et plus précisément sur la zone de l'insula, afin de tester deux thérapeutiques dans le traitement de l'anxiété.

Cette étude scientifique, une première en France est coordonnée par le professeur Nemat Jaafari, psychiatre à l'Unité de recherche clinique Pierre Deniker de Poitiers.

Côté innovation, Open Mind[1] propose de mieux gérer son stress. Destiné avant tout aux professionnels, ce programme de prévention de stress en réalité virtuelle est commercialisé depuis octobre 2017 en France. L'utilisateur s'installe dans un siège, comme sur le divan d'un psy. Il est ensuite équipé d'un casque audio, d'une manette et de différents capteurs. On le coiffe alors d'une bulle de plastique afin de l'isoler totalement du monde extérieur. Après s'être relaxée, la personne est immergée dans un monde virtuel où différentes tâches lui sont demandées dans un univers simulé de guerre spatiale. Après une phase de bilan permettant d'identifier les moments de stress survenus dans cette mise en scène ludique, des techniques de relaxation sont enseignées pour apprendre à mieux gérer le souffle. In fine, un bilan comparatif avec les précédentes sessions (dix sont recommandées) permet de mesurer la gestion du stress de la personne.

RECENTRAGE SUR LA PRÉVENTION, PRIORITÉ ABSOLUE DU MINISTÈRE DE LA SANTÉ

C'est la grande tendance du secteur. Le métier de la santé doit faire face à de nombreux enjeux sur le long terme, tels que l'évolution des besoins des patients et des médecins, l'accroissement des maladies chroniques, le vieillissement de la population, le développement de l'ambulatoire… et à un certain nombre de contraintes sur le court terme, comme la forte pression sur les tarifs, un contexte législatif complexe, un marché en surcapacité…

La prévention et la promotion de la santé sont un axe central de la nouvelle stratégie

1 https://omind.me/

nationale élaborée par la ministre des solidarités et de la santé, Agnès Buzyn : « La recherche et l'innovation en santé publique doivent être développées au bénéfice des politiques de prévention afin de définir constamment des indicateurs pertinents et des méthodes efficaces, et de tirer le meilleur parti des expériences. »

Ramsay Générale de Santé soigne chaque année près de deux millions de patients, en tant que groupe d'hospitalisation privé. Conscient que la prévention est le meilleur moyen de rester en bonne santé, le groupe a décidé d'élargir à ce domaine le champ d'intervention de sa Fondation, historiquement centré sur le don de sang de cordon ombilical à des fins thérapeutiques et de recherche. Cette orientation stratégique rejoint ainsi les objectifs énoncés récemment par la ministre de la Santé.

« La Fondation s'engage aujourd'hui dans une véritable mission d'utilité sociétale en parfaite cohérence avec notre expertise métier, qui porte naturellement cet enjeu de santé publique. Ce choix nous semble d'autant plus pertinent que la prévention est devenue à juste titre pour le nouveau gouvernement une priorité pour réformer le système de santé » commente Pascal Roché, Directeur Général de Ramsay Générale de Santé et Président de la Fondation. ∎

* Méthodologie :

• Sondage réalisé en ligne, du 4 au 6 octobre 2017, selon la méthode CAWI, par OpinionWay pour la Fondation Ramsay Générale de Santé auprès d'un échantillon de 1017 personnes représentatives de la population française âgée de 18 ans et plus.

• Étude Kap Code pour la Fondation Ramsay Générale de Santé de la représentation du stress sur les réseaux sociaux entre 2007 et 2016.

• Analyse Kap Code pour la Fondation Ramsay Générale de Santé des publications scientifiques rapportant la notion de stress psychologique entre 2007 et 2017.

• Étude Inserm sur les mécanismes associant stress et pathologies, 2010.

ÉCONOMIE

ÉCONOMIE DE L'INNOVATION
STARTUPS
NOUVEAUX MODÈLES
ÉCONOMIQUES

ÉCONOMIE ::: TRIBUNE

PLAIDOYER POUR UNE ÉCONOMIE PERMACIRCULAIRE

Dominique Bourg
Philosophe, professeur à la Faculté des géosciences et de l'environnement, University of Lausanne
Christian Arnsperger
Professeur en durabilité et anthropologie économique, Faculté des géosciences et de l'environnement, University of Lausanne

Terriens ou Martiens ? La question peut paraître oiseuse. Elle semble pourtant avoir déjà été tranchée dans l'esprit des propagandistes de la fuite en avant technologique et des décideurs qu'ils hypnotisent. Et nous ne cessons d'y répondre nous-mêmes par nos modes de vie, par leur effet global cumulé. En dépassant les capacités de charge de la planète (que l'on mesure avec l'« empreinte écologique ») ou en franchissant (pour considérer une autre batterie d'indicateurs globaux) les « limites planétaires », nous agissons quasiment tous comme si nous disposions d'une autre planète – comme si Mars s'apprêtait à nous accueillir ! Ce « nous » masque certes des inégalités dans la responsabilité, mais il s'agit ici d'aborder un autre aspect du problème.

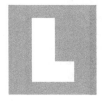

E NIVEAU GLOBAL où se situent les indicateurs pertinents pour évaluer l'impact de nos activités sur la planète est, pour nous autres humains, d'ordre purement scientifique. Il renvoie à une dimension de la réalité à laquelle nos sens ne nous donnent aucun accès et il n'est actuellement pris en charge par aucune instance politique.

Le Conseil de sécurité des Nations Unies veille à la paix mondiale mais pas au non-franchissement des limites planétaires, même si les questions environnementales peuvent désormais y avoir droit de cité. L'Accord de Paris de 2015 a représenté à cet égard un réel progrès.

Dans un ouvrage qui vient de paraître (Écologie intégrale : pour une société permacirculaire, Éditions Puf), nous proposons de faire entrer cet horizon global dans l'arène démocratique. Nous proposons de transformer en objet de décision politique (en prenant l'échelle d'une nation particulière) la question du non-franchissement des limites planétaires. Et nous prétendons que la réponse à cette question conditionne la faisabilité d'une économie authentiquement circulaire. La seule qui nous permette de continuer à vivre sur Terre.

DES INDICATEURS DANS LE ROUGE

Quel que soit l'indicateur choisi, nous avons déjà franchi les limites de la Terre. Nous consommons désormais à l'échelle mondiale 1,7 planète, c'est-à-dire plus de ressources[1] que la Terre n'est capable de nous en procurer sans dégradations. En 2017, le jour du dépassement des capacités terrestres a eu lieu dès le 2 août. Depuis, nous vivons à crédit.

De manière générale, les flux de matières mondiaux croissent plus rapidement[2] que le PIB mondial, et ce depuis le début des années 2000. Dans l'article qu'il a rédigé pour

> « LA CONSOMMATION MONDIALE D'ACIER PENDANT L'ANNÉE 2011 – ENVIRON 1,5 MILLIARD DE TONNES – EST SUPÉRIEURE À LA PRODUCTION CUMULÉE DE FER DE TOUTE L'ESPÈCE HUMAINE JUSQU'À 1900, DEPUIS LES ORIGINES PRÉHISTORIQUES DE LA SIDÉRURGIE. UN PARAMÈTRE DÉTERMINANT DE CE BOULEVERSEMENT EST L'»INVENTION» DE LA CROISSANCE ÉCONOMIQUE : PENDANT LES MILLÉNAIRES PRÉCÉDENTS, LE PIB MONDIAL A AUGMENTÉ À UN RYTHME INFÉRIEUR À 0,1 % PAR AN [...], SOIT UNE AUGMENTATION CUMULÉE DE MOINS (VOIRE BEAUCOUP MOINS) DE 10 % PAR SIÈCLE. À L'ÉCHELLE DE L'ÉVOLUTION DES SOCIÉTÉS, LA TRANSFORMATION DE L'ÉCONOMIE HUMAINE DEPUIS UN OU DEUX SIÈCLES CONSTITUE DONC UN CHOC, AUQUEL RIEN N'A PRÉPARÉ NOTRE ESPÈCE. »

1 https://open.library.ubc.ca/cIRcle/collections/ubctheses/831/items/1.0088048
2 http://unep.org/documents/irp/16-00169_LW_GlobalMaterialFlowsUNEReport_FINAL_160701.pdf

l'ouvrage Dictionnaire de la pensée écologique (2015), l'ingénieur François Grosse rappelle ainsi :

Ce choc est perpétué par notre système économique, essentiellement pour deux raisons : les pays riches maintiennent coûte que coûte leur niveau de consommations matérielles et les classes moyennes des pays émergents accèdent aux modes de vie occidentaux.

Si l'on se tourne du côté de l'autre indicateur global, celui des limites planétaires[1], la situation n'est guère plus rassurante. Sur les neuf limites dont le franchissement ferait basculer le système-Terre dans un état inédit par rapport à celui que nous avons connu depuis la fin du précédent âge glaciaire, nous en avons déjà franchi quatre : dans le domaine du climat, de la biodiversité, de l'usage des sols et concernant les flux de phosphore et d'azote associés à nos activités agricoles.

LE PIÈGE ENVIRONNEMENTAL

Rien de bien visible ne se passe pourtant, objectera-t-on. Tel a longtemps été le cas, en effet. Mais plus maintenant. Il n'y a désormais guère de lieu sur Terre où, d'une manière ou d'une autre, on ne perçoive le changement climatique : qu'il s'agisse de la fonte rapide de nombreux glaciers ainsi que de celle du Larsen C dans l'Antarctique Ouest, de la hausse des températures en Arctique (20 °C au-dessus des moyennes saisonnières fin 2016 et début 2017), de l'élévation du niveau des mers dans l'océan Indien ou de vagues de chaleurs, d'inondations, de cyclones ou de typhons, en Asie comme en Amérique du Nord.

Nous touchons ici au cœur du piège environnemental : nous pouvons dégrader la planète longtemps sans conséquences visibles ; quand elles le deviennent, il est trop tard pour se prémunir des dommages associés au niveau de dégradation atteint. Nous en sommes là pour le climat au moins. Et même si nous parvenons[2], quasiment par miracle, à ne pas trop excéder une augmentation de la température moyenne à la fin

---

1 http://science.sciencemag.org/content/347/6223/1259855
2 https://www.nature.com/nclimate/journal/v7/n9/full/nclimate3352.html

du siècle de 2 °C, ce n'est pas une promenade climatique[1] qui nous attend !

Jusqu'où irons-nous sur la voie qui demeure encore celle de toutes les nations, poursuivant la croissance de leur PIB, laquelle se traduit immanquablement en consommation croissante de ressources ? Jusqu'à l'effondrement ? Nous ne nous aventurerons pas à répondre. Rappelons seulement que le fameux Rapport Meadows[2] de 1972 sur les limites à la croissance prévoyait que, dans l'hypothèse alarmante où l'on ne ferait rien pour changer les choses, les courbes retraçant nos activités économiques et la démographie mondiale entre 2020 et 2040 s'inverseraient rapidement, sous la forme d'une profonde dégradation économique et sociale.

Bornons-nous à constater que la mollesse de nos réactions, le primat que nous accordons en tous points ou presque à notre modèle économique nous conduisent nécessairement, dans une course à l'uniformisation des pratiques[3] qui n'a jamais été officiellement approuvée par quelque instance démocratique ou scientifique que ce soit, à une fuite en avant technologique.

MARS, L'IMPOSSIBLE OPTION

Cette fuite en avant constitue de fait une fuite en avant spatiale. Continuer sur notre lancée suppose que nous allions, dans un avenir relativement proche, chercher des matériaux sur d'autres planètes et, au final, que nous changions de planète !

Tel est d'ailleurs bel et bien l'imaginaire qui sous-tend les activités d'une société comme Space X fondée par l'entrepreneur Elon Musk[4]. La planète candidate la plus proche n'est autre que Mars. Or, il n'y a pas d'atmosphère sur Mars qui permette de respirer ou de se protéger des rayonnements cosmiques délétères. Sa surface est, semble-t-il, passablement chlorée.

Quant à « terraformer » Mars[5], un temps presque infini serait nécessaire. Sans comp-

---

1 http://www.atmos-chem-phys.net/16/3761/2016/
2 http://www.donellameadows.org/wp-content/userfiles/Limits-to-Growth-digital-scan-version.pdf
3 http://www.worldbank.org/en/news/feature/2012/05/09/growth-to-
inclusive-green-growth-economics-sustainable-development
4 http://www.courrierinternational.com/article/technologie-et-elon-musk-traversera-le-monde-dos-de-dragons
5 http://nautil.us/issue/43/heroes/make-mars-great-again

ter qu'il faudrait y transporter des milliards d'habitants… avec quelle énergie et quels matériaux ? Pour l'heure, Musk n'est à même de proposer à ses admirateurs qu'un aller simple. Soulignons encore que selon les calculs du physicien Gabriel Chardin, une horde humanoïde passant d'une planète analogue à la nôtre à la suivante – en y maintenant un taux de croissance annuel de 2 % – détruirait en 5 000 à 6 000 ans[1] l'univers dans un rayon de dix milliards d'années-lumière.

Il serait grand temps de sortir de ce rêve cauchemardesque et de se rendre à l'évidence : nous n'avons qu'une seule planète et guère d'autre issue que de composer avec ses limites.

Se rendre à cette évidence, c'est se donner pour objectif, à une échéance de grosso modo deux à trois décennies (comme le suggère notamment, parmi bien d'autres, la stratégie énergétique 2050[2] de la Confédération helvétique), le retour à une empreinte écologique d'une seule planète tout en cherchant à inverser les tendances en matière de dépassement des limites planétaires.

RECYCLER NE SUFFIRA PAS

Le retour à une seule planète, c'est précisément l'objectif qui a été proposé le 25 septembre 2016 au peuple suisse, lors d'une initiative populaire[3] intitulée « Pour une économie durable et fondée sur une gestion efficiente des ressources (économie verte) ». Si le « non » l'a largement emporté, le « oui » s'est imposé dans des villes comme Zurich, Genève ou Lausanne. Cette traduction politique des limites planétaires est la condition nécessaire d'une économie circulaire qui répondrait réellement[4] aux enjeux qui sont désormais les nôtres.

C'est le taux de croissance de la consommation des ressources qui, rappelons-le, conditionne la circularité d'une économie. On ne recycle en effet différentes matières qu'après des temps de résidence dans l'économie qui sont variables, mais qui peuvent

---

1 https://lejournal.cnrs.fr/billets/le-paradoxe-de-fermi-et-les-extraterrestres-invisibles
2 http://www.bfe.admin.ch/energiestrategie2050/06445/index.html?lang=fr
3 https://www.admin.ch/gov/fr/accueil/documentation/votations/20160925/initiative-economie-verte.html
4 https://www.puf.com/content/Ecologie_integrale

atteindre plusieurs décennies.

Avec un taux de croissance annuel supérieur à 1 %, la part recyclée finit par ne représenter qu'une portion assez faible[1] de la matière consommée au moment de la réintroduction de la matière recyclée dans le cycle des activités économiques.

Recycler ne suffit donc pas[2] : c'est à une véritable restauration de la planète qu'il convient de s'atteler, avec le retour à une empreinte d'une seule planète. D'où l'idée d'une économie régénérative, restaurant de fond en comble les sols, réduisant fortement les activités extractives, substituant massivement aux matières premières classiques des matières recyclées ou biosourcées[3], inversant les courbes de dégradation, redonnant un sens au travail, etc.

POUR UNE SOCIÉTÉ PERMACIRCULAIRE

C'est cette économie que nous qualifions de « permacirculaire ». Nous entendons par là une économie qui veille non seulement aux synergies locales entre usines et entreprises et aux arrangements « micro » de recyclage et de fonctionnalité, mais qui, contrairement à l'économie circulaire standard, se soucie également d'une réduction globaledcs flux de matière et des rythmes de croissance et d'un changement de fond dans la culture, allant vers davantage de sobriété vécue et des technologies plus simples.

La vision actuelle de l'« innovation » et de l'« écologisation » de l'industrie inscrit toute la réflexion au sein d'un seul paradigme : celui de la « croissance verte », réputée magique en ce qu'elle ne requiert pas de changement dans notre culture et dans nos modes de vie. Cette monomanie bloque les voies d'expérimentation autres – dans l'économie sociale et solidaire ou à travers des choix de vie plus radicaux de « suffisance ».

Une des thèses majeures que nous défendons est que la permacircularité peut être atteinte avec une pluralité de trajectoires économiques, allant des approches perma-

1 https://www.futuribles.com/fr/revue/365/le-decouplage-croissance-matieres-premieres-de-lec/
2 https://sapiens.revues.org/906
3 http://www.lemonde.fr/tribunes/article/2017/07/09/economie-circulaire-imposer-des-matieres-recyclees-dans-les-produits-neufs_5158140_5027560.html

coles, enracinées et expérimentales (par exemple la communauté de Schweibenalp[1] en Suisse) jusqu'à des productions très capitalistiques de services ou d'objets, utiles aux autres secteurs (par exemple le recyclage des pièces automobiles[2]), en passant par une économie sociale, environnementale et solidaire[3] et des activités bancaires davantage orientées vers la « suffisance »[4].

L'unique contrainte, mais elle est absolue, est que chacune de ces approches fasse ses preuves à l'intérieur d'un même cadre uniforme : celui du retour à une seule planète.

La « croissance verte », à elle seule, n'a aucune chance de nous permettre de réaliser cet objectif. Une société permacirculaire offrirait ainsi un cadre éminemment plus pluraliste et plus démocratique, mais aussi plus cohérent, que celui proposé actuellement par ceux qui ne jurent que par une seule et unique voie d'avenir. ∎[5]

---

1 http://www.schweibenalp.ch/
2 http://autorecyclers.ca/2017/high-tech-auto-recycling-leaders-green-economy/
3 http://planeteviable.org/economie-sociale/
4 https://www.bas.ch/fr/a-propos-de-la-bas/la-bas-aujourdhui/actualites/
news/2017/06/21/genuegend-ist-besser-eine-studie-ueber-suffizienz/
5 *La version originale de cet article a été publiée sur The Conversation, partenaire éditorial de UP' Magazine*

ÉCONOMIE ::: REVENU UNIVERSEL

REVENU UNIVERSEL, UNE DIGUE FACE À LA DÉFERLANTE DE L'IA ?

Charles-Elie Guzman
UP' Magazine

L'Intelligence Artificielle déferle partout dans notre monde. Tous les observateurs et les meilleurs cabinets d'analyse le confirment. Dans moins de 5 ans, c'est 60 % de nos activités qui seront impactées. La menace la plus redoutée tient à la disparition de centaines de millions d'emplois. Face à ce qui s'annonce être une catastrophe sociale, que faut-il faire ? Attendre les doigts croisés que ceci ne nous mènera pas à une troisième guerre mondiale, à une insurrection des travailleurs devenus obsolètes partout sur la planète, à la guerre civile, à la pauvreté généralisée ?

Ou faut-il prendre les devants et imaginer compenser le travail perdu par une nouvelle redistribution de la richesse produite.

C'est pourquoi des voix venant du monde des technologies s'élèvent pour appeler à la mise en œuvre du revenu universel de base. Richard Branson vient de se joindre à ce concert. Selon lui, le revenu de base est le seul moyen de permettre à l'IA de se déployer. Il n'y en a pas d'autres.

ELON UN SONDAGE IFOP dévoilé mardi 10 octobre[1], 64 % des Français se disent « inquiets » par le développement de l'intelligence artificielle. Une majorité estime qu'elle rendra les entreprises plus performantes, mais au détriment des emplois. Cette crainte est relayée par la

---

1 https://www.lesechos.fr/idees-debats/sciences-prospective/030682797952-lintelligence-artificielle-inquiete-deux-francais-sur-trois-2120970.php

voix de nombreuses personnalités ou grands esprits scientifiques comme Steven Hawking[1] qui estiment que l'automatisation et l'IA vont littéralement décimer les jobs de la classe moyenne. Une étude[2] de 2013 de l'Université Oxford avait prédit que d'ici une ou deux décennies, près de la moitié (47 %) des emplois américains seraient automatisés. La menace concernerait de nombreuses catégories d'emplois et pas seulement les travailleurs en usine. Elle impacterait, parmi des dizaines de secteurs, celui des transports, de la santé, des services, des administrations et même du journalisme[3]. Les chercheurs du McKinsey Global Institute évoquent un bouleversement[4] qui se produira dix fois plus vite et aura trois mille fois plus d'impact que la révolution industrielle.

Certes, le développement de l'IA n'a pas que des côtés sombres. Plusieurs études, souvent issues d'organismes industriels ou d'entreprises high tech, paraissent pour démontrer le contraire. L'IA serait, au contraire, créatrice d'emplois.

C'est ce que tend à affirmer notamment une étude[5] du géant informatique Capgemini, « Turning AI into concrete value: the successful implementers' toolkit », réalisée en septembre dernier auprès de 1 000 entreprises ayant un chiffre d'affaires supérieur à 500 millions de dollars et qui ont recours à l'intelligence artificielle (IA), que ce soit en phase de test ou à grande échelle.

Cette étude déjoue les craintes de destruction massive d'emplois à court terme que provoquerait l'adoption de l'IA et révèle les perspectives de croissance qu'offre cette dernière. En effet, l'IA est à l'origine directe de création de postes dans 83% des sociétés interrogées et, dans trois quarts des cas, d'une augmentation des ventes de 10%.

Mais il n'en demeure pas moins, comme le remarque[6] Johann Roduit, Managing Director du Centre d'Humanités Médicales de l'Université de Zurich, que l'Internet des objets, l'ubérisation, les Big Data, les imprimantes 3D, les drones et les voitures autonomes, les robots de

1 https://iatranshumanisme.com/2016/12/04/stephen-hawking-lautomatisation-et-lia-vont-decimer-les-emplois-de-la-classe-moyenne/

2 http://www.eng.ox.ac.uk/about/news/new-study-shows-nearly-half-of-us-jobs-at-risk-of-computerisation

3 http://future.arte.tv/fr/le-journalisme-vers-une-intelligence-artificielle

4 http://cursus.edu/article/29255/menace-elle-emploi/#.Wd5WNGi0OUk

5 https://comarketing-news.fr/et-si-lia-etait-finalement-creatrice-demplois/

6 https://www.letemps.ch/opinions/2016/05/11/singularite-technologique-revenu-base-inconditionnel

toutes sortes, petits, grands, domestiques, industriels nous envahissent comme les vagues d'une marée démesurée. « Il est de plus en plus difficile d'imaginer quel type de travail ne sera pas radicalement transformé et quelle profession ne deviendra pas obsolète » dit-il. Les ouvriers ne sont pas seuls visés, les cols blancs aussi, mais aussi les avocats, les médecins, les pédagogues… le mouvement est en marche.

Les promoteurs de ces «innovations» sont des gens extraordinairement convaincus de ce qu'ils font. Leur mission a quelque chose de messianique et en ce sens, elle est inéluctable. Ils perçoivent pourtant le risque majeur, car il y en a un, et il est de taille suffisante pour fracasser leur élan. En développant leurs technologies, en améliorant l'intelligence des machines, en s'approchant chaque jour davantage du point de singularité, ils savent qu'ils se heurteront à un risque : celui de l'humain. Et le risque non maîtrisé n'est jamais très bon pour le business.

ACHETER LA PAIX

C'est la raison pour laquelle on voit aujourd'hui les gourous du transhumanisme, les papes des universités californiennes de la singularité, les technologues les plus avancés, se transformer en ardents défenseurs et promoteurs d'un revenu de base pour tous ces humains que leurs technologies auront mis au rencart. En se libérant de ce souci, en payant ceux qu'ils auront remplacés par des machines, ils s'achètent une paix inestimable.

Le dernier exemple en date de ce discours pro-revenu de base est celui porté par Richard Branson, entrepreneur milliardaire et fondateur de Virgin Group. Il déclare au magazine Business Insider Nordic[1] qu'un filet de sécurité fourni par un revenu de base pourrait aider à contrer les effets de l'intelligence artificielle et d'une automatisation accrue : « Le revenu de base sera d'autant plus important. Si l'IA crée beaucoup plus de richesses, le moins que le pays puisse faire, c'est qu'une grande partie de la richesse créée par l'IA est réinvestie dans la mise en place d'un filet de sécurité pour tout le monde. » Ces propos se situent dans la même veine que ceux d'Elon Musk, le mythique entrepreneur high-tech. Le PDG de Tesla et Space X déclarait lors

---

1 https://www.businessinsider.com.au/richard-branson-interview-on-the-nordics-ikea-and-obama-v2-2017-10?r=US&IR=T

du Sommet du gouvernement mondial[1] en février, en parlant de l'inévitable automatisation à grande échelle : « Je ne pense pas que nous aurons le choix. Je pense que ce sera nécessaire. Tant qu'une plus grande automatisation nous attend à l'avenir, nous devrons trouver un moyen de faire en sorte que les pertes d'emplois ne se traduisent pas par une pauvreté généralisée. Le revenu de base universel est un moyen réaliste et pratique de remédier à cette situation et, à l'heure actuelle, personne n'a une meilleure solution de rechange ».

DIGITAL LABOR

D'autres représentants éminents des technologies les plus avancées y voient aussi des perspectives inédites de création de valeur. Le revenu de base serait ainsi le cheval de Troie des compagnies de la Silicon Valley pour se donner une allure altruiste et réduire les obstacles, principalement sociaux, qui pourraient survenir dans leur route vers l'hégémonie. De plus, l'idée d'instaurer un revenu garanti, loin des motivations morales ou sociales que l'on entend de ce côté de l'Atlantique, servirait à favoriser l'implantation durable d'un nouveau capitalisme :

le capitalisme cognitif. En accordant un revenu de base, on permet l'accélération de la circulation des idées dans les circuits économiques, d'une part et, de l'autre, on valorise tout ce qui n'est pas considéré actuellement comme du travail mais qui apporte néanmoins de la valeur. C'est en d'autres termes, le digital labor, c'est-à-dire la monétisation de l'implication des citoyens-utilisateurs dans la formation de la valeur d'un service ou d'un produit. En consultant le moteur de recherche, chacun d'entre nous contribue, à sa mesure, à une amélioration de l'indexation de Google. En nous mesurant nous-mêmes avec toujours plus d'objets communicants, nous contribuons à la formation d'une valeur économique. En communiquant nos informations aux neurones du big data, nous fournissons des éléments tangibles de monétisation.

L'histoire nous réserve toujours des situations que les esprits les plus cyniques n'auraient jamais osé imaginer. Cette convergence du capitalisme le plus débridé avec les mouvements les plus révolutionnaires du moment n'est-elle pas un fantastique pied de nez de l'histoire en train de se faire ? ■

---

1 https://www.worldgovernmentsummit.org/

ÉCONOMIE ::: STARTUPS

STARTUP : PAS FACILE DE CHANGER LE MONDE !

Charles-Elie Guzman
UP' Magazine

Bruno Martinaud vient de sortir la nouvelle édition de son manuel à l'usage du par-fait startuper : « start-up, précis à l'usage de ceux qui veulent changer le monde … et parfois réussissent ! ». Un guide très pratique et complet sur tout ce qui attend l'entrepreneur de startup dans sa route escarpée vers le (rare) succès. Des conseils, des idées, mais aussi une recommandation en forme d'injonction : « Que la force soit avec toi ! ». Et il en faudra de la force pour vaincre tous les obstacles de ce parcours du combattant moderne. Certains, qui se croyaient audacieux, se retrou-veront découragés tandis que d'autres, inconscients ou illuminés se lanceront dans l'aventure.

AUTEUR CONNAÎT PARFAITEMENT LE MONDE DES START-UPS ; ses conseils sont donc puisés dans le chaudron des expériences et de l'observa-tion attentive de cet écosystème bouillonnant.

D'emblée, Bruno Martinaud avertit les candidats à la succession des Zuckerberg, Larry Page et autre Jeff Bezos : il faudra apprendre à gérer l'incertitude et, surtout, dédramatiser l'échec. Car échec il y a. Et en nombre. Parvenir à faire décoller une startup pour en faire « une licorne », c'est-à-dire une so-ciété à 1 milliard de dollars tient non seulement du parcours du combattant mais sur-tout d'une bonne dose d'inconscience. Le Graal est promis à quelques élus, à peine un pour cent mille, auréolés de talent certes, mais aussi de beaucoup de chance. L'encouragement de nos politiques, la multiplication des accélérateurs, boosters et autres pépinières n'y feront rien. On dénombre un succès (et encore…) pour cent mille échecs. Une probabilité digne de l'Euromillions.

QUESTION DE CULTURE

En France, l'écosystème des startups est l'un des plus stimulé et stimulant du monde. Et pourtant, il n'y a pas de Google, d'Amazon ou de Tesla français. On peine à dénombrer quelques licornes sur les doigts d'une main. Le modèle de la Silicon Valley écrase tous les autres et reste indépassé. Bruno Martinaud explique cette absence de succès des startups françaises par rapport à leurs homologues américaines pour au moins deux raisons. D'abord, la valorisation de la recherche. C'est une question de culture. Aux Etats-Unis, un chercheur ne peut imaginer conduire son travail sans avoir une startup prête à l'emploi dès que son invention pourra être valorisée. En France, les chercheurs cherchent, trouvent parfois et même souvent, mais laissent leurs inventions vivre leur vie, c'est-à-dire essentiellement faire l'objet d'un article scientifique et quelquefois d'un brevet. La fibre entrepreneuriale est rarissime chez nos chercheurs. Dès lors, des innovations qui pourraient être magistrales si elles parvenaient sur le marché, restent au stade d'expérimentation.

La deuxième raison tient au financement. C'est un sujet de débat récurrent, mais la France a fait d'énormes progrès en la matière en quelques années. Son tissu d'investisseurs et de capitaux-risqueurs est dense, très professionnel, et ne devrait pas nous faire rougir, même si les écarts avec les Etats-Unis sont encore considérables.

Alors, que se passe-t-il ? Pourquoi les startups peinent-elles tant à atteindre le succès ? Cela tient au mode de financement « early stage », c'est-à-dire aux débuts d'une société. Aux Etats-Unis, les Business Angels jouent un rôle prépondérant dans ce type de financement. Ils investissent dans des milliers d'entreprises, des sommes relativement réduites, pour permettre aux entrepreneurs de démontrer la faisabilité de leur idée. Ensuite seulement, quand le projet est bien amorcé, ce sont les capitaux risqueurs qui prennent le relai pour favoriser l'envol de la startup. En France, c'est tout le contraire. Le tissu des Business Angels et beaucoup plus faible et ceux-ci ne jouent pas toujours le jeu de l'amorçage. Ce sont donc les capitaux risqueurs qui sont sollicités dès les débuts d'une société et payent parfois fort le prix de leur audace. Les BA français ne jouent ainsi pas un rôle essentiel : celui de filtre premier pour distinguer et amorcer les bonnes idées.

Mais la problématique du financement, qui est souvent avancée, n'est pas la seule raison. Car devenir startuper exige des qualités qui ne sont pas données à tout le monde.

PSYCHOLOGIE DU STARTUPER

Bruno Martinaud dévoile ce qui pourrait être une sorte de psychologie du startuper. D'emblée il annonce la couleur : l'entrepreneur qui réussira est celui qui saura accepter et gérer sa… schizophrénie. D'une part, il doit être capable de penser avoir raison, seul contre tous, et de l'autre, il doit passer son temps à se tromper. Situation bien inconfortable mais qui s'avère très réelle.

> **« L'ENTREPRENEUR QUI RÉUSSIRA EST CELUI QUI SAURA ACCEPTER ET GÉRER SA… SCHIZOPHRÉNIE. »**

En effet, l'entrepreneur de startup croit à son idée, c'est le minimum qu'on lui demande. Mais il doit y croire contre vents et marées. En même temps, il fera l'expérience de l'erreur. L'idée qu'il avait au début du projet, ne sera jamais celle qui aboutira. Il faudra avancer par essais-erreurs, revenir sur des certitudes, accepter les échecs, reconstruire tout le projet, rebondir, pour repartir de plus belle, encore et encore.

Comment vivre une telle schizophrénie ? Nombreux sont ceux qui n'y parviennent pas. Pourquoi donc certains y réussissent-ils ? Parce que, dit l'auteur, ils se rappellent sans cesse que créer une entreprise innovante n'est pas un acte rationnel : « Le succès ne peut venir que de ceux qui sont assez naïfs pour penser de manière déraisonnable. Les entrepreneurs doivent s'élever au-delà des conventions et des contraintes pour atteindre l'extraordinaire ».

Il faut effectivement une foi bien ancrée aux tripes, ou une totale inconscience, pour oser s'engager dans le périple de la startup. « Développer un projet innovant écrit l'auteur, ressemble en fait d'assez près à essayer de conduire de nuit, sur une route de montagne, par temps de verglas et sans lumière ». Bigre ! quel programme ! L'image est forte mais elle est assez réaliste. Ce que veut dire l'auteur c'est qu'une bonne idée ne suffit pas pour créer sa startup. On ne peut se lever un beau matin avec une idée dont on pense qu'elle va changer le monde. Ce n'est pas suffisant. Le vrai talent sera, partant d'une vision intéressante convertie en une idée initiale qui ne marche jamais, de s'appuyer sur le mouvement initié, de tester et d'apprendre au fil de l'eau pour faire émerger de façon inattendue le succès. La vraie vie du startuper c'est suivre un processus expérimental d'apprentissage par l'action, sous contrainte de ressources, c'est accepter de se tromper, de changer d'avis, de remettre en question ses fondamentaux.

L'auteur prend à juste titre l'exemple de James Dyson, l'inventeur du fameux aspirateur, qui accepta de se résoudre à développer 5128 prototypes différents avant de parvenir au succès que l'on sait. Persévérance, ténacité et un sens du passage d'obstacle quelle que soit sa taille ou sa hauteur.

> **«AGIR D'ABORD ET RÉFLÉCHIR ENSUITE.»**

Pour compliquer les choses, le parcours de l'entrepreneur innovant se déroule dans un espace-temps qui n'est pas celui du commun des mortels. Le temps est compté et tout doit aller vite. C'est aussi une condition du succès. Aussi, Bruno Martinaud recommande-t-il à l'entrepreneur d'« agir d'abord et de réfléchir ensuite ». Ce n'est pas le genre de conseil que donnent les mamans à leurs enfants ni les écoles à leurs disciples. Pourtant, pour réussir l'aventure de sa startup, c'est une condition sine qua non. Ce que cela veut dire est totalement contre-intuitif pour la plupart des entrepreneurs : accepter de sortir un produit mal ficelé pour le soumettre à ses futurs clients plutôt que d'attendre d'avoir le produit de ses rêves. Il vaut mieux proposer un prototype même imparfait, même avec des bugs, pour affronter très vite la réalité de son utilisation plutôt que de peaufiner pendant des mois un projet idéal dont on se rendra compte, après plusieurs mois de travail, que 90 % de ce sur quoi on a travaillé n'intéresse pas les utilisateurs.

Ceux qui, malgré ces mises en garde, seraient encore intéressés par l'aventure trouveront dans ce livre une mine d'informations sur la conduite de son projet de startup, de la construction du business plan, au pitch pour les investisseurs, au management de ses équipes, au ciblage de son marché. Si vous suivez scrupuleusement tous ces conseils vous parviendrez peut-être à bâtir une startup à succès. Mais n'oubliez pas que la clé essentielle du succès est le grain de folie du créateur. Il n'est pas donné à tout le monde, et ne s'apprend pas dans les livres. ■

ÉCONOMIE ::: REVENU UNIVERSEL

INTELLIGENCE ARTIFICIELLE : QUELS DÉFIS POUR L'ENTREPRISE ?

Fabienne Marion
Rédactrice en chef UP' Magazine

Les entreprises ont besoin de comprendre et d'anticiper les transformations liées à l'intelligence artificielle dans leurs organisations et dans la société.
Le CIGREF publie « Les enjeux de mise en œuvre opérationnelle de l'intelligence artificielle dans les grandes entreprises ». Ce rapport prolonge celui que l'organisme a déjà effectué sur les réflexions du « Cercle Intelligence Artificielle » qui, après avoir abordé en 2016 les enjeux de gouvernance, présente des éléments de compréhension plus opérationnels sur les transitions en cours liées à l'IA dans les grandes entreprises.

E Cercle Intelligence Artificielle du CIGREF[1] a travaillé sur les enjeux de mise en œuvre opérationnelle dans les grandes entreprises. Il publie ainsi « Les enjeux de mise en œuvre opérationnelle de l'intelligence artificielle dans les grandes entreprises » qui résulte d'une réflexion avec le CNNum et France Stratégie, afin de partager quelques éléments de compréhension plus opérationnels sur les transitions en cours liées à l'IA dans les grandes entreprises.

---

1 http://www.cigref.fr/etude-cigref-enjeux-de-mise-en-oeuvre-de-l-intelligence-artificielle-pour-l-entreprise

~~Après s'être penché en 2016 sur les enjeux de gouvernance pour l'entreprise[1] en ma-~~ tière d'intelligence artificielle, travaux qui ont fait l'objet d'un colloque[2], le CIGREF a étendu cette année sa réflexion aux « enjeux opérationnels de la transition « intelligente » des grandes entreprises ».

Ce rapport s'appuie notamment sur des études de cas illustrant la manière dont l'IA se met au service de la stratégie d'entreprise, au travers d'initiatives fortes auprès de différentes directions, voire des COMEX. Elle s'intéresse également à une préoccupation majeure actuellement : quelles preuves tirer des premières expérimentations ? L'étude d'un cas d'usage « le chatbot au sein des RH » illustre le processus de mise en œuvre de l'outil et en explore les intérêts économiques et stratégiques.

Comment s'organiser autour des différents services et fonctionnalités de l'IA dans l'entreprise ? La problématique a consisté à s'interroger sur la manière dont les entreprises doivent et/ou devront s'organiser pour mettre en œuvre les systèmes et services d'intelligence artificielle, selon quelle vision, et pour quels enjeux. Cette interrogation a permis en effet de pointer certains enjeux liés aux questions :

• d'intégration de technologies d'IA dans les SI

• de transformation des architectures SI

• organisationnelles et culturelles

• mais aussi des méthodes de collaboration avec l'écosystème et notamment la recherche.

L'INTELLIGENCE ARTIFICIELLE, AU SERVICE DE LA STRATÉGIE D'ENTREPRISE ?

L'intelligence artificielle traverse de plus en plus les métiers et fonctions de l'entreprise. L'IA permet d'améliorer de nombreux processus déjà existants tant en back office qu'en front office. On voit par ailleurs apparaître l'idée d'une IA as a service, basée sur le cloud, qui fournit des API et permet de faire des prototypages rapidement, afin

---

1 http://www.questionner-le-numerique.org/actes-du-colloque-cigref-gouvernance-de-l-intelligence-artificielle
2 Voir les actes : http://www.questionner-le-numerique.org/actes-du-colloque-cigref-gouvernance-de-l-intelligence-artificielle

de répondre à divers besoins de l'entreprise de manière souple et efficace. Mais plus qu'un service, l'IA soulève de plus en plus d'enjeux stratégiques.

En effet, cette année, les membres du Cercle IA ont partagé de nombreuses études de cas qui viennent illustrer la manière dont l'IA se met de plus en plus au service de la stratégie d'entreprise, au travers d'initiatives fortes auprès de différentes directions, voire du COMEX.

Certaines entreprises commencent dès aujourd'hui à définir les prémisses d'une gouvernance autour de l'IA. Mais la préoccupation majeure actuellement est de tirer les preuves de ces premières expérimentations. Dans cette optique, le Cercle IA a choisi de travailler sur un cas d'usage spécifique, le chatbot au sein des RH, afin d'illustrer le processus de mise en œuvre d'un tel outil et d'en démontrer les intérêts économiques et stratégiques.

TRAVAILLER DE CONCERT POUR UNE APPROCHE ALTERNATIVE DE L'INNOVATION AUTOUR DE L'IA

Afin d'aller plus avant sur les possibilités qu'offrent aujourd'hui le machine learning et le deep learning, le Cercle IA a également travaillé par ateliers prospectifs, afin d'imaginer les transformations majeures qui pourraient être nécessaires dans les années à venir, si l'intelligence artificielle venait à se généraliser. Les participants ont notamment travaillé sur la nécessité d'expérimenter via des plateformes inter-entreprises, les interactions entre agents intelligents. Sous forme de coopération ou de coopétition, les entreprises ont en effet tout intérêt à travailler ensemble et avec leur écosystème (start-ups, laboratoires de recherche…) pour progresser significativement et proposer une voie alternative à celle des mastodontes américains.

Le groupe de travail, piloté par Françoise Mercadal-Delasalles, Administratrice du CIGREF (Directrice de l'Innovation et des Ressources à la Société Générale) et Konstantinos Voyiatzis, Administrateur du CIGREF (CIO d'Edenred), a observé les interactions entre agents intelligents via des plateformes interentreprises. Comme l'a montré l'étude « L'open innovation, une réponse aux challenges de l'entreprise »[1], les

---

1 http://www.cigref.fr/etude-innovation-cigref-2017-l-open-innovation

entreprises ont intérêt à développer des synergies avec les écosystèmes d'innovation et de croissance (startups, laboratoires de recherche…). Ce partage d'expériences facilite le développement et la compétitivité.

COMMENT LES ENTREPRISES COLLABORENT AVEC LA RECHERCHE EN IA ?

La maturité des entreprises est assez disparate en termes de collaboration avec la recherche en IA. Pour certaines, la recherche en IA en interne n'en est qu'à ses premiers balbutiements. Certains départements de recherche en entreprise ont plutôt tendance à s'appuyer sur des startups spécialisées en IA en externe, alors que d'autres technologies comme l'IoT (Internet of Things) sont déjà internalisées. Tandis que d'autres entreprises, dans des départements orientés innovation et numérique, font beaucoup d'open innovation en collaborant notamment avec des académiques (le CEA par exemple) et des thèses CIFRE.

Pour les entreprises les plus matures, il y a déjà de nombreuses équipes opérationnelles qui travaillent sur les chatbots et le data mining par exemple. Il y a des centres de R&D qui se concentrent à la fois sur de la recherche technologique pure mais aussi sur de la recherche orientée usages et services.

Pour d'autres, la recherche se concentre surtout sur les technologies de machine learning voire de deep learning, en nouant des partenariats avec les startups de la French Tech et en faisant beaucoup d'investissements de personnes sur des meetup dédiés.

En termes de collaboration avec la recherche, les méthodes sont assez classiques : d'une part, il y a de la recherche partenariale, parfois sans flux financiers ce qui permet de mettre en visibilité certaines technologies de l'entreprise. D'autre part, il y a la possibilité de passer par des contrats de recherche externe où l'entreprise finance des laboratoires de recherches académiques. Beaucoup d'entreprises sont présentes sur des projets collaboratifs.

Sur l'IA, Orange a par exemple un projet collaboratif en langage naturel et deux relatifs à l'IA pour le pilotage des réseaux. Ils ont également mis en place un fonds d'investissement spécialisé sur les start-ups appelé Orange Digital Ventures.

De nombreuses entreprises s'appuient sur des écosystèmes type start-ups ou open source. Ces organisations font très peu d'IA en interne, mais plutôt du Big Data de manière assez peu coordonnée. La plupart des entreprises semblent être aujourd'hui davantage sur des problématiques de levées de fond, et d'intégration de start-up et de compétences. Il faut parvenir à une compréhension fine au niveau managérial de la nécessité de travailler avec le monde extérieur.

Avant de passer sur le domaine universitaire, certaines entreprises préfèrent en effet travailler d'abord avec la CNIL, la Ligue des Droits de l'Homme, et les travaux du Parlement européen sur les aspects éthiques. La démarche est, dans ce cas, de poser d'abord un cadre d'usage de l'IA avant de l'intégrer opérationnellement.

Pour résumer, la recherche en IA se fait davantage avec des start-ups spécialisées et certains grands fournisseurs. La majorité des entreprises est encore très loin d'aller véritablement sur une logique d'expérimentation en associant notamment des académiques. Pourtant nous sommes bien aujourd'hui dans l'impériosité de peser face aux mastodontes (GAFA2 et BATX3 notamment), car le risque est que nous allions vers l'assèchement de l'excellence académique française, comme en témoigne David Sadek, Directeur de l'Institut Mines Telecom lors d'une intervention au Cercle IA. Les chercheurs d'excellence sont absorbés par les multinationales, à cause des salaires et des conditions de travail (le lien entre performance et condition de travail, incluant la dimension du bien-être en entreprise, est prouvé aujourd'hui).

Selon Nathanaël Ackermann, la France se trouve en 3ème position en nombre de publications sur l'IA, et 1000 étudiants sortent de masters spécialisés en IA chaque année. La France a un niveau de compétence élevé, mais il y a une fuite des cerveaux. Il faut donc sensibiliser les étudiants en montrant qu'il se passe des choses en France, rapprocher les entreprises avec les laboratoires de recherche de toutes les façons possibles, avoir des programmes d'attractivité de rétention des talents, et avoir une vision européenne. Il faut encore plus de mathématiciens et de développeurs au sein des entreprises.

Mais aujourd'hui, il y a également une problématique de pénurie d'accès et d'exploitation des données. L'accès à des volumes de données importants est nécessaire pour expérimenter les systèmes d'IA : il faudrait pour cela créer des plateformes de données indépendantes et d'envergure au niveau national ou européen.

Pour que la France soit compétitive en IA, il faudrait aussi inventer un nouveau modèle de partenariat avec la recherche, car les modèles classiques ne font pas vraiment bouger les lignes. Il faudrait davantage s'orienter vers la mutualisation des activités en IA des entreprises. Peut- être faudrait-il d'abord mutualiser ces activités par filières, ou bien par défis systémiques (voitures autonomes, villes intelligentes…) ? Ou encore s'appuyer sur le modèle du German Research Center for Artificial Intelligence (DFKI), c'est-à-dire d'un seul et unique centre dédié à l'IA, répartis dans plusieurs villes du pays ?

Les entreprises abordent désormais l'Intelligence Artificielle davantage en termes d'agents intelligents et de plateformes d'interaction que sous l'angle des données. Ce changement de paradigme indique que « l'IA va inonder peu à peu tous les métiers de l'entreprise. Mais plus qu'un service auquel l'entreprise aurait recours ponctuellement, elle peut devenir un véritable enjeu stratégique du point de vue des agents […] Si l'IA fait partie intégrante de l'évolution des modèles d'affaires de l'entreprise numérique, elle doit aussi être pensée en amont pour être utilisée au mieux, au bénéfice de l'intelligence humaine, de l'empathie, de la collaboration »[1]. ∎

---

1 Télécharger l'étude complète du CIGREF : http://www.cigref.fr/wp/wp-content/uploads/2017/10/
CIGREF-Cercle-IA-2017-Mise-en-oeuvre-operationnelle-IA-en-Entreprises.pdf

ÉCONOMIE ::: STARTUPS

ICO, TROIS LETTRES QUI VONT CHANGER LE FINANCEMENT DES STARTUPS.

Arnaud Saint-Paul
Chroniqueur invité UP' Magazine, Fondateur de Simplifly LLC

Au cours de l'année 2017, le monde de l'innovation et des startups a été pris dans une sorte de tempête. Dans la dynamique de la technologie blockchain, un nouveau moyen de financement en cryptodevises était né : l'ICO pour Initial Coin Offering. De quoi s'agit-il ?

HONÉTIQUEMENT PARLANT, l'acronyme ICO ressemble de près à son collègue IPO. L'Initial Public Offering pour dire en bon français, Introduction en Bourse, est le moyen pour une société d'offrir ses actions sur le marché public et recevoir un financement. Alors que ce dernier repose sur une tradition millénaire, l'ICO est né il y a quelques années et a pris son envol en 2017 comme un mode alternatif de financement pour les startups focalisées sur la technologie blockchain. L'IPO propose des actions d'une société sur le marché ; l'ICO met en circulation des « Coins », c'est-à-dire des « jetons de monnaie virtuelle ». Depuis son apparition, plus de 3 milliards de dollars ont ainsi été « levés » en monnaie virtuelle. L'opération ICO la plus visible a été celle de la société Uber qui a ainsi récolté plus de 300 millions de dollars en cryptomonnaie.

La crypto-monnaie est un moyen d'investissement et de consommation de plus en plus populaire à travers le monde et nombreux sont ceux qui établissent des fortunes grâce à leur usage. Le plus connu est le Bitcoin, dont le cours a flambé ces derniers mois, atteignant un record qu'aucun analyste n'avait jamais prévu à plus de 8000 $ le coin.

QU'EST-CE QU'UN COIN ?

Un Coin (ou « token » ou jeton ou monnaie) est un instrument, basé sur la technologie blockchain, dont la valeur a été définie parala startup en recherche de financement. Ce Coin possède certaine propriétés et droits qui y sont rattachés. C'est un peu comme les actions à droits privilégiés que les investisseurs achètent quand ils investissent dans des compagnies privées (car cela leur donne des droits additionnels sur les autres investisseurs et fondateurs). Ces droits et propriétés sont offerts par la startup quand l'ICO est mise en place et ceux-ci sont codés dans chaque jeton pour que ces droits ou propriétés soient exécutés automatiquement au bénéfice de l'acheteur du jeton ; les ingénieurs les appellent « smart contracts » ou « contrats intelligents ». En d'autres termes, chaque ICO offre un jeton différent : une logique financière, des droits qui y sont attachés distincts et même un usage différent.

Pour corser l'affaire, chaque ICO offre un ou deux types de jetons : les Jetons-Actions et les Jetons-Utilitaires.

Les Jetons-Actions sont similaire a des actions ou autre instrument que vous trouveriez offert lors d'une introduction en bourse. En effet, ceux-ci peuvent offrir une condition de rachat ou des conditions de partage des revenus ou des profits générés par la société. Ces jetons sont en passe d'être régulés par les superviseurs de marchés tels que l'AMF en France.

Les Jetons-Utilitaires n'offrent pas d'avantage financier relié aux revenus ou profits de la startup, et ne sont donc pas (encore ?) régulés. Ces jetons ont des règles et attributs qui s'y appliquent pour qu'ils soient utilisables dans le cadre du business qui est en passe d'être créé par la startup. Pour vous donner un exemple, si je lançais un réseau d'écrans d'affichage dans les rue de Paris sur lesquels tout acheteur de mes jetons pourrait afficher une publicité, je pourrais lancer une ICO et offrir un jeton-utilitaire qui donnerait droit à du temps d'affichage. Vous achèteriez alors un certain nombre de jetons à chaque fois que vous voulez diffuser votre publicité. La valeur de ce jeton peut même augmenter en fonction de l'augmentation de la demande pour le temps disponible d'affichage.

COMMENT ACHETER DES COINS ?

Quand une startup met en place son ICO, elle créé des documents et processus, prenant en compte tous les différents aspects d'une campagne de levée de fonds réussie. Le tout premier document sur lequel est fondé la quasi-intégralité de l'ICO, sa communication, son site web, etc. est appelé le White Paper. Ce document décrit tous les aspects de l'offre d'un point de vue financier, marketing, business, avec une focalisation spécifique sur la description du jeton et du réseau créé sous-jacent.

La startup mettra aussi en place sur son site web une page où le projet sera présenté complètement incluant le Livre Blanc, bien sûr. L'ICO est alors listée sur plusieurs sites spécialisés annonçant les ICO futures.

Une fois avoir bien examiné le White paper et jaugé les performances de l'entrepise dans laquelle vous voulez investir, il ne vous reste plus qu'à acheter vos Coins en utilisant une crypto-monnaie comme BitCoin ou Ethereum. Si vous êtes à court de cryptomonnaies, pas de

problèmes, de nombreux « bureaux de change » physiques ou en ligne vous offrent la possibilité d'en acheter, aussi simplement que vous le feriez pour changer des dollars ou des livres britanniques.

Une méthode simplissime pour participer à l'aventure d'une startup et un moyen alternatif prometteur pour l'entreprise en quête de financements. ∎

ÉCONOMIE ::: COMPETITION

LES CHINOIS BOUSCULENT LES GÉANTS DE LA SILICON VALLEY

Marine Barrio
Journaliste UP' Magazine

Tencent et Alibaba talonnent désormais Facebook et Amazon en termes de capitalisation boursière : illustration de l'ascension de ces géants technologiques dans une Chine où les smartphones et paiements électroniques sont omniprésents.

HAMPION des jeux vidéo mobiles et opérateur de la populaire messagerie WeChat, Tencent est devenu la semaine dernière le premier groupe technologique chinois à valoir 500 milliards de dollars, surpassant brièvement le californien Facebook.

Le numéro un chinois de la vente en ligne, Alibaba, coté à Wall Street, est juste derrière, réduisant l'écart avec l'américain Amazon. Un coup de semonce symbolique pour les mastodontes de la Silicon Valley, qui verrouillaient jusqu'ici le club des cinq premières valorisations boursières mondiales.

Cette année, Tencent et Alibaba ont vu leur cours doubler, à l'unisson d'une envolée des revenus. Leur succès «s'explique d'abord par le décollage de l'internet mobile», dopé par des fabricants chinois de smartphones à prix abordable, décrypte à l'AFP Shameen Prashantham, de l'école de commerce CEIBS à Shanghai.

Quelque 724 millions de Chinois se connectent au web via leur portable, selon le gouvernement. De quoi gonfler spectaculairement les bases d'usagers et le volume des données collectées, «les lois sur la vie privée étant ici bien moins protec-

trices qu'en Occident», indique M. Prashantham.

ÉTRENNES ÉLECTRONIQUES

Au mitan des années 2000, Tencent s'imposait avec QQ, messagerie internet proche du MSN de Microsoft, tandis qu'Alibaba - lancé par l'ex-professeur d'anglais Jack Ma - prospérait avec sa plateforme d'enchères Taobao.

Aujourd'hui, Tencent profite de son addictif jeu «Honor of Kings», tandis que son application WeChat (messagerie, réseau social, e-commerce, jeux...) compte près d'un milliard d'usagers, dont la moitié y consacre 90 minutes par jour : un enthousiasme que n'enraye pas l'étroite censure des contenus en Chine. Alibaba, quant à lui, domine la moitié du e-commerce chinois entre entreprises et particuliers, tout en se diversifiant tous azimuts, depuis les magasins en dur jusqu'à la finance et aux contenus numériques.

Certes, tous deux profitent des déboires de leurs concurrents américains sur le marché chinois : Facebook est banni en Chine ; e-Bay y a rapidement jeté l'éponge ; Amazon peine à décoller et a récemment dû céder des actifs dans le «cloud» chinois.

Cependant, «Tencent n'a pas imité des formules occidentales, il s'est efforcé d'innover. On lui doit l'essor du paiement électronique», insiste Huang Hao, chercheur à l'Académie chinoise des sciences sociales.

Idée novatrice : Tencent a permis aux usagers de WeChat d'échanger des «étrennes (enveloppes rouges) électroniques», souligne-t-il, tandis qu'Alibaba élaborait sa plateforme de paiement en ligne Alipay.

Puis leurs systèmes rivaux de paiement mobile ont décollé grâce aux applications de réservation de taxi, avant de conquérir la quasi-totalité des magasins et restaurants du pays, où l'on peut régler avec son smartphone en scannant un code-barre. «Même mon grand-père de 88 ans s'habitue à communiquer et payer via WeChat», s'enthousiasme Zhao Chen, de la firme d'investissement technologique Plug-and-Play.

BATAILLE INTERNATIONALE ?

S'y ajoutent des modèles économiques rémunérateurs nourris par l'intelligence artificielle. Alors qu'Amazon prend sa part sur chaque transaction, Alibaba gagne l'essentiel de ses revenus via ses recettes publicitaires très ciblées. «Sans pub, on n'écoule rien», confirme à l'AFP Liu Song, vendeur de vêtements sur la plateforme Tmall d'Alibaba, déplorant de «devoir acheter tous les mots-clefs correspondant à chaque article» pour toucher d'éventuels clients.

Tencent, lui, vend des objets virtuels aux joueurs d'»Honor of Kings» ou des émoticônes sur WeChat. Seulement 17% de ses revenus viennent de la publicité (contre 97% pour Facebook). De plus, les contenus des usagers de WeChat sont stockés sur leur smartphone et non sur d'onéreux serveurs extérieurs.

Enfin, si leurs revenus restent concentrés en Chine, les deux groupes «affichent leurs ambitions d'écosystèmes globalisés (...) au grand bonheur de Pékin», rappelle Wei Wei, fondatrice du cabinet GSL Innovation. Aux États-Unis, Tencent investit dans

Snapchat et Tesla, Alibaba implante des laboratoires en Californie... «Ils y sont en mode d'apprentissage, désavantagés», tempère Shameen Prashantham.

À l'inverse, sur les marchés émergents, ils peuvent s'imposer grâce à leur expérience des mutations chinoises : Alibaba contrôle déjà la plateforme Lazada en Asie du Sud-Est, Tencent investit dans des applis d'e-commerce et de taxis en Inde.

De quoi effrayer les colosses américains ? Pas nécessairement, selon Mme Wei. «Mais ils doivent se préparer à voir ces acteurs chinois entrer dans l'arène internationale.» ■¹

1 *Source : AFP*

ARCHITECTURE URBANISME

ARCHITECTURE & URBANISME :::

REVÉGÉTALISER NOS VILLES, UN DEVOIR CITOYEN.

Louise Terlaud
Chroniqueuse invitée UP' Magazine

Plus de la moitié de la population humaine habite aujourd'hui en ville. L'exode rural en cours depuis plus d'un siècle maintenant est loin d'être fini puisque des géographes estiment que d'ici 2050, la surface des villes pourrait tripler et accueillir jusqu'à 70 % des habitants de la planète.
Mais alors quelle place redonner à la nature et ses bienfaits, dans un espace urbain où les conditions de vie de chacun se détériorent ? C'est là toute l'idée et l'importance de la végétalisation des villes

EMETTRE LA NATURE au cœur de la ville. Voilà en une phrase simple le leitmotiv des personnes souhaitant revégétaliser les espaces urbains et des pétitions qui fleurissent pour défendre ce projet. Et pour cause, l'accès aux espaces verts contribue directement à améliorer la santé des habitants, en réduisant les effets du stress sur leur quotidien, et surtout en dépolluant une partie de l'air respiré.

Les scientifiques constatent même des effets indirects liés à la présence de végétaux près de soi dans la vie de tous les jours, comme notamment une augmentation de la satisfaction liée au cadre de vie. De même, cela fait longtemps que l'on sait désormais que la longévité de vie, mais également la réduction du nombre de maladies cardiovasculaires, ou respiratoires (ainsi que la mortalité qui en découle) est liée à la proximité de la population avec la nature et les végétaux. Il s'agit donc de recréer un cadre de vie qui profite à l'humain en introduisant une couverture végétale fournissant de l'ombre et de l'oxygène notamment mais également en permettant une isolation sonore et thermique dans la ville, permettant notamment d'éviter les phénomènes d'imperméabilisation des sols et donc d'inondation.

UN EFFORT COMMUN QUI TRADUIT DES VALEURS DE CITOYENNETÉ

Les bénéfices de la revégétalisation ne sont pas que scientifiques, loin de là ! Créer et prendre soin des espaces verts dans la ville passe bien évidemment par des politiques publiques et l'allocation de certains budgets pour remettre la nature au coeur de l'espace urbain, mais aussi et surtout par l'effort et le partage citoyen. Revégétaliser l'urbain, c'est par exemple un ensemble de citoyens habitant le même quartier qui décident de créer un jardin partagé. Entretenir un espace commun, le jardiner ensemble est certainement un moyen propice de tisser des liens sociaux, ce qui manque parfois aujourd'hui aux habitants des grandes villes. Encourager les citadins à pratiquer ensemble des activités contribuant à leur bien-être (le contact de la terre, la vie en extérieur) contribuent à redonner un but commun et citoyen, celui de participer ensemble à

la vie de la cité, tout en excluant l'individualisme.

LE RETOUR DES ESPACES VERTS POUR LUTTER CONTRE LA BÉTONISATION AMBIANTE

La végétalisation des villes correspond également à une demande importante des populations en paysages urbains verts, nouveaux parcs, de potagers dans la ville. Il n'y a qu'à voir les parcs parisiens aussi bondés au retour des beaux jours qu'une plage de la Côte d'Azur en été. Les citoyens ont conscience que la vie en ville les soumet chaque jour à différentes sources de stress comme le bruit de la circulation ou la pollution créée par celle-ci et prônent donc un retour de la nature dans leur espace de vie. Pour information l'OMS (Organisation Mondiale de la Santé) estime à 12m2, la surface d'espace vert nécessaire par habitant dans une ville.

DES INITIATIVES CITOYENNES DANS LES GRANDES VILLES FRANÇAISES

Paris, Marseille et Rennes, villes fleuries ? Alors que les municipalités encouragent les initiatives citoyennes à avoir la

main verte, certaines villes font véritablement preuve d'originalité quand il s'agit de se mettre au vert. Les grandes villes notamment, tentent de donner l'exemple en encourageant leurs habitants à végétaliser les espaces publics, quand ceux-ci ne le font pas déjà d'eux-mêmes.

PARIS

La ville Lumière n'est pas en reste en matière de végétalisation puisqu'elle a carrément instauré le permis de végétaliser. Entré en vigueur le 30 juin 2015, ce dispositif permet à qui le souhaite de devenir jardinier et acteur de la végétalisation de Paris. Bien évidemment, difficile d'aller planter des choux au beau milieu de la place Vendôme mais installer une jardinière au coin de sa rue pour y faire pousser des tomates, investir un pied d'arbre pour y semer des fleurs, faire courir des plantes grimpantes sur un mur, transformer un potelet en installation végétale, tout cela est permis !

Autre initiative : les rues végétales. D'ici 2020, la Mairie de Paris prévoit d'aménager vingt « rues végétales » (une par arrondissement). Il s'agit d'aménager des voies donnant priorité aux piétons et cyclistes, avec des murs végétaux, des bacs de plantation en bois, des arbres, des stries enherbées, des bandes en terre ou encore des pavés à joints engazonnés (pour laisser passer l'herbe).

RENNES

Le permis de végétaliser est également en vigueur à Rennes, où chacun peut semer des graines et verdir les murs dans les espaces publics. Mais le cheval de bataille des Rennais en matière d'espace vert c'est… leur fleuve. La canalisation de la Vilaine dans l'hypercentre de Rennes n'est pas des plus esthétiques, ni des plus eco-friendly. Pour remédier à cela, des habitants avaient eu l'idée d'y installer des jardins flottants. Un projet d'abord expérimental qui a ensuite été retenu dans le cadre du premier budget participatif. Deux premiers radeaux végétalisés ont pris le large en mai dernier pour un test de six mois. Si l'expérience est concluante (résistance aux courants, développement des végétaux, etc), ils devraient se multiplier et d'autres de ces jardins fluviatiles devraient voir le jour.

Rennes n'a pas attendu les Accords de Grenelle et la COP21 pour faire preuve d'initiative en matière de végétalisation. En 1999 la ville lançait l'opération "Embellissons nos murs" initiée par l'association « Rennes jardins », sur le quartier Ste Thérèse. Une convention a été signée entre la ville de Rennes et plus de 80 habitants pour leur permettre de prendre en charge leur environnement proche, de jardiner les rues du quartier afin que les murs et les trottoirs en « verdissent de plaisir ».

MARSEILLE

À Marseille, toute personne souhaitant installer des éléments de végétalisation sur l'espace public et les entretenir peut s'engager, en signant une Charte de végétalisation de l'espace public afin d'obtenir une autorisation d'occupation temporaire (AOT) du domaine public, intitulée « Visa Vert ». Contrairement à Paris et Rennes où l'instauration du permis de végétaliser avait pour but d'éveiller les consciences et encourager les jeunes pousses, le Visa Vert Marseillais sert à encadrer une pratique déjà spontanée et en place depuis plusieurs années. La végétalisation citoyenne n'a pas attendu l'aval des élus pour fleurir dans les jardinières municipales et sur les trottoirs du centre-ville. ■

ARCHITECTURE & URBANISME ::: DOSSIER

BIOMIMÉTISME, ÉCONOMIE CIRCULAIRE, VÉGÉTALISATION URBAINE, DONNENT LE TON DE LA FUTURE MÉTROPOLE DU GRAND PARIS.

Fabienne Marion
Rédactrice en chef UP' Magazine

Les résultats du concours « Inventons la Métropole » lancé au printemps 2016, ont dévoilé 51 lauréats (sur 420 candidatures) au Pavillon Baltard à Nogent-sur-Marne. Le Grand Paris souhaite ainsi s'enrichir de nouveaux pôles d'attractivité, basés sur des réflexions approfondies des nouveaux usages, l'économie circulaire, la résilience, ou encore la mobilité durable, avec une approche flexible et modulable de l'habitat. L'agriculture urbaine high-tech, le biomimétisme, la végétalisation font partie des nombreuses innovations architecturales et technologiques pour favoriser le retour de la nature et de la biodiversité en ville. Tour d'horizon des lauréats.

 UARTIERS DE GARE, sites patrimoniaux, cœur de ville, friches urbaines, … la diversité des sites proposés par Inventons la Métropole du Grand Paris, soit 54 terrains, a permis aux candidats de déployer une large palette de savoir-faire techniques et d'innovations architecturales pour aboutir à des projets sur-mesure et traduisant une grande intelligence du lieu. Tous les sites de la consultation ont en effet vocation à devenir des lieux emblématiques, des signaux révélateurs de la grande capacité d'innovation de la Métropole du Grand Paris, des vecteurs d'intégration des nouveaux territoires dans l'objectif de faire émerger une nouvelle identité métropolitaine.

Inventons la Métropole a su attirer, aux côtés de jeunes agences françaises prometteuses (Encore Heureux, Muoto, Maud Caubet Architectes, Des Clics et des Calques), les grands noms de l'architecture internationale qui, pour certains, ont peu construit en France. De grandes signatures telles que Sou Fujimoto, Rogers Stirk Habour & Partners, Dominique Perrault, OMA, Shigeru Ban, Kengo Kuma, Stefano Boeri Architetti, Snøhetta, MVRDV ou encore Studio Gang ont proposé des projets de très grande qualité urbaine et architecturale. La présence de sites patrimoniaux tels que La Maison du Peuple à Clichy-la-Garenne et industriels, comme le site Babcock à La

LES CHIFFRES CLÉS

ERNST AND YOUNG A RÉALISÉ UNE ÉTUDE SUR L'IMPACT ÉCONOMIQUE ET TERRITORIAL DES PROJETS D'INVESTISSEMENT LAURÉATS DE L'APPEL À PROJETS « INVENTONS LA MÉTROPOLE DU GRAND PARIS »

– LES 54 PROJETS LAURÉATS DEVRAIENT GÉNÉRER UN INVESTISSEMENT TOTAL DE 7,2 MILLIARDS D'EUROS, RÉPARTIS ENTRE LES TRAVAUX DE CONSTRUCTION (62%), LES ACQUISITIONS FONCIÈRES (18%) ET LES DÉPENSES ANNEXES (20%).

– ILS REPRÉSENTENT UN ESPACE FONCIER DE 165 HA QUI DEVRAIT ACCUEILLIR 2,1 MILLIONS DE MÈTRES CARRÉS RÉPARTIS ENTRE 815 000 M2 DE LOGEMENTS (14 300 NOUVEAUX LOGEMENTS), 867 000 M2 D'ACTIVITÉS ÉCONOMIQUES (DONT 651 000 M2 DE SURFACES TERTIAIRES), 175 000 M2 D'ÉQUIPEMENTS ET SERVICES PUBLICS ET PRIVÉS, 86 000 M2 D'ÉQUIPEMENTS HÔTELIERS (2 800 CHAMBRES), 166 00 M2 DE COMMERCES ET RESTAURATION DE PROXIMITÉ, ETC.

– LA PHASE D'ÉTUDES ET DE TRAVAUX POURRAIT DÉBOUCHER SUR LA CRÉATION DE PRÈS DE 2 300 EMPLOIS PAR AN DANS LES ACTIVITÉS D'ÉTUDES ET DE 7 000 EMPLOIS PAR AN DANS LA CONSTRUCTION PENDANT LA DURÉE DES TRAVAUX, SOIT UN TOTAL THÉORIQUE DE 65 500 EMPLOIS SUR UNE DURÉE PROJETÉE DE SEPT ANS.

Courneuve, promettent des réalisations architecturales remarquables.

AUDACE ARCHITECTURALE ET INNOVATIONS CONSTRUCTIVES

   Site emblématique de la consultation, la Maison du Peuple à Clichy-la-Garenne, édifice classée Monument Historique, est un joyau de l'architecture des années 1930. Véritable « bijou mécanique », ce bâtiment est emblématique des premières techniques ingénieuses de conception permettant des usages flexibles : marché, salle des fêtes, salle de cinéma.

Projet Maison du peuple

Sa restauration par le groupement Duval fait l'objet d'une approche exigeante et singulière faisant place à une architecture sensuelle et puissante, signée Rudy Riciotti et Iba+Holzweg.

De béton fibré et de verre, une tour en R+30 vient se poser en équilibre à côté de la Maison du Peuple, résultat d'une prouesse constructive imaginée par Lamoureux & Ricciotti Ingenierie, puisque son exosquelette portant l'ensemble du bâtiment sera coulé sur place dans un gigantesque sarcophage. Il s'agit par ailleurs d'une architecture économe en 16 matériau (éco-conception suivie par Milieu Studio et Ekopolis) rendant hommage au savoir-faire de construction français comme Jean Prouvé le fit en son temps. En équilibre sur la Maison du Peuple pour ne pas impacter le sol de l'espace public, la tour dialoguera telle une sentinelle avec la Cité judiciaire des Batignolles.

   Artistique et poétique, l'architecture en construction bois du projet Argenteuil Littoral s'ouvre sur la Seine. Par leurs propositions innovantes, l'Atelier Du Midi et Bricqueville révèlent au public un site exceptionnel, en balcon sur Paris, qui inspirait déjà de grands noms des impressionnistes comme Monet, Sisley, Caillebotte et tant d'autres. Bâtiment phare du projet, exploité par Walk, l'hôtel emblématique avec ses vues tournées vers Paris et rayonnant sur le Val d'Oise crée tout d'abord une rupture volontaire, symbolisant la porte de la Métropole. Le projet se poursuit ensuite par un bel équilibre bâti/espaces libres assurant des respirations végétalisées orchestrée par AM Environnement et éléments à part entière de l'identité du site.

Maquette de L'atelier du Midi et Bricqueville du projet Argenteuil littoral

Au bord de la Seine, Argenteuil Littoral offre une ouverture onirique à ses habitants comme aux touristes via le geste architectural et artistique d'une passerelle inachevée, aboutissement d'une promenade culturelle proposant une mise en scène réalisée par des artistes contemporains comme Kinya Maruyama, dans une démarche de co-construction avec les habitants coordonnée par Anagraphis et Trait Clair.

❧ Elaboré dans un contexte architectural, urbain et paysager très hétérogène, le projet du Génopôle de Linkcity à Evry intègre un campus en douceur, dans une logique de cocon ouvert sur la ville, modulaire, flexible et évolutif. Bâtiment signal, un bâtiment d'angle protège le site des nuisances sonores et visuelles de la RN7 tandis que la végétation entre au cœur du campus rythmée par des porosités visuelles avec la ville.

Au-delà de son inscription parfaite dans le site, l'architecture et l'organisation du projet ont été pensées par les cabinets Chaix & Morel et Bidard & Raissi en lien direct avec l'image et les enjeux du Génopôle.

L'innovation constructive du projet réside ainsi dans son concept de modularité extrême et sa très forte capacité d'évolution et de réversibilité. Le projet se construira en plusieurs phases et fonctionnera sur le principe de noyaux modulables à volonté en fonction de l'évolution des besoins et usages : tantôt bureaux, tantôt laboratoires ou salles blanches. Flexible et évolutif, le second ensemble bâti du site sera déployé en phase 2 et extensible sur l'intérieur du campus. Si la fragmentation des volumes confère une image dynamique du site, un traitement de façade homogène et une identité architecturale forte règlent l'ensemble des modules : béton, aluminium et verre dialoguent pour une façade contemporaine, soignée et pérenne.

\ Le projet Un Balcon sur Paris sur le site de Villiers-sur Marne propose une architecture exceptionnelle. Par sa technique de construction signée Equilibrium, son taux de végétalisation (les paysagistes James Corner Field Operations et l'Atelier Paul

Projet Un Balcon sur Paris, près de la gare Marne Europe à Villiers-sur-Marne conçu par Kengo Kuma

Arene sont parvenus à végétaliser plus de 50% des toitures et cours intérieures) et sa démarche responsable, le quartier en Belvédère rend ainsi un bel hommage à l'héritage naturel du site.

Premier quartier grande hauteur d'Europe en construction bois, Balcon sur Paris est l'aboutissement du travail commun d'architectes de talent et de renom aux écritures architecturales complémentaires, spécialisés dans la structure haute en bois tels que Kengo Kuma & Associates, Stefano Boeri Architetti, XTU, Mga, Oxo, Michael Green Architecture ou encore Koz Architectes.

Le projet se révèle une véritable vitrine de l'innovation en termes de mobilité grâce à la collaboration d'acteurs tels que Transitec, Transdev Et Zenpark, d'énergie avec Sinteo, de biodiversité (le projet intègre notamment la LPO), d'usages et de programme, un quartier pilote qui fera référence.

ÉCONOMIE CIRCULAIRE ET LUTTE CONTRE LE CHANGEMENT CLIMATIQUE

Le changement climatique dû à l'empreinte de nos modes de vie n'est plus à démontrer. 70% des émissions mondiales de gaz à effet de serre sont liées à l'énergie, 23% des émissions sont imputables au secteur du transport tandis que le bâtiment représente 19% des émissions et 32% de la consommation énergétique mondiale.

La Métropole du Grand Paris concentre de nombreux défis (alimentation, mobilité, production, énergie…) et constitue par là-même un merveilleux terrain d'accélération et d'expérimentation de solutions. Grâce au Grand Paris Express, tous les habitants du Grand Paris seront à moins de 2 km d'une gare en 2030, ce qui offre un levier majeur de réduction des émissions liées au trafic automobile.

A l'avant-garde en ce domaine, la Métropole du Grand Paris place l'urgence de l'action climatique parmi leurs plus grandes priorités et déclinent un plan climat-air-énergie métropolitain (PCAEM) de manière volontariste via des objectifs précis et des actions concrètes.

Placés au cœur des challenges d'Inventons la Métropole du Grand Paris, le climat et l'économie circulaire ont ainsi fait l'objet de stratégies innovantes de la part des candidats. Parmi les projets les plus remarqués, le Lab 21 sur le site de Romainville, le projet Triango sur le Triangle de Gonesse, le Temps sur Mesure à Bagneux, Les Grands Lilas sur le Fort dit de Romainville ou encore le projet Antonypôle.

Projet LAB21

    ✎ « Laboratoire de la transition énergétique et de la croissance durable », le LAB21 propose pour le site de la ZAC de L'Horloge à Romainville, un projet visant le zéro carbone, zéro déchet, zéro énergie fossile et fissile tout en favorisant le retour de la nature et de la biodiversité en ville. Innovante sur le plan social également, l'initiative du promoteur ALSEI, de l'Agence Franc Architecte et Horticulture & Jardins a pour objectif de générer une véritable dynamique d'émulation de l'action environnementale entre les différents acteurs du projet.

Végétalisation du site et du bâtiment, utilisation de matériaux biosourcés et de techniques de construction respectueuses et modulables, démarche de compensation, proposition d'espace de travail collaboratif, accueil de fablabs participatifs dédiés à l'écodesign et à l'alimentation durable, mise en place d'une charte des usagers et de dispositifs d'incitation favorisant notamment la mobilité douce et les circuits courts grâce à l'intégration d'agriculture urbaine et éco-productif exploité par LES SOUR-CIERS, rappelant le passé agricole et maraicher de Romainville… Le LAB21 accélère la transition vers des modes de vie plus durables.

❧ Sur le triangle de Gonesse, Bopro Sustainable Investments et les cabinets d'architecture et d'urbanisme Rau, Search, Phileas, Karres+Brands placent l'économie circulaire en fondamental du projet Triango et s'engagent à développer un programme mixte comprenant un quartier d'affaires démonstrateur exclusivement dédié à l'économie circulaire ainsi que 10.000 m² de structures innovantes d'agriculture urbaine avec Bigh, Lateral Thinking Factory Consulting et Urban Crop Solutions.

La conception, le développement et la construction du projet seront réalisés conformément aux principes de l'économie circulaire grâce à l'expertise de Turntoo. L'ensemble du cycle de vie des bâtiments est pensé par ITF pour réduire leur empreinte environnementale. Les matériaux utilisés pour la construction de ses bâtiments, à énergie positive, seront choisis en 18 fonction de deux critères majeurs : leur performance énergétique et leur capacité de réemploi afin de produire des bâtiments à la fois durables et mutables. Les aménagements et services proposés par Evergreen favoriseront le développement de la mobilité durable avec notamment des parcs à trottinettes de Knot ; la mise à disposition de vélos classiques et électriques par Green On et de navettes électriques autonomes grâce à Wattmobile ; ou encore un service de covoiturage avec Wayzup.

❧ Projet bioclimatique, le Temps sur Mesure à Bagneux place la biodiversité, les objectifs bas-carbone et l'économie circulaire au cœur de sa conception et de son fonctionnement. Le programme comprend ainsi un dispositif d'agriculture urbaine en toiture élaboré avec Toits Vivants incluant serres, hydroponie et compost ainsi que des jardins sur dalle en pleine terre fournissant le terrain idéal pour la permaculture et favorisant ainsi les circuits courts. Frugal, le projet prévoit par ailleurs un système de récupération des eaux de pluie et de réemploi des matériaux de démolition. Développés en collaboration avec Pari Architecture Ecologie, les bâtiments du programme proposent des logements à haute performance bioclimatique, ainsi que des ateliers de sensibilisation des habitants pour optimiser les économies d'énergie. Ils intègrent une ventilation naturelle et un système innovant d'inertie des matériaux à changement de phase.

❧ Incubateur d'entreprises de l'économie collaborative et circulaire, Les Grands Lilas présente une ambition forte sur la réduction de l'impact carbone du bâtiment lors de sa construction et de son cycle de vie sur le site du Fort dit de Romainville aux Lilas.

Visant le plus haut niveau d'excellence du label BBCA, le projet du promoteur CIBEX fonctionnera sur du solaire thermique et de la géothermie, fera appel à des matériaux biosourcés pour les rénovations et constructions prévues sur le site, et impose une importante réversibilité des bâtiments construits. Dans son fonctionnement, le projet favorisera le réemploi des matériaux, que ce soit sur le chantier même ou via les activités artistiques grâce à Réserve Des Arts. Conçu par l'urbaniste Shahinda Lane, les studios d'architecture Gare du Nord Architecture, Studio Muoto, Mootz & Pele Architectes, l'association Peeping Tom pour l'ancrage territorial et l'artiste de land art Jean-Paul Ganem, le projet des Grands Lilas favorise enfin les mobilités douces en excluant l'accès du site aux voitures.

❧ Ambitieux démonstrateur du concept suisse de « société à 2000W », le projet Linkcity Antonypole, conçu par Arep, Laisne Roussel, Clement Blanchet et COLOCO, vise une réduction par trois de la consommation énergétique.

Le programme fonctionne sur la base d'une production et d'une autoconsommation d'énergies renouvelables, offrant même la possibilité d'un stockage de surplus d'énergie par Tesla. Il propose ainsi un mix énergétique et thermique très bas carbone. A ceci s'ajoute un programme de sensibilisation des habitants de l'éco-quartier, mené avec le WWF, la mise en place de circuits courts d'approvisionnement alimentaire grâce à des partenariats avec des associations locales et l'enseigne de distribution zéro déchet NU! ; ou encore une incitation à une mobilité plus durable grâce à une offre de scooters électriques Mober en libre-service, d'un système d'auto-vélo partage opéré par Clem et la mise en place de bornes de recharge électriques sur le site.

CULTURE ET CRÉATION COMME LEVIERS D'INNOVATION

La culture et la créativité sont au cœur du développement du Grand Paris, comme le démontre le projet culturel et artistique conduit par la Société du Grand Paris ou le rôle clé des industries créatives dans son rayonnement international.

A l'heure de l'ouverture des processus d'innovation, quel est l'impact de la culture et sa capacité d'entraînement en matière d'innovation économique et sociale ? Quel est son rôle dans les projets urbains ?

Convaincue du potentiel immense de l'art et de la culture en matière d'intégration et de rayonnement des territoires, la Métropole du Grand Paris a porté une attention particulière à la place qui leur était accordée dans les projets proposés. Parmi les projets remarquables en matière d'innovation créative et culturelle figurent la Maison du Peuple, Les Grands Lilas, STO Art & Design Center, La Fabriques des Cultures, Les Lumières Pleyel.

\\ Conçue en 1935 par des architectes et ingénieurs emblématiques de l'avant-garde, la Maison du Peuple est un édifice alors particulièrement innovant.

Classé à l'inventaire des Monuments historiques depuis 1983, il exploite notamment des systèmes mobiles de plancher et de toit ouvrant permettant une flexibilité d'usages d'une incroyable actualité. L'enjeu de sa transformation consistait ainsi à redonner vie à l'innovation imprégnant ce lieu, aujourd'hui partiellement désaffecté, en ancrant la Maison du Peuple dans le XXIᵉ siècle. Un pari réussi pour le Groupement Duval grâce à son projet modulaire mêlant participation citoyenne et programmation culturelle ambitieuse, autour d'un espace de présentation des collections permanentes du Centre National D'art et de Culture-Georges Pompidou, et des espaces culturels conçus et animés par Scintillo, avec l'implication d'Arty Farty pour l'éditorialisation culturelle.

\\ Les Grands Lilas a su proposer, sur le site du Fort dit de Romainville aux Lilas, un projet de réhabilitation équilibré entre protection de ce haut lieu de mémoire métropolitain et appropriation culturelle tournée vers l'avenir. Fort de type Vauban ayant servi de camp d'internement pour les résistant(e)s en transit vers les camps de concentration nazis lors de la seconde guerre mondiale, le Fort dit de Romainville accueillera un projet construit autour des fils conducteurs de la culture et de l'agriculture. Lieu de production et de diffusion d'œuvres culturelles, incubateur d'entreprises de l'économie sociale et solidaire, pôle de loisirs et d'insertion professionnelle, le site demeurera un écrin de verdure grâce à un parc agri-urbain artistique ouvert au public. De nombreux acteurs très complémentaires mèneront à bien ce projet : Mains d'Œuvres animera un tiers-lieu dans les casemates tandis que Réserve des Arts s'assurera du réemploi de matériaux artistiques par les artistes occupants le site. United Kitchens proposera du coworking culinaire. Le Solar HôteL sera un lieu unique de formation dédié à l'hôtellerie responsable. Simplon.co prendra en charge la formation au numérique.

⬟ Sur la friche industrielle Babcock de La Courneuve, La Fabrique des Cultures réunit institutions locales et organismes du Grand Paris grâce à la création d'un Pôle Image Augmentée (comprenant Côté Court, Cinéma 93, Périphérie et Citoyenneté Jeunesse, L'abominable, Etoile Cinéma ou Encore l'Écran) et la genèse du Grand Paris Schola (réunissant ENS Arts Décoratifs, ENSCI, Beaux-Arts de Paris et Cergy).

Prenant la culture et la création comme socles, le projet permettra l'émergence d'un quartier à ce jour unique en son genre via une co-programmation intégrant publics, acteurs économiques locaux et habitants, programmation à laquelle s'ajoute l'ouverture de véritables espaces coulisses de la production culturelle.

Marqueur de l'histoire industrielle locale dans un contexte urbain en pleine recomposition, l'ancienne usine Babcock offrait, avec ces 4 ha de friche industrielle, son architecture et ses volumes remarquables, le terrain de jeu idéal pour ce projet d'une ampleur sans précédent, mené par l'architecte Dominique Perrault, Encore Heureux (préfiguration du site) et Après la Pluie (paysagiste) avec le soutien de Quai 36 pour le pôle culturel et de l'incubateur Intencity.

⬟ À la croisée de toutes les dynamiques, identifié comme fer de lance du Territoire de la culture et de la création, Les Lumières Pleyel à St Denis, a vocation à devenir une nouvelle centralité de la Métropole du Grand Paris. Dès 2023, il accueillera la gare Saint-Denis-Pleyel - nœud de correspondances entre les lignes 14, 15, 16 et 17 du Grand Paris

Les lumières Pleyel, à Saint-Denis

Express, la ligne 13 du métro parisien et les lignes D et H du réseau Transilien - et offrira pas moins de 4 900 m² d'art et de culture.

Sont prévus à ce jour, des commandes artistiques pérennes et semi pérennes ainsi qu'une programmation culturelle mettant en valeur et en scène les différents bâtiments du site, notamment via des créations lumineuses. La direction artistique et culturelle du lieu sera conduite par Manifesto, créateur de projets artistiques et culturels, et le 104.

🖎 Ecrin dédié à la culture, l'art et le design, le projet STO Art and Design Center sur les Puces de St Ouen place la culture et l'approche collaborative au premier plan de sa stratégie d'innovation. Transformant un carrefour urbain en lieu de rencontre, de convivialité et de synergies créatives, il intègre acteurs locaux et métropolitains pour un renouvellement des modalités de création artistique.

Le projet propose ainsi, en amont du chantier, la création d'une œuvre collective et participative avec les habitants des tours voisines, en collaboration avec les étudiants des Beaux-Arts et l'association locale Joli Mai, sous la coordination de l'opérateur culturel Manifesto. Le programme propose également des animations créatives et conviviales visant à favoriser l'appropriation du site par les différents publics et acteurs du projet (Joli Mai, Anticafe, Office du tourisme de Plaine Commune, École Nationale Supérieure des Beaux-Arts, Carpenters Workshop Gallery, …) tout au long de sa genèse et de son fonctionnement.

HABITER MIEUX

Le taux de construction de logements dans la Métropole du Grand Paris est à un niveau sans précédent depuis 40 ans. Cet effort unique en Europe répond aux besoins de logements des habitants et la Métropole du Grand Paris entend jouer un rôle essentiel dans l'articulation des politiques de logement, avec l'élaboration d'un Plan Métropolitain de l'Habitat et de l'Hébergement.

Logements modulaires et modulables, utilisation des datas et connexion des bâtiments, diminution des bilans carbone de nos habitations, logement alternatif, fonctionnement collaboratif, qualité de vie, mixité, longévité et évolution des bâtiments… nombreuses sont les pistes d'expérimentation pour habiter mieux et autrement. Enjeu prioritaire pour la Métropole du Grand Paris, la question de l'innovation par et pour le logement était cruciale pour l'appel à projet.

De nombreux projets proposent ainsi des solutions innovantes et reproductibles à l'échelle du Grand Paris. Des programmes agiles et modulables

Situé à Clichy-sous-Bois, sur un site très contraint, le projet Un Belvédère Métropolitain a su élaborer un modèle inventif proposant une offre de logements, de services et d'équipements agiles. Le projet intègre dès sa conception, la notion d'évolutivité et de démarche participative, au service de la qualité résidentielle et des usages.

Conçu par l'agence d'architecture TVK, le projet du promoteur Nexity Fereal et du bailleur EFIDIS répond en effet aux besoins immédiats des Clichois dans une approche frugale et low tech, intègre des actions de sensibilisation, menées par Ville Ouverte, pour une maîtrise du bilan carbone et des charges de gestion des copropriétés ; sans prendre le risque de figer la typologie du programme. Cette évolutivité se traduit par un système de logements fonctionnant par paires déconnectables et reconnectables, l'adaptation du nombre de places de parking ou encore la réversibilité des pieds d'immeubles pouvant passer d'une offre de services de proximité à celle de logements si elle ne répond plus aux besoins des habitants.

Egalement très agile, L'Hospitalité Un signal dans la Ville propose, au Kremlin-Bicêtre, un programme de logements évoluant en fonction des modes de vie. Outre la proposition d'appartements livrés bruts et agencés grâce à des cloisons amovibles afin de s'adapter aux cycles de vie d'une famille, le projet mené par AL-TAREA COGEDIM décline le concept de terrasses « colonisables », une innovation juridique permettant une extension de bâti encadrée de 10 à 20m² sur les terrasses par simple Déclaration Préalable de Travaux de la part des acquéreurs.

Projet L'Hospitalité

Outre les vastes jardins-terrasses privatifs, le projet propose des espaces communs de toiture cultivée, ainsi qu'un tiers-lieu combinant restauration et nouvelles pratiques culturelles. L'activation des énergies en cœur de projet

Programme à bilan énergétique positif, le projet Ôm à Issy-les-Moulineaux porte une attention permanente au bien-être des futurs habitants. En hommage à la créativité et la modernité de la ville, précurseur dans l'application des principes de la philosophie Feng Shui dans une piscine et l'une de ses écoles, ICADE, Architecture Studio et Land'art réalisent une première en appliquant ces principes millénaires dans le secteur de la construction, et ce dès la conception du projet.

Destinée à apporter prospérité, bien-être et harmonie aux habitations, le Feng Shui et sa philosophie ont été pris en compte et intégrés à chaque phase de la création, jusqu'au nom Ôm, symbolisant la source de l'univers… Le projet vise ainsi l'obtention d'une certification WELL.

L'INNOVATION PAR LA MIXITÉ :

Le projet Mix'It, mené par Bouygues Immobilier, EFIDIS et Intencity sur le quartier Plaine Ouest de Noisy-le-Sec, assure la mixité des usages en proposant des ateliers-logements (30 m² d'atelier / 30 m² de logement). Proche du fonctionnement de l'atelier d'artiste, ce mode de logement innovant s'adresse dans ce projet à des entrepreneurs de TPE/PME. Cette solution hybride vise à la fois à diversifier l'offre de logements et à garantir une mixité des usages, avec le maintien des activités économiques existantes. Ce projet s'appuie sur l'expertise de Vivalib et Pop Up Immo.

Projet du Groupe Pichet, Le Coteau en Commun, propose à Villejuif un habitat soucieux de l'environnement et des liens intergénérationnels. Proche du paysage, la trame structurelle du projet en bois est très flexible et s'adapte en fonction des cycles de vie. L'architecte Nicolas Michelin - ANMA et l'Atelier Altern (paysagiste) ont ainsi conçu un habitat à géométrie variable reposant sur un système de cocon partagé (unités de 30 logements maximum) disposant d'une pièce en plus de 15 m², réservable sur demande.

Le Côteau en Commun innove également par la création de porches habités ou encore de terrasses perchées, partagées entre 2 ou 3 logements, lieux d'échange et de vie commune auxquels s'ajoute une programmation propice à l'entretien d'un lien intergénérationnel.

LES LOGEMENTS CONNECTÉS

>> Fruit de la collaboration de SOGEPROM Habitat et Vinci Immobilier avec les architectes DGLA, Daniel Vaniche, MFR Architectes et le paysagiste Land'act, le Village Bongarde à Villeneuve-la-Garenne, répond à l'objectif d'un quartier mixte en rééquilibrant l'offre entre parc privé et parc social, en attirant une nouvelle population et en apportant également une réponse à la réalisation des parcours résidentiels, enrayant ainsi le départ des classes moyennes ou CSP +, faute d'une offre de logements adaptée. Le projet présente ainsi une programmation de logements évolutifs, répondant aux parcours résidentiels des familles, alliée à une proposition de logements connectés permettant d'évaluer et d'optimiser sa consommation en énergie et en eau (ECOSIM) mais également d'améliorer le vivre ensemble grâce à des solutions mutualisées de livraison comme des casiers connectés ou grâce au développement de services mutualisés et d'un réseau d'entraide.

Projet Ecotone à Arcueil

LA NOUVELLE PLACE DE LA NATURE EN VILLE

Source de biodiversité, alliée prévenant et protégeant des inondations, levier de réduction des îlots de chaleur, la nature en ville se pare de nouvelles vertus oubliées ou ignorées, offrant aux territoires une approche transversale pour adapter les villes aux changements climatiques ou prévenir les grands défis urbains à venir. Corridor pour la biodiversité, nature utile et productive, outil de résilience ou de lutte contre le changement climatique… sans perdre de vue qu'il n'existe pas de solution ou de modèle unique mais des contextes locaux très spécifiques, la Métropole du Grand Paris prête une attention particulière aux différentes manières de faire revenir la nature en ville ainsi qu'à ses usages.

Issu de l'association de Duncan Lewis Architecture, OXO, Parc Architectes et Triptyque, le projet Ecotone à Arcueil tout particulièrement retenu l'attention du jury par sa déclinaison innovante du biomimétisme pour relever le défi de la transformation du site du Côteau d'Arcueil positionné aux portes de Paris, visible depuis l'A6, exposé au bruit et à la pollution.

Grâce aux expertises partagées d'un comité scientifique composé du CEEBIOS (Centre européen d'excellence en biomimétisme), d'Engie Lab Crigen et du Museum d'histoire naturelle ou encore de Novobiom, expert de la dépollution des sols, le projet utilise la nature comme un mentor plutôt que comme une contrainte.

L'équipe d'Ecotone gomme les frontières entre la ville et la nature via son architecture s'inspirant des qualités structurelles, thermiques et d'usages des habitats naturels tels que le nid d'oiseau ou la ruche d'abeille ; via son organisation élaborée comme un écosystème dont tous les éléments programmatiques se complètent dans une logique d'économie circulaire ; via l'utilisation des capacités de la mycoremédiation pour l'enrichissement des sols fertiles ; via l'usage de plantes dépolluantes en toiture et façades pour le traitement de l'eau et de l'air ou encore d'une pompe innovante bio-inspirée ; via l'exploration de la notion d'épiderme pour l'assurance d'un confort acoustique à proximité de l'autoroute ; ou encore via la mobilisation d'énergies renouvelables et l'utilisation du couvert végétal pour améliorer les qualité thermique du bâtiment.

« Notre projet est de faire sur ce site privilégié le lien entre la ville et la nature et y bâtir un immeuble qui joue le rôle d'interface entre ces deux milieux. Cette zone de transition entre deux écosystèmes est appelée en biologie un écotone. »

Incarnation mondiale pour la construction bois et la ville durable, Ecotone sera le plus grand bâtiment en bois d'Europe. À l'heure de la crise écologique mondiale, Ecotone a vocation à devenir un emblème, un signal fort de l'engagement de Paris et de sa métropole.

Ecotone est une accentuation du relief, deux collines hybrides qui marient les arbres et plantations au bâtiment. Ce dernier prend la forme d'un immeuble étagé en terrasses le long de la pente et creusé de patios permettant l'éclairement intérieur des lieux de vie et de travail.

Le programme sera composé d'un pôle tertiaire d'une surface de 65 000 m2 pour proposer un cadre de travail sain et qualitatif aux usagers, de commerces de proximité bénéficiant à tout le quartier, d'un pôle restauration responsable, d'un pôle santé et d'un pôle sportif pour faire du bien-être des usagers un enjeu essentiel et d'un hôtel pour renforcer l'attractivité touristique d'Arcueil et répondre aux besoins d'aujourd'hui et de demain. Enfin, une résidence chercheurs et jeunes actifs et une crèche permettent de renforcer le lien intergénérationnel et faire d'Ecotone un projet solidaire.

❧ Le projet Terre d'Eaux à Sevran, revoit quant à lui notre rapport à l'eau. Dans ce projet proposé par le promoteur Linkcity, les architectes Jacques Rougerie Architectes Associes, Muoto, Matthieu Gelin et David Lafon, Julia Winding et les architectes paysagistes d'Interscene, paysages et bâtis se construiront autour et à partir du milieu vivant de l'eau dans ce réseau de grands paysages que représentent les terrains Montceleux.

Au-delà du développement d'un grand parc nautique, il s'agira de favoriser l'émergence d'un quartier mixte, offrant une grande qualité de vie et se démontrant exemplaire en matière environnementale. Désenclavant les espaces, créant des continuités en reliant les rives, le projet Terre d'Eaux propose des parcours paysagers qui s'adaptent à l'eau afin de retrouver « l'usage de la lenteur ». Jardins maraichers, jardins d'eau, ripisylves, vergers, 28 prairies et lisières rythmant l'organisation du site, le projet demande au bâti de s'adapter aux espaces naturels et tirera de l'eau les énergies nécessaires au fonctionnement du site.

❧ Le Côteau en Commun, à Villejuif, préserve l'écosystème du site et se fond au paysage grâce à la trame structurelle d'un projet en bois très flexible étudiée par Gaujard Technologie s'adaptant à la topographie du lieu et aux cycles de vie des habitants. Dès les premières phases de conception, le parti-pris du studio d'architectes ANMA résidait dans une construction de formes bâties compactes, peu larges et d'une hauteur raisonnée qui, conformément aux recommandations de la Ligue de protection des oiseaux (membre de l'équipe), permet le développement de la biodiversité à travers une libération maximale du sol et l'assurance d'un cadre de vie de grande qualité au sein du programme. Renouer avec la nature comme lieu de production responsable

➤ Agricole, associatif et résidentiel, le projet Ressources Toit, proposé sur le site de l'Armée Leclerc de Morangis par Paris Sud Amenagement, Atelier Po & Po (architecte) et Toits Vivants (urbaniste et paysagiste spécialisé en agriculture urbaine), innove à travers son approche (ré)conciliant espace urbain et activité agricole dans une logique spatiale et sociale, en créant des synergies d'usages (circuits courts, jardins participatifs, composteurs mutualisés).

Convaincu que l'agriculture peut enrichir la construction de la ville, l'écosystème agriurbain Ressources Toit permettra l'installation d'une exploitation agricole sur un terrain en friche et la construction de nouveaux logements en lieu et place des anciens bâtiments industriels du site.

Habitations et locaux associatifs, implantés le long de l'avenue résidentielle de l'Armée Leclerc, s'organisent en cœur d'îlot, autour d'un espace central partagé planté d'arbres fruitiers, qui se prolonge ensuite en fond de parcelle par une exploitation agricole diversifiée. La programmation agricole se composera d'une zone principale de maraîchage biointensif, de serres, d'une haie fruitière encerclant la parcelle, d'un poulailler, d'un rucher et, à terme, d'un espace de pâturage. Cette programmation agricole diversifiée fonctionnera dans une logique d'écosystème et d'apports réciproques. Les interactions contribueront alors à la résilience du système.

➤ Conçu par COBE et ADIM Ile-de-France, le projet V.O² à Vaucresson porte l'ambition d'un écoquartier exemplaire et démonstrateur au service de l'excellence environnementale. Sur ce site Yves du Manoir, en lisière de forêt domaniale, le projet propose une cohabitation entre logement collectif, s'appuyant sur des innovations bioclimatiques et énergétiques, et cultures vivrières. Dalkia y met en place un système innovant de récupération de chaleur exploitant l'énergie fatale du tunnel de l'A86 situé à proximité immédiate du site et Mugo développe un projet participatif d'agroforeste-rie au cœur du programme.

En dialogue avec le projet urbain et ses habitants, la terre cultivée reprend ses droits et crée du lien social, au-delà des 2 tonnes de fruits et légumes qui seront produits chaque année.

L'URGENCE DE LA RÉSILIENCE

A ce jour, 70% des villes du monde subissent d'ores et déjà les effets du changement climatique ou sont à risque. La Métropole Grand Paris n'est pas exempte de tout risque comme l'a rappelé, à titre d'exemple, la grande crue de la Seine l'an dernier. Membre des 100 Villes Résilientes, la Métropole du Grand Paris mène une politique volontariste sur ce terrain, notamment en matière de prévention des inondations (GEMAPI). En écho, certains projets d'Inventons la Métropole du Grand Paris ont ainsi été retenus pour leur qualité en matière de résilience. Risque pollution, risque inondation, risque carrière… la Métropole du Grand Paris doit savoir prévenir, adap-ter ses projets urbains et créer la résilience de son territoire. Plusieurs projets ont su faire de ces risques autant d'opportunités d'innovation et d'adaptation remarquables.

MAÎTRISER LE RISQUE POLLUTION

Intervenant sur la reconversion du site de l'usine EIF, ensemble paysager témoin du développement manufacturier et urbain de Montreuil (usine de dégraissage de peaux,), l'Oasis des Murs à Pêches, projet mené par Bouygues Immobilier et conçu par Francois Leclerc a ainsi su transformer la contrainte d'une forte pollution indus-trielle en terrain d'innovation. Du fait des anciennes activités pratiquées sur le site et employant des solvants aromatiques, la pollution industrielle a fortement impacté la conception du projet, tant dans sa programmation, son équilibre que sa temporali-té. Refusant d'exporter sa pollution sur un autre site, l'équipe de l'Oasis des Murs à Pêches a fait preuve d'inventivité et proposé une solution innovante de dépollution in situ par bioréduction (dégradation des polluants par stimulation d'activité bacté-rienne) et venting (procédé permettant d'extraire les polluants volatils du sol).

De la contrainte d'une pollution industrielle fortement prégnante, BURGEAP, bureau d'étude du groupement, a fait une force d'innovation et crée une référence importante pour de futurs projets urbains sur site pollué.

COMPOSER AVEC LE RISQUE INONDATION

A Nogent-sur-Marne, le projet Rev'n'rives a dû composer avec plusieurs éléments parmi lesquels deux contraintes principales : la situation du site en zone urbaine en mutation (ZUM) signifiant que la règlementation de cette zone est susceptible d'évoluer ; la soumission du site au plan de prévention du risque d'inondation (PPRI). Conduit par SOGEPROM, le projet Rev'n'rives a ainsi dû composer avec un paysage et un cadre exceptionnels nécessitant toutefois de concevoir le projet en intégrant les composantes incontournables d'évolutivité et de résilience. L'équipe en a tiré parti et propose dans son projet un paysage spectacle prolongeant la dimension onirique, récréative et historique des bords de Marne, tout en favorisant une appropriation de lieux privilégiant les espaces ouverts ; en s'inscrivant dans l'esprit guinguette par des occupations légères et modulables ; et en intégrant l'eau comme un élément dynamique avec lequel organiser les aménagements extérieurs afin de « composer avec » et non pas « craindre » les risques de crues et hautes eaux hivernales. Le projet des architectes Chaix & Morel, Bruther et du paysagiste Vogt Landschaftsarchitekten AG redessine les berges et améliore le rapport à la Marne. Les nombreuses perspectives et cheminements (hauts et bas) mettent ainsi en scène le rapport à l'eau et créent des lieux de détente et de promenades.

INTÉGRER LE RISQUE CARRIÈRE

Situés en bordure de Clichy-sous-Bois, les terrains Leclaire disposent de nombreux atouts parmi lesquels une géographie en coteau permettant de dégager des vues sur le Grand Paris dans un cadre verdoyant mais ils se situent également sur une ancienne carrière de gypse de 2,25 hectares.

Une contrainte que le projet Un Belvédère Métropolitain a su transformer en potentiel avec une grande agilité en faisant le choix, grâce à l'expertise géotechnique de

Geolia, de concentrer les constructions de l'agence TVK sur la partie haute des terrains (moins impactée par le risque carrière) bénéficiant des vues les plus intéressantes et de permettre à Urban Eco d'aménager le reste du site en lieu d'agropastoralisme urbain (géré par Etudes et Chantiers et l'association Espaces) mêlant pâturage, vergers et cultures hors-sol. Des « folies agropastorales » prenant la forme de légers pavillons de bois démontables viennent compléter le dispositif.

FAIRE DU SPORT ET DES JO PARIS 2024 UN LEVIER D'INNOVATION URBAINE

Partenaire majeur de l'organisation des Jeux Olympiques et Paralympiques de Paris en 2024, la Métropole du Grand Paris est convaincue de la dynamique territoriale que suscite l'organisation d'un événement international tel que les Jeux, mais également la création d'équipements sportifs inédits ou d'envergure.

Sportifs, fédérations, entreprises et citoyens se mobilisent pour mettre en lumière leur territoire le jour J, faire rayonner leur savoir-faire et leur capacité d'innovation. La candidature de Paris 2024 avait placé l'innovation au cœur de sa stratégie en mobilisant largement l'écosystème français de l'innovation.

Pour Inventons la Métropole du Grand Paris, les innovateurs du sport ont également répondu présents. Inventons la Métropole du Grand Paris a notamment pu mobiliser sur certains site la force d'innovation du sport pour une plus grande capacité d'accueil, une plus grande mixité ou pour le développement de nouvelles perspectives économiques et écologiques.

Le projet Terre d'Eaux à Sevran, crée pour les Jeux Olympiques et Paralympiques de 2024, la toute première vague de surf dynamique artificielle en France au cœur d'un réseau de grands paysages offrant au site une dimension majeure. Conçue par l'architecte Jacques Rougerie avec les fédérations francaises du surf et du ski nautique - Wakeboard cette nouvelle vague pourra accueillir les amateurs comme les professionnels du surf, en offrant une intensité et une durée de vague modulables aptes à toutes les pratiques de glisse. Cette vague artificielle et le parc nautique qui l'entoure seront 100% autonome en eau. 100% des besoins en énergie découlant du pompage des eaux seront par ailleurs assurés par des énergies renouvelables. Répondant au besoin de dépassement de toute une génération, le potentiel d'attractivité de ce nouvel équipement de glisse est incontestablement d'échelle métropolitaine.

Conçu par Hardel et Le Bihan Architectes et le paysagiste Base sur le thème prioritaire de la jeunesse et du sport, le projet de revitalisation de la Porte Brancion à Vanves et Paris : Le Sport, la Nature et le Bois conduit par Woodeum, crée un équipement sportif de 2 544 m², composé de 3 terrains de futsal, d'espaces de crossfit et d'un sports bar, gérés par Le Five dont il deviendra le navire amiral. Destiné à attirer de nouveaux publics et habitants, ce nouvel équipement sportif sera bas carbone, grâce à une construction en bois massif CLT et proposera également une recyclerie sportive exploitée par une société éponyme.

Les Lumières Pleyel, fruit d'une collaboration entre Sogelym Dixence, Snohetta, Ateliers 2/3/4, Baumschlager Eberle, Chaix & Morel, Moreau Kusunoki, Maud Caubet et Mars Architectes sur le site de St Denis, propose 13 100 m² dédiés à une offre hybride alliant culture, sport et commerces dans l'objectif de créer une nouvelle centralité tissant des liens avec les différents publics, favorisant l'émergence de rencontres et d'innovation ou même révélant les jeunes talents. Cette programmation est rendue possible par l'association Sport dans la ville.

La Fabrique des Cultures propose quant à elle à La Courneuve, une Halle des Cultures Urbaines de 7 070 m². Mêlant art urbains et sport, le site proposera une large palette d'activités comme le basket, l'escalade, la boxe, le crossfit et bien d'autres grâce au Five et des acteurs locaux tels que, à titre d'exemple, le Basket Club Courneuvien, le Flash La Courneuve (football américain) ou le Derek Boxing La Courneuve.

La Halle des Cultures Urbaines joue un rôle essentiel dans l'ouverture de la Fabrique des Cultures sur son territoire. Elle est emblématique du principe de mutualisation des espaces encouragée sur l'ensemble du site. Ainsi, l'exploitant de long terme des équipements sportifs, Le Five (associé à des partenaires selon les disciplines), ouvrira ses installations sur des créneaux dédiés pour répondre aux besoins en espaces supplémentaires des associations locales.

➤ Le projet Parcs en Scène sur le site du Pont de Rungis intègre également un grand équipement de 25 000 m² : la Scène Digitale, intégrant un important volet e-sport (potentielle discipline olympique dans quelques années ?) réunissant des acteurs tels que Turtle Entertainment, Smart VR ou La Source et de nouveaux loisirs sportifs tels qu'un trampoline park de Hapik et un équipement d'escalade indoor proposé par Climb Up.

➤ Le projet de campus Plug & Live à Vitry-sur-Seine intègre un centre sportif exploité par Le Five proposant des activités classiques (fitness) et des espaces de nouvelles pratiques sportives urbaines (foot en salle, padel-tennis, escalade, ...), fonctionnant sur des horaires très étendus afin de favoriser la mixité sociale. ■

ARCHITECTURE & URBANISME ::: DOSSIER

NEOM, LA VILLE DE L'AVENIR SELON L'ARABIE SAOUDITE.

Fabienne Marion
Rédactrice en chef UP' Magazine

Une ville sur 26.500 km2, établie au nord-ouest de l'Arabie saoudite, sur les bords de la mer Rouge, avec certains secteurs frontaliers de la Jordanie et de l'Egypte, où les énergies seront entièrement renouvelables : voici Neom, la future nouvelle ville d'Arabie Saoudite que le prince héritier Mohammed ben Salmane a présenté le 24 octobre. Il s'agira de la création d'une gigantesque zone de développement économique, ultra-connectée, dotée d'une législation et d'une fiscalité spécifiques destinées à favoriser les investissements et attirer les compétences humaines. Un paradis technologique pour parer aux temps de crise d'un pays en pleine restructuration.

E LIEU TOUT DROIT SORTI DU SABLE sera un modèle de technologie. Le royaume veut y développer les secteurs des énergies renouvelables avec des fermes éoliennes et photovoltaïques et des systèmes de stockage d'énergie à grande échelle, de l'eau avec un programme de dessalement de l'eau de mer, de biotechnologie avec la prochaine géné-

ration de thérapie génique, la génomique, la recherche sur les cellules souches, la nanobiologie et la bio-ingénierie, mais aussi du numérique, et de l'industrie des loisirs (divertissements), des médias et de la culture.

Cette ville du futur entend aussi révolutionner l'alimentation de ses citoyens grâce à l'agriculture verticale, le développement de cultures en zones arides et en eau de mer ainsi que l'utilisation de serres

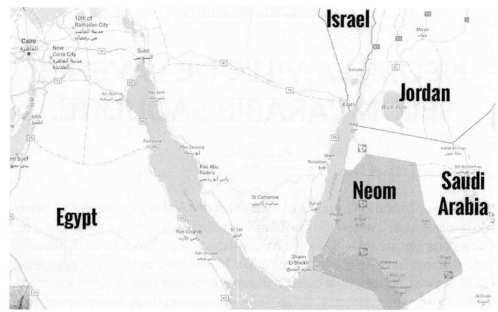

Projet initial de Neom implantée en Arabie saoudite. Mais à terme, il est prévu qu'elle s'étende aux rives de l'Égypte et de la Jordanie dans le golfe d'Aqaba © Google Maps

photovoltaïques.

Dans Neom[1], cette cité du futur, l'internet sans fil à haut débit serait gratuit, devenant ainsi un bien public, tout comme l'éducation, qui serait dispensée en ligne. Les habitants vivraient dans des immeubles n'émettant aucun gaz à effet de serre. «Tout ceci permettrait une nouvelle façon de vivre qui prendrait à la fois compte les aspirations et les ambitions de l'humanité avec les meilleurs technologies et d'incroyables perspectives écono-

miques», se réjouit dans le communiqué de presse le prince qui veut moderniser en profondeur le royaume.

«Seuls les rêveurs seront les bienvenus», a prévenu Mohammed ben Salmane. Voilà qui donne le ton …

« Une ville où les robots seront plus nombreux que les humains » : Transport sans chauffeur, drones avec passagers, … tous les ingrédients de la modernité y seront concentrés. Le communiqué de

1 ou «Neo-Mostaqbal» qui signifie « nouveau futur »

presse indique qu'une très grande partie des tâches du quotidien serait automatisée via des robots si bien que la ville, qui serait avant tout peuplée de personnes «aux compétences uniques», serait susceptible d'avoir «le PIB par habitant le plus élevé au monde»...

« Neom est située sur l'une des artères économiques les plus importantes du monde, à travers laquelle passent près d'un dixième des flux commerciaux mondiaux », lit-on aussi dans dans un communiqué de presse publié par les fonds. Communiqué qui révèle aussi l'ambition portée par ce projet de créer un carrefour commercial entre plusieurs continents en précisant : « Son emplacement stratégique facilitera également un développement rapide de la zone en tant que plaque tournante mondiale reliant l'Asie, l'Europe et l'Afrique et permettant à 70% de la population mondiale de l'atteindre en moins de huit heures. »

« Tout cela permettra l'émergence d'un nouveau mode de vie qui tiendra compte des ambitions et des perspectives de l'humanité, associées aux meilleures technologies futures et à des perspectives économiques exceptionnelles », a déclaré le prince héritier saoudien.

Le mégaprojet, piloté par Klaus Kleinfeld, l'ex-PDG de Siemens et d'Alcoa, qui s'inscrit dans la lignée du plan de transformation de l'Arabie saoudite « Vision 2030 », est estimé à 500 milliards de dollars d'investissement sur plusieurs années. Il devrait être financé par le gouvernement saoudien, son fonds souverain et des investisseurs locaux et internationaux[1].

La première phase du projet devrait aboutir en 2025, selon son document de présentation[2].

L'Arabie saoudite cherche à diversifier son économie, trop dépendante du pétrole dont les prix ont chuté ces trois dernières années. Ce projet prendra-t-il corps comme promis ? En tout cas, l'effet d'annonce et la publicité qui y sont faits fonctionnent à merveille pour pallier un problème d'image à l'international ... ∎

---

1 Voir le projet chiffré : http://discoverneom.com/content/pdfs/NEOM_FACT_SHEET_ENGLISH.pdf
2 http://discoverneom.com/content/pdfs/NEOM_FACT_SHEET_ENGLISH.pdf

ARCHITECTURE & URBANISME ::: MATÉRIAUX

LA CONCEPTION DE MATÉRIAUX SUR-MESURE VA RÉVOLUTIONNER L'ARCHITECTURE

Fabienne Marion
Rédactrice en chef UP' Magazine

Metal Euplectella Folie est un prototype qui explore une méthode innovante de conception et de fabrication pour une architecture sur-mesure. La couture de quatre laizes d'acier de 40m de long, chacune découpée selon un patron unique puis enroulée en spirale, permet la réalisation d'une forme complexe sans réglage, sans plan de montage et sans gabarit. Un début d'existence au potentiel qui semble tellement inouï que l'on présume déjà de son impact sur l'architecture de demain. A découvrir à l'école des Ponts ParisTech de Champs sur Marne.

SELON ROBERT COPÉ ET MARC WECKSTEIN, chercheurs au Centre scientifique et technique du bâtiment, Il faut inventer des processus de conception qui permettent d'adapter rapidement les bâtiments aux changements de vie, aux bouleversements climatiques, … Une solution avancée par ces chercheurs : concevoir des enveloppes interchangeables, déconnectées des structures. Plus fines, mais faites de matériaux composites à matrice renforcée. On peut même aller plus loin : concevoir des matériaux sur mesure adaptés à chaque situation.

Le prototype Metal Euplectella Folie

développé par Nicolas Leduc répond à une recherche sur le développement de principes et de systèmes constructifs tirant parti des propriétés géométriques et constructives des surfaces développables[1], notamment grâce aux nouvelles possibilités offertes par les outils de fabrication numérique.

Le spectaculaire développement de ces techniques numériques a un impact direct sur l'architecture et la ville. La conception assistée par ordinateur et le développement de la simulation numérique permettent ainsi l'émergence de formes nouvelles en même temps qu'elles accentuent la composante stratégique du projet d'architecture et d'urbanisme.

« Cette construction expérimentale résulte du croisement de deux inspirations très éloignées : elle hérite sa morphologie organique et son fonctionnement structurel en coque mince de l'Euplectella Aspergillum, éponge de mer de grande profondeur du Pacifique Ouest, autrement appelée Corbeille de Vénus et qui a la particularité de s'ancrer au fond de l'océan grâce à des milliers de filaments. La résistance de ces « spicules » surprend les chercheurs qui ont découvert que chacune d'elle est une fibre de verre entourée de cylindres coaxiaux, eux aussi en silice, et séparés les uns des autres par des couches de matière organique. De plus, dans ce composite microscopique, l'épaisseur des cylindres de silice décroît du cœur du spicule vers sa périphérie. Une structure complexe peaufinée par l'évolution biologique, qui redistribue les forces à l'intérieur du spicule, ce qui explique la ténacité de ces minces filaments. Ce modèle a été validé par des simulations numériques. Les chercheurs estiment que leurs résultats pourraient inspirer de nouvelles stratégies de conception de matériaux composites dotés de caractéristiques mécaniques innovantes[2].

Son mode de fabrication, quant à lui, trouve son origine dans le procédé industriel de production des tubes hélicoïdaux. Pour ces tubes, généralement de grande section et à paroi mince, une bande continue, rectiligne et de largeur constante est enroulée sur elle-même dans une forme de cylindre hélicoïdal. En permettant à la bande d'être de forme quelconque et de largeur variable, nous accédons à un nouveau champ de possibilités formelles.

---

1 https://fr.wikipedia.org/wiki/Surface_d%C3%A9veloppable
2 https://www.usinenouvelle.com/article/l-eponge-modele-de-resistance-des-materiaux.N324440

Dans la conception de ce prototype, ce n'est pas une, mais quatre bandes développables d'environ 40 mètres, qui ont été modélisées en trois dimensions puis subdivisées en 72 panneaux d'acier galvanisé d'un millimètre et demi d'épaisseur.

Le développé de ces panneaux fournit les patrons de découpe, qui, grâce à la forme unique des bords, à la localisation des percements et à la gravure de repères, contiennent toutes les informations de la géométrie et du processus d'assemblage. Le montage a ainsi pu être réalisé sans plan ni gabarit en quatre jours à deux personnes dans les ateliers de l'entreprise.

Ce premier prototype laisse entrevoir des potentialités pour la réalisation d'espaces fluides, continus, étonnants, structurellement performants, rendus possibles par ce mode constructif innovant. Parmi ces possibles, des géométries plus audacieuses, ici empêchées par les contraintes de transport, ou des topologies plus complexes (tubes à embranchements multiples), sont envisageables sans perdre les avantages constructifs éprouvés ici[1]. ∎

1 Cette construction a été développée par Nicolas Leduc dans le cadre d'une thèse CIFRE en cours :
« Construire avec les surfaces développables ». Elle est le fruit d'une collaboration étroite entre :
- Laboratoire Navier (Ecole des Ponts, CNRS, IFSTTAR) : Jean-François Caron (directeur de thèse), Cyril Douthe ;
- T/E/S/S atelier d'ingénierie : Bernard Vaudeville, Simon Aubry, Florian Kobryn ;
- VIRY, constructeur métallique : Karine Leempoels, Sébastien Frémiot, Dimitri Durand.

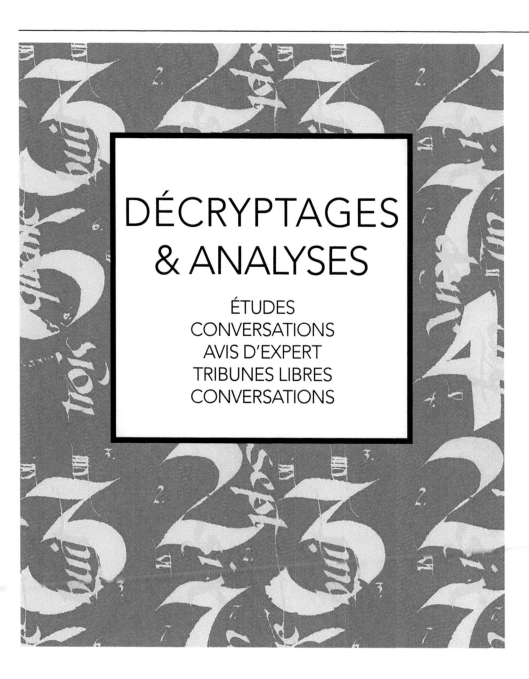

DÉCRYPTAGES & ANALYSES

ÉTUDES
CONVERSATIONS
AVIS D'EXPERT
TRIBUNES LIBRES
CONVERSATIONS

ANALYSES ::: ÉCONOMIE DU CLIMAT

COP23 : ÇA COINCE SUR LE FINANCEMENT. EXISTE-T-IL UN PLAN B POUR SAUVER L'ACCORD DE PARIS ?

Jacques de Gerlache et Romain Ferrari
Jacques de Guerlache est directeur de GreenFacts,
Romain Ferrari dirige la fondation 2019

La sortie des États-Unis de l'Accord de Paris, annoncée en juin, a lancé un premier signal négatif. Depuis, de nombreux rapports font état d'un écart inquiétant entre les objectifs collectivement acceptés à Paris et les actions réellement entreprises. Les pays riches pèchent par frilosité sur le plan financier tandis que les pays en développement sont très en retard dans l'élaboration de politiques climatiques susceptibles de leur permettre d'atteindre leurs engagements. Un écart que l'ONU juge «catastrophique» entre actions et besoins. Comme toujours, ce sont les financements qui posent problème.

En l'état, l'Accord de Paris semble compromis.

Faut-il alors changer de paradigme et réfléchir à un plan B ?

Taxer les extractions et les externalités du carbone plutôt que ses émissions : voilà une alternative intrinsèquement plus incitative et opérationnelle pour dépasser les blocages et les limites à la transition énergétique. C'est le résultat d'une analyse de Jacques de Gerlache, (éco)toxicologue, membre actif du Club de Rome, manager de GreenFacts et Romain Ferrari, Président de la Fondation 2019 , think tank sur les liens entre écologie et économie.

Démonstration et explications.

L'Accord de paris signé par la majorité des états et les COP 21 et 22 auront permis une sensibilisation des opinions publiques sans équivalent jusqu'alors. Mais malgré les efforts de certains et les apparences diplomatiques qui en sont données, cet Accord se heurte aujourd'hui aux réalités économiques, politiques et politiciennes multiples. La prise de position isolée du président des Etats-Unis en est le signe le plus tangible. Une multitude d'initiatives nationales, régionales, locales qui commençaient à émerger de l'Accord et de ses suites (COP 22) risquent ainsi de se voir infiniment compliquées.

Même si une minorité (en nombre mais pas en impact !) (re)met encore en doute la matérialité de ce réchauffement, voire du rôle qu'y joueraient les activités humaines en considérant que celles-ci n'en représentaient qu'une part infime, ne vaudrait-il pas mieux éviter « la goutte qui fait déborder le vase » ? Car, même sans atteindre les 2°C de réchauffement global, les risques d'événements climatiques ne sont pas seulement linéaires mais ceux de transitions abruptes et généralisées, comparables aux déclenchements d'avalanches ou de tremblements de terre. Ces risques deviennent en effet plus élevés, avec notamment les bouleversements climatiques déjà irréversibles subis par la région arctique qui pourraient bientôt bouleverser brutalement et irréversiblement l'ensemble de l'équilibre climatique de la planète.

En ce qui concerne les moyens à mobiliser, M. Mezouar, président de la COP22, a lui-même déclaré qu'il faudrait non seulement respecter l'engagement de 100 milliards de dollars d'ici 2020, mais, confrontés à l'ampleur de ce qui est nécessaire pour faire face aux impacts du changement climatique, ce seront des milliers de milliards qui sont indispensables, ce que confirme notamment le Word Energy Outlook 2016[1]. Ceci dans un contexte de pression vers le bas sur les prix du baril de pétrole ayant notamment comme objectif de rendre les gaz de schiste U.S. non compétitifs et au point de constituer aussi un réel risque de crise de subprimes liée aux prêts accordés par les banques aux milliers de leurs exploitants[2]. De plus, les centaines de milliards de dollars de subsides encore ac-

---

1 http://www.fondation-2019.fr

2 https://www.actu-environnement.com/ae/news/chute-prix-baril-transition-energetique-26160.php4
http://www.atlantico.fr/decryptage/baril-moins-30-dollars-saoudiens-sont-en-train-gagner-parietouffer-producteurs-gaz-schiste-stephan-silvestre-2538487.html

cordés aux combustibles fossiles, particulièrement dans les pays en développement, maintiennent leurs prix artificiellement bas[1] et le prix associé aux émissions de carbone reste bien inférieur à ces subsides et constitue un bilan globalement négatif[2].

Pris isolément, chaque acteur a intérêt à retarder sa contribution à l'effort collectif en attendant que tous les autres réduisent leurs émissions. Et c'est pour mettre fin à ce « waiting game » ainsi nommé par Gollier et Tirole[3] , que le prix du carbone, selon Christian de Perthuis, devrait refléter la valeur que la collectivité accorde effectivement à la protection du climat. Ceci d'autant plus qu'il reste beaucoup d'énergie fossile disponible qu'il faudrait renoncer pour l'essentiel (60%) à exploiter en l'absence de technologies de capture du CO_2 efficaces.

C'est dans ce contexte que l'accord de la COP21 a mis fin au principe de différenciation de la responsabilité entre pays développés et pays en développement qui, dans le cadre du Protocole de Kyoto, étaient exonérés de tout engagement de réduction d'émissions et quasiment de tout rapport sur leurs émissions mais qui bénéficiaient des Mécanismes de Développement Propre (MDP) crédités aux pays développés qui les finançaient n'a pas nécessairement, comme en Chine, en Corée ou en Inde entraîné de diminution des émissions, bien au contraire.

Par ailleurs, imposer des taxes à l'émission, parfois difficilement objectivables et inégalement applicables ou appliquées, ne constituent pas, par nature, un incitant à les identifier et les déclarer, bien au contraire ...

Face aux difficultés évidentes dans un tel contexte à définir, à mettre en place et à faire adopter un système fiable d'évaluation, de gestion et de taxation des émissions de ces GES, en particulier les émissions de CO_2 issues de l'utilisation des énergies carbonées, fossiles ou non (pétroles, charbons, gaz, tourbes, bitumes, biomasse industrielle de chauffage (bois et pellets principalement), force est de constater que les discussions donnent l'impression de porter plus sur les moyens de traiter une hypertension alors que c'est un infarctus qui menace.

http://www.leblogfinance.com/2016/01/les-banques-us-menacees-de-krach-suite-a-la-chute-ducours-du-petrole.html
http://www.cnbc.com/2016/01/14/oil-credit-crunch-could-be-worse-than-the-housing-crisiscommentary.html
1 de 550 à 5 600 milliards USD par an en fonction de la définition et du mode de calcul :
http://www.ren21.net/wp-content/uploads/2015/07/REN12-GSR2015_Onlinebook_low1.pdf
2 C. de Perthuis & R. Trotignon. Le climat : à quel prix ? La négociation climatique. Odile Jacob, 2015.
3 C. Gollier & J. Tirole « Negotiating effective institutions against climate change. » Economics of Energy and Environmental Policy 4 (2015)

Le risque d'échec n'est donc pas le seul fait de la mauvaise volonté politique éventuelle de certaines parties prenantes (États, secteurs économiques et industriels, ...), mais tout autant du fait de la nature des processus proposés pour maîtriser ces émissions difficiles à mesurer et donc à contrôler.

LE « PLAN A » ADOPTÉ À L'ISSUE DE L'ACCORD DE PARIS

Dans cette perspective, le Plan A adopté jusqu'ici consiste à envisager une taxation des émissions de carbone et, à cette fin, d'en créer un marché et un prix. Mais ce plan, malgré sa pertinence initiale, se heurte à un nombre croissant d'obstacles difficilement franchissables à la fois individuellement et, surtout dans leur ensemble et dont certains ont déjà fait la preuve de leur ampleur : impossibilité de quantifier et de répartir la multiplicité innombrable de leurs sources ; impossibilité de les réglementer et de les contrôler de manière suffisamment uniforme pour constituer un système opérationnellement et équitablement gérable. Ceci d'autant plus qu'en absence d'un « marché mondial » à la fois sur le plan politique et économique, les opportunités de contournements et de détournements,

se révèleront, elles aussi innombrables.

Les quatre obstacles majeurs à la réalisation des objectifs de l'Accord de Paris

Le premier obstacle majeur est que d'une manière générale, des coûts importants ne sont pas intégrés dans les prix du marché des produits, y compris les combustibles, fossiles ou non, ou dans ceux des activités liées à leur usage : ceux notamment de leurs impacts environnementaux, en particulier climatique, ce que l'on nomme leurs « externalités ». Or si le prix de vente final de l'ensemble des produits fossiles ne comprend pas ces « externalités », cela revient à légitimer un système de ventes à pertes, ce qui devrait être considéré comme inacceptable, en particulier dans une optique d'économie libérale.

Pertes, non pas pour les entreprises, mais pour les États qui doivent assumer le coût de leurs impacts par l'endettement ou l'augmentation des taxes et charges sociales, ce qui leur est si amèrement reproché par ailleurs[1]... Et les offres de produits qui tentent dans le système actuel d'inclure ces externalités, en particulier climatiques, sont alors nécessairement plus chères que les prix de marché courant et souffrent dès lors d'une situation de concurrence

---

1 Un exemple type du coût de ces externalités est celui, en France, du coût externe du traitement (épuration) des eaux de l'azote excédentaire issu de l'usage des engrais : 50% de quantités épandues ne sont pas captées par les

LAREVUE #12.17

déloyale empêchant leur développement au-delà de quelques marchés « niche».

Le second obstacle majeur réside dans la définition du coût des « permis d'émissions » des combustibles fossiles, coût qui déterminerait un prix sur un marché du carbone. Deux systèmes majeurs de quota d'émissions devaient en théorie permettre d'y intégrer les très nombreuses petites sources diffuses d'émissions mais aussi de favoriser la transition vers des utilisations ou des activités ayant un impact climatique réduit, voire quai nul, et donc créer des conditions incitatives. Un peu comme un jeune ménage loue un « permis d'habiter », un logement avant d'investir plus durablement dans son acquisition.

Dans ce contexte, face à l'échec relatif mais patent de ce système, des réformes sont proposées, comme l'établissement d'un prix plancher du carbone au niveau européen.

Ce qui est déjà une option qui s'éloigne un peu d'un illusoire « prix du marché», illusoire du fait des subventions aux industries d'extraction de combustibles fossiles, de l'arbitraire dans l'attribution de « quota » d'émissions et des pressions multiples de lobbys politiques autant qu'industriels.

Les quotas, par exemple, sont attribués de façon relativement arbitraire, difficilement généralisables au plan mondial et à toutes les activités (ex : le chauffage des bâtiments responsables de près de la moitié des émissions, le kérosène utilisé en aéronautique dispensé de taxes, ...), en particulier en situation de crise économique.

Cependant, le marché des quotas de CO_2 a quand même favorisé des systèmes de « cap and trade » couvrant en 2016 10% des émissions, même si les règles s'appliquant à ces marchés sont incompatibles et ceux-ci ne pouvant dès lors être interconnectés.

Et comme le souligne de son côté Emilie Alberola, chef du pôle de recherche Marché du carbone et des énergies à la CDC Climat, les acteurs économiques ne sont pas suffisamment incités à faire les investissements de long terme (de 30 à 50 ans) qu'exigent la réduction des émissions de CO_2 et autres gaz à effet de serre (GES), ce qui verrouille pour des décennies encore une véritable « décarbonisation » de l'énergie. Un marché des émissions de carbone ne constitue donc pas en soi un système cohérent, opérationnel et fiable mais surtout, il n'est fondamentalement pas incitatif à orienter vers une diminution drastique de leur ampleur, tout en offrant les moyens fi-

---

plantes. Ce coût atteint 100 000 €/t alors que son prix de vente oscille entre 500 € et 1 000 € la tonne ...

nanciers nécessaires à une réelle transition énergétique.

Un troisième obstacle majeur est la nécessité d'obtenir des États les fonds nécessaires à la transition énergétique et promis dans le cadre des COP 21/22. Un objectif est de rassembler 100 milliards à l'horizon.

Les pays émergents sont appelés à fournir des moyens financiers sur base volontaire alors que beaucoup sont dépourvus de ressources, beaucoup d'autres (sur)endettés et d'autres encore plus que réticents à financer le système à la hauteur des enjeux, et malheureusement très souvent les promesses n'engagent que ceux qui les croient. On évoque aussi comme obstacle la forte disparité en matière d'émissions (de moins de 1 tonne à plusieurs dizaines de tonnes par habitant), mais il apparaît pourtant qu'un prélèvement proportionnel à la consommation de carbone favoriserait par essence les pays les moins « consommateurs » de carbone.

Si de nombreux pays s'engagent néanmoins à contribuer à ce financement, de nombreux pays en développement ont subordonné leur contribution à l'existence de soutiens financiers des pays développés. Le niveau de financement proposé atteint est donc loin de correspondre aux attentes, et surtout aux nécessités et une discussion internationale sur le partage d'un budget carbone mondial ou sur un prix mondial du carbone n'a que très peu de chance d'aboutir dans un monde composé d'États souverains disposant d'un droit de veto de fait.

Le quatrième obstacle majeur est la gouvernance des plans de transition énergétique. Quel que soit le plan, l'établissement de principes revisités de gouvernance et d'éthique dans les modalités de leur application, de leur suivi et de leur contrôle, en particulier, financier est indispensable !

Le monde et les opinions publiques ont en effet besoin d'une recomposition paradigmatique majeure de la manière de constituer, de gérer et de contrôler les institutions nationales ou internationales, créées ou existantes, à tous les échelons de la gestion d'argent public. En témoignent les multiples scandales dans les organisations régionales, nationales ou internationales, gouvernementales ou non. Ceci implique la constitution d'un projet de Convention redéfinissant les règles de fonctionnement de ces institutions, projet dont l'importance et l'ampleur ne sont guère moindre que celles qui ont abouti à l'Accord de Paris. Elle serait le préalable à la mise en place d'une institution internationale indépendante mais rigoureusement contrôlable qui soit réellement en mesure de gérer efficacement la collecte des capitaux que constitueront les droits d'accise, leur attribution, leur distribution et leur utilisation dans la transition énergétique.

Tout cela étant dit, la difficulté qui n'est certainement pas la moindre dans le fait d'envisager un plan B pour consolider, voire sauver la phase opérationnelle de l'Accord de Paris pour en atteindre les objectifs en temps utile, est, pour chacun, d'être en mesure d'accepter l'idée même de prendre en considération cette évolution de paradigme copernicienne, et de remettre en cause des schémas bien établis dans les cerveaux, les organisations et les politiques mises en place.

Mais ce changement de paradigme est peut-être un jour ce qui apparaîtra devant l'urgence, comme la seule option à même d'éviter l'inévitable ...

LA PROPOSITION D'UN « PLAN B » ALTERNATIF : TAXER LES EXTRACTIONS PLUTÔT QUE LES ÉMISSIONS DE CARBONE

Pour sortir de l'impasse ou éviter de s'y engouffrer plus avant, il est donc légitime sinon urgent d'envisager un réel changement de paradigme. Celui-ci, par une approche plus globale et plus intégrative des enjeux, génèrerait une dynamique qui soit intrinsèquement plus incitative que coercitive dans la mise en œuvre d'un plan réellement susceptible de rencontrer les objectifs ambitieux de réduction des émissions de carbone et autres gaz à effet de serre. Des résultats qui s'imposent à la fois dans leur ampleur et dans le temps.

Dans la lignée de cette approche, la proposition développée ici consiste à substituer au principe de taxes à l'émission de carbone et autres GES un processus à deux composantes complémentaires et articulées :

a) D'une part, un prélèvement d'un Droit d'Accise[1] à l'Extraction de Carbone (AEC) et à la production primaire d'autres gaz à effet de serre (GES), issues des ressources carbonées fossiles ou d'autres sources, synthétiques ou non : agro-végétales et forestières, notamment.

Ce droit d'accise serait prélevé au niveau des entités extractives (sociétés, États) par une institution internationale créée à cet effet.

Généralisable au niveau des pays signataires de l'Accord de Paris, le prélèvement du Droit d'Accise sur base de quantités extraites, serait dès lors intrinsèque, et à

---

1 Ce qui différencie un Droit d'Accise d'une taxe est que celui-ci est un prélèvement monétaire calculé sur base de paramètres objectivables et stables (ex : la tonne de produit) et non sur une valeur de marché (ex : le cours du baril).

priori relativement aisément objectivable, le nombre de sources d'extraction/production de ressources émettrices de GES étant infiniment plus faible et objectivable que celui des émissions consécutives à leurs usages.

Dans les cas où ce prélèvement à la source ne serait pas effectif, ce droit serait alors prélevé, sur le carbone, les produits ou services importés concernés, aux frontières des Pays Associés à l'Accord Mondial (PAAM) au même titre qu'une taxe, comme la TVA en Europe, qui est prélevée sur les importations.

Celui-ci serait défini moyennant la généralisation de systèmes de calcul de leur « externalité carbone » (matières premières et fabrication du produit, transport principalement), calcul réalisé à partir des méthodes d'analyse de cycles de vie à présent opérationnelles et qui seront évoquées par la suite. Cela empêcherait les États non signataires de se dérober à ses contraintes et constituerait par ailleurs un moyen de pression économique sur leurs propres activités en limitant leurs capacités d'échanges et d'exportations.

En outre, son produit éviterait aux États, déjà souvent (très) endettés de devoir s'engager à mobiliser directement les hypothétiques ressources financières indispensables aux plans de transition énergétique.

b) D'autre part, un mécanisme de redistribution des accises sous forme de subsides incitatoires lorsque ceux-ci peuvent être factuellement justifiés par des actions concrètes et vérifiables par une réduction ou une absence d'émissions de carbone ou de GES extraits ou produits en particulier dans l'industrie, les habitats, les transports ou l'agriculture.

Comme, par exemple, la cogénération d'énergie avec des sources renouvelables, la production de polymères et autres produits à très longue durée de vie et/ou non émissifs, la réduction des consommations d'énergie par les bâtiments et moyens de transport, ou encore la fixation ou de stockage ou la réutilisation durable du carbone et d'autres GES concernés.

Ce droit d'accise aurait l'avantage d'être insensible à des variations dans les quotas d'émissions attribués ou de cours sur des marchés inévitablement spéculatifs, comme dans le cas d'échanges de permis d'émission de CO_2. La généralisation et le contrôle du prélèvement de ce droit d'accise à l'extraction/production de GES et son acquittement serait garanti par un mécanisme de traçage des sources, notamment lors des importations, tout comme on le pratique pour certaines filières alimentaires.

Ce volet rejoint sur ce point celui constitué de redistribution des subventions et taxes prévues dans la mise en œuvre du Plan A mais, dans ce cas, l'identification des émissions de carbone aurait moins le caractère coercitif de mener à une taxation « punitive » mais, au contraire, présenterait un caractère intrinsèquement incitatif en offrant, moyennant les contrôles appropriés, les moyens de réaliser des actions de réduction d'émissions et créer ainsi une réelle dynamique dans la réalisation opérationnelle d'une réelle transition énergétique.

COMMENT METTRE EN ŒUVRE LE « PLAN B » D'ACCISE/CONTRE-ACCISE

1/ Par le Prélèvement du Droit d'Accise sur l'Extraction de Carbone (AEC)

Un droit d'accise fixé à 10 USD/baril (25 USD/t) sur les 30 giga-barils de pétrole extraits par an ne constituerait pas, avec un cours du baril variant entre 30 et 110 USD, un surcoût économique insurmontable pour les utilisateurs et consommateurs.

On est loin en-dessous des prix du carbone entre 50 et 100 USD suggérés par le Think 20.

Cela permettrait de générer déjà à partir du seul baril de pétrole pas moins de 300 milliards USD (!) qui seraient alors disponibles pour financer les remboursements d'accise et les projets de transition énergétique telle que décidés déjà au Sommet de Copenhague … Si on y ajoute les apports financiers des Accises prélevées sur le charbon, la tourbe, le gaz naturel classique ou de schiste, la biomasse industrielle (bois et « pellets »), le produit des accises pourrait approcher le milliard d'euros !

Pour les pays – extracteurs ou utilisateurs de carbone fossile - qui refuseraient d'adhérer au système, la mise en place de mécanismes d'ajustement « carbone » aux frontières pour les pays sont, comme l'analyse W. Nordhaus[1], compliqués à concevoir l'enjeu consistant à évaluer le contenu de l'externalité « carbone » des produits ou services. Cependant, ces données seraient quand même plus facilement objectivables que la plupart des émissions diffuses et certains outils sont déjà opérationnels dans ce domaine[2].

---

1 Nordhaus W. (2015), «Climate Clubs: Overcoming Free-Riding in International Climate Policy», American Economic Review,

2 Par exemple : https://www.iso.org/obp/ui/#iso:std:iso:14040:en
http://ec.europa.eu/environment/eussd/pdf/footprint/PEF%20methodology%20final%20draft.pdf

2/ Par la mise en place d'une « taxe et marché du carbone ». Mais quelles limites ?

Une analyse économique française considère le changement climatique comme une externalité, qu'il convient de faire internaliser par les émetteurs de GES qui implique la mise en œuvre d'un prix du carbone, à travers une taxe ou un marché. Déjà c'est pour la mise en œuvre du « Plan A » et afin notamment d'intégrer dans le choix des agents économiques le coût des externalités et internaliser les frais de leurs contraintes collectives, Jean Tirole, prix Nobel d'économie, préconise le prélèvement d'une « taxe carbone » à combiner avec un système de « Fonds verts » articulés avec le marché des permis d'émission, système dans lequel une organisation multilatérale attribuerait aux pays participants, ou leur vendrait aux enchères, des permis échangeables.

Dans ce système, les États non signataires seraient pénalisés par le biais d'accises prélevées aux frontières et gérées par l'OMC, la BCE ou une institution spécifique créée à cet effet. Ce système aboutirait à la fixation évolutive d'un « corridor » du prix du carbone. Mais les pays rejoignant le système ne s'engageraient que sur une base volontaire à assurer le suivi des initiatives prises pour le mettre en place.

Christian de Pertuis en a également repris l'idée[1] en soulignant qu'elle n'engendrerait pas de distorsion de concurrence mais que son application imposerait aux entreprises des comptabilités précises des flux de carbone associés à leurs activités, ce qui n'est pas hors de portée, des instruments méthodologiques, comme les analyses de cycle de vie (ACV), rendant cette opération généralisable.

Dans ce contexte, sa proposition consistant à mettre en place un mécanisme de bonus-malus dont l'accord, intégrant les pays en développement, porterait d'abord sur les règles de redistribution de la taxe sur la tonne de CO_2 émise avant d'en fixer le montant, pourrait s'appliquer au système basé sur l'accise prélevée à l'extraction du carbone. L'avantage du système bonus-malus étant, selon Ch. de Perthuis, de pouvoir se construire sur base d'une règle d'égalité, voire d'équité en matière d'impact climatique par habitant.

D'autres économistes, comme Weitzmann (2015)[2] ont aussi avancé l'idée qu'il

https://www.fil-idf.org/idf-standing-committee-environment/life-cycle-assessment/carbon-footprint/

1 http://www.chaireeconomieduclimat.org/en/publications-en/information-debates/id-44-the-parisclimate-agreement-let-the-negotiations-begin/

2 http://www.chaireeconomieduclimat.org/en/publications-en/information-debates/id-44-the-parisclimate-

serait plus facile et plus efficace de se mettre d'accord sur une taxe carbone universelle. Une Commission qui comprenait treize économistes de neuf pays développés et en développement co-présidée par Joseph Stiglitz et Nicholas Stern[1] a conclu, à l'occasion du sommet Think2018 fin mai 2017 que, pour atteindre de manière efficace les objectifs climatiques de la communauté internationale tout en encourageant la croissance, il est impératif que les pays fixent un prix du carbone, avec l'objectif d'atteindre entre 40 et 80 dollars par tonne de CO2 en 2020, puis entre 50 et 100 dollars en 2030. Mais cette option reste intrinsèquement difficilement contrôlable et peut générer, comme les « paradis fiscaux » des déséquilibres compétitifs dont profiteront inévitablement les marchés et les entreprises.

Cependant, l'établissement d'un hypothétique « marché du carbone » reste bien aléatoire et les aménagements proposés, telle la taxe carbone, relèvent malheureusement de ce fait plus de l'emplâtre sur une jambe de bois que d'une stratégie globale et opérationnelle à la hauteur des enjeux et de leur urgence.

Aucune institution internationale existante n'a pour l'instant la légitimité pour imposer une taxe aux gouvernements nationaux ou pour contrôler sa bonne mise en œuvre dans tous les pays du monde. Un tel contrôle serait relativement complexe, puisqu'il faudrait vérifier que la taxe est bien appliquée et qu'elle n'est pas compensée par d'autres ajustements fiscaux sur les produits énergétiques. Un tel transfert de souveraineté fiscale de tous les pays ne semble pas réaliste, en particulier s'il doit s'appliquer à une taxation des émissions par essence « locales ».

C'est ici qu'apparait encore l'avantage, non négligeable du principe d'un droit d'accise ou taxe carbone à l'extraction qu'un système de contrôle et de « sanctions » serait, ici aussi, moins complexe que s'il devait s'appliquer au niveau du non-respect des limites d'émissions de carbone.

3/ En Intégrant les externalités du carbone dans le prix des produits et services non soumis au Droit d'accise à l'extraction

Intégrer le coût des « externalités » climatiques et environnementales, mais aussi sociales, du carbone dans les prix des produits et services serait un incitant complémentaire important pour assurer les transitions énergétiques et serait le moyen de couvrir les produits et services n'ayant pas

---

agreement-let-the-negotiations-begin/
1 Constituée lors de la COP22 par la Coalition pour le leadership en matière de tarification du carbone (CPLC)

été soumis en amont au Droit d'accise.

Cette intégration se ferait sans nécessairement augmenter les charges pour les producteurs, les utilisateurs et les consommateurs à partir du moment où ils adopteraient des solutions réduisant sélectivement leurs externalités, climatiques et autres. Une telle option rejoint notamment la proposition de taxe sur le carbone ajoutée (TCA) proposée par Laurent et Cacheux[1] pour contrôler les émissions de GES liées à leurs importations et le coût des externalités climatiques des produits importés[2].

Ces externalités climatiques, positives ou négatives, seraient calculées à partir d'outils déjà existants, comme les analyses de cycle de vie (Life Cycle Analysis ou LCA) ou d'autres outils en développement ou déjà développés dits de « monétarisation » de ces externalités notamment par la Fondation 2019[3]. Elles auraient notamment l'atout, de réduire des situations de concurrence déloyale soulignés précédemment en évoquant le premier obstacle majeur pour les acteurs ayant intégré des mesures de réduction des émissions de carbone.

En Europe, cela pourrait constituer une partie d'une TVA circulaire plus générale, qui intégrerait l'ensemble des externalités environnementales et sociales, directes ou indirectes, d'une activité ou d'un produit, comme par exemple celles définies dans le cadre des objectifs de développement durable du millénaire[4]. Une première expérimentation d'une telle démarche a débuté récemment en France avec la participation de l'ADEME ('Agence de l'environnement et de la maîtrise de l'énergie)[5].

4/ Par le financement des transitions énergétiques par la redistribution de l'Accise sous forme de subsides incitatoires ou 'contre-accises'

La mise en œuvre du procédé d'allocation ou primes au gain d'efficacité énergétique financé par le droit d'accise prélevé en amont, ou « Contre-accise », pourrait se faire au travers de la mise en place d'allocations incitatoires modulables au travers de la présentation par les bénéficiaires l'émission de certificats validés attestant de taux d'Intégration des Externalités Carbone (TIEC) d'une activité ou d'un usage émis-

1 http://www.ofce.sciences-po.fr/pdf/revue/5-122.pdf
2 En France, par exemple, depuis 1990, l'empreinte carbone a augmenté de
15% alors que les émissions directes ont décliné de 7% !
3 Voir le projet de la Fondation 2019 content/uploads/2013/03/MISSION-TVA CIRCULAIREV20110216.pdf
4 http://www.un.org/fr/millenniumgoals/
5 http://www.novethic.fr/empreinte-terre/economie-circulaire/isr-rse/economie-
circulaire-lesproduits-responsables-moins-taxes-144598.html

sif direct ou indirect de combustible fossile ou de GES. Ces certificats permettraient de différencier les produits, services et activités générant moins ou pas d'émissions de GES en allouant une prime au différentiel d'émissions ou au gain d'efficacité énergétique obtenu.

Ces mécanismes imposeraient, bien sûr, une structure à même de déterminer le mode d'attribution des allocations selon une grille de critères explicites et vérifiables.

À Copenhague, un Fonds Vert pour le Climat avait été créé sous l'égide de la Convention Climat et dont le mode de gouvernance a imposé de longues négociations. La CPLC (Carbon Pricing Leadership Coalition)[1] qui regroupe des gouvernements nationaux, régionaux, locaux, ainsi que des entreprises et des ONG et qui défendent la tarification carbone pourraient être intéressés par le principe de l'accise universelle.

Une banque mondiale du carbone fossile dotée des organes de gouvernance appropriés, et plus fiables dans leur contrôle que ceux de la plupart des institutions actuelles,

serait sans doute une solution plus adaptée. Elle pourrait notamment comprendre un conseil de gouvernance ou de surveillance sous la forme d'un jury renouvelé régulièrement et constitué de membres tirés au sort, y compris parmi des représentants de la société civile selon une procédure, elle aussi, appropriée. La structure en charge de la définition des critères d'attribution des allocations pourrait être issue de certains groupes du GIEC et d'autres institutions compétentes en matière de technologies énergétiques, structure dotée, elle aussi des organes de gouvernance appropriés.

LES AVANTAGES DU PLAN B - ACCISES/CONTRE ACCISES

Un premier atout de la combinaison Droit d'Accise/Contre-accise est qu'elle est incitative par nature : peut-on imaginer processus potentiellement plus opérationnel ? Barak Obama avait également envisagé (quoique trop tardivement dans son second mandat ...) une telle taxe sur le baril aux E.U. pour y financer la transition énergétique[2], taxe qui n'a évidemment pas

---

1 http://www.carbonpricingleadership.org/posts-op-eds/2016/10/18/carbon-pricing-panel-setting-atransformational-visionfor-2020-and-beyond
2 http://www.rff.org/blog/2016/environmental-merits-obama-s-oil-tax-proposal Taxing Oil: Good Climate Policy ? http://www.rff.org/blog/2016/taxing-oil-good-climate-policy Why so many economists back Obama's idea of a tax on oil https://www.washingtonpost.com/news/energyenvironment/wp/2016/02/08/why-many-economists-support-obamas-idea-of-a-tax-onoil/?

soulevé l'enthousiasme des économistes ...

Les premières objections de principe faites à cette approche consistent d'une part, à considérer que les pays producteurs seraient, par définition, opposés à une telle « taxation à la source » et, d'autre part, que celle-ci constituerait une forme de « permis de polluer » auquel certains sont opposés par principe. Ce à quoi il est possible de répondre que lorsqu'un pays ou une région comme l'UE, voire la communauté mondiale dans son ensemble, importe des produits. Il ou elle ne demande pas au pays d'origine son autorisation pour leur imposer une taxation : demande-t-on à la Chine l'autorisation d'imposer une TVA sur ses produits importés ?

Pour ce qui est des « permis de polluer », pour en juger, il faut considérer le processus dans son ensemble en prenant en compte les résultats des mécanismes de transition rendus possibles par l'allocation du produit du droit d'accise, forme de « permis de dépolluer », éventuellement combinés à des objectifs chiffrés de limite des émissions.

Plutôt que des compromis sociaux et environnementaux, voire constitutionnels, voilà sans doute ce qui devrait constituer le substrat de pactes tels le TAFTA ou, plus urgent, le CETA déjà bouclé avec le Canada et très bientôt soumis au vote du Parlement européen.

Ce « Plan B », en accordant ces « permis de dépolluer » permettrait de résoudre trois des points d'achoppement essentiels rencontrés par les négociateurs dans le paradigme du « Plan A » actuel :

1.- la quasi impossibilité de la mesure généralisée des émissions, compte tenu de leur diversité et multiplicité ;

2.- la non prise en compte de l'empreinte climatique liée aux émissions indirectes hors territoire liées aux importations/exportations de produits finis non soumis aux contraintes de l'Accord de Paris ;

3.- L'alimentation des Fonds Verts de transition énergétique qui ne devrait plus être assurée directement par les « États » c'est-à-dire les gestionnaires des « Biens Communs », charge difficilement supportable du fait des niveaux d'endettement public. Ne serait-il pas plus équitable qu'une part très significative des efforts soit assumée au travers des acteurs économiques qui ont bénéficient directement, et ceci depuis deux siècles des « ventes à perte » de ces sources d'énergie ?[1]

---

1 Qui ne persiste pas à voir, 500 après Copernic, le soleil « se lever » dans le ciel alors que nous savons pourtant que c'est le mouvement de l'horizon qui le dévoile ... ?https://www.youtube.com/watch?v=v_F20If0-P0

Reste à surmonter l'obstacle majeur déjà souligné qui n'est d'ailleurs pas propre aux enjeux de la gestion des transitions énergétiques, de la définition et de la mise en place de systèmes de gouvernance réellement fiables et opérationnels. Toutes les institutions, nationales et internationales gouvernementales ou non et tout le système économico-financier se trouvent à ce niveau également à la croisée des chemins comme en témoignent les « affaires », presque aussi innombrables que les sources d'émission de carbone...

L'OBSTACLE VRAIMENT MAJEUR

Un refus de lucidité alimentant une inertie mentale face aux changements de paradigme...

Tout cela étant, une telle proposition est sans doute difficilement conciliable dans l'immédiat avec la « résistance au changement » qui caractérise les parties prenantes tant politiques qu'économiques de nos sociétés dites avancées. Et même celle des scientifiques et citoyens que nous sommes.

Cette véritable inertie mentale alliée à un certain refus de lucidité (le « soyons optimistes »), à laquelle les acteurs impliqués ou mis en cause ne manqueront pas d'être confrontés, impose à chacun la volonté d'une remise en cause de ses repères traditionnels.

Cela passe notamment par la mobilisation et le soutien des opinions publiques quand elles seront enfin convaincues de l'urgence de la mise en œuvre d'objectifs et de moyens de réduction des émissions carbonées qui soient réellement à la hauteur des enjeux.

Même si cela est encore hypothétique, cela ne doit pas empêcher, dans l'esprit de Romain Rolland : « d'associer au pessimisme de l'intelligence, l'optimisme de la volonté ! » ∎

Gorille robot... Barabeke via VisualHunt.com

ANALYSE ::: HOMME AUGMENTÉ

IA, ROBOTS, TRANSHUMANISME... LE SYNDROME DE LA PLANÈTE DES SINGES.

Pascal Picq

Paléoanthropologue et maître de conférences, professeur au Collège de France

Le développement fulgurant annoncé de l'intelligence artificielle inquiète de plus en plus les cercles de discussion « connectés ». Est-ce que les robots animés – c'est le terme – par l'intelligence artificielle vont supplanter les humains ?
Il y a de fortes chances que la réponse soit oui si l'on continue à ignorer que la tendance actuelle à abrutir et asservir les humains avec les objets connectés amplifie le délitement anthropologique en cours, ce que j'appelle le « syndrome de la planète des singes ».

N FAIT, SOMMES-NOUS PRÉPARÉS À COMPRENDRE ET À VIVRE AVEC LES INTELLIGENCES ARTIFICIELLES ? Si on aborde cette question comme on l'a fait avec les intelligences animales, certainement pas. La pensée anthropocentrique, dualiste et hiérarchique occidentale perpétue une œuvre néfaste de dégradation et d'élimination des animaux, mais aussi en s'enfermant, selon l'expression de Claude Lévi-Strauss[1], dans un (pseudo)humanisme de plus en plus étriqué et exclusif pour se concentrer sur l'homme

---

1 http://bit.ly/2yKM0mG

mâle blanc et maître des techniques. Autrement dit, l'ingénieur au pinacle de l'évolution, qui finit par se prendre pour un démiurge à son tour ébloui par ses propres créations. Une vision désespérante de l'évolution entre des animaux méprisés et des robots vénérés (relire Blaise Pascal[1])

COMPRENDRE *LES* INTELLIGENCES

Le problème ne vient ni des animaux ni des machines, mais tout simplement d'une épistémologie navrante du manque de compréhension des différentes formes d'intelligences. Il faut tout d'abord se débarrasser de formulations trop simplistes comme « intelligence animale » et « intelligence artificielle » pour parler des « intelligences animales » et des « intelligences artificielles » ; sortir des ornières de la métaphysique pour entrer dans le monde encore si mal connu de toutes les intelligences.

Alors, d'un point de vue évolutionniste, sommes-nous engagés dans une nouvelle « covéolution » ? Est-ce que les artefacts numériques et leurs environnements depuis l'extension de la toile et des objets connectés ouvrent une nouvelle période de notre évolution ?

L'ouverture du livre de Yuval Noah Harari, *Homo deus[2]*, évoque parfaitement le seuil que l'humanité s'apprête à franchir. L'humanité moderne, devenue post-moderne, a quasiment éradiqué trois fléaux : les famines, les épidémies et les guerres. Aujourd'hui, les principales causes de mortalités sont dues aux excès de nos modes de vies modernes, et même de nos conforts : abondance de nourritures (malbouffe), pollutions et sédentarité. Le progrès a quasi-résolu les malheurs qui frappaient l'humanité depuis ses origines.

D'ailleurs, un seul exemple suffit à démontrer l'irrationalité de notre temps : l'angoisse sécuritaire. Nous n'avons jamais été aussi nombreux sur la Terre et il n'y a jamais eu si peu de victimes d'homicides par les conflits, les terrorismes et toutes les formes de meurtres (et si on parlait des centaines de milliers de femmes tuées par leurs conjoints dans le monde ou encore des morts de la circulation…) En fait, nous

---

1 http://bit.ly/1Wte2Il
2 http://bit.ly/2xYT5AY

vivons une époque formidable minée par les marchands de peur.

LES ROBOTS ET NOUS

On nous dit que les robots et l'IA vont prendre nos métiers. Faux ! il n'y a jamais eu autant de travail. Ce sont les tâches au sein des métiers qui changent. Toutes les tâches manuelles et intellectuelles répétitives, standardisées, automatisables, normées… en un mot, prédéfinies, sont dors et déjà effectuées de façon plus efficace par les algorithmes (cf. Beretti et Bloch, *Homo numericus au travail* [1]; Charles-Édouard Boué et François Roche, *La Chute de l'Empire humain* [2]).

Il suffit de constater que les pays dont les industries sont les plus robotisées affichent deux fois plus d'emplois dans les secteurs concernés correspondant à une part de PIB en proportion. Si certains domaines d'activités sont globalement plus touchés que d'autres – les moins qualifiés et les plus routiniers –, personne ne sait si cette quatrième révolution industrielle fera l'objet d'un déversement schumpetérien comme les précédentes ou pas.

On nous dit craindre les robots et les drones tueurs. Des pétitions circulent[3] avec d'illustres signatures (Stephen Hawking[4], Bill Gates[5], Elon Musk[6]…). Pour certains, l'IA représenterait le pire des dangers pour l'avenir de l'espèce humaine. Le consortium *Partnership on AI*[7] vise à évaluer et contrôler les dérives possibles. Mais, pour l'heure, les opinions divergent.

L'IA FACE À L'INTELLIGENCE HUMAINE

On nous dit que l'IA va supplanter l'intelligence humaine. C'est complètement faux. L'intelligence humaine procède d'une très longue évolution environnementale et so-

1 http://bit.ly/2ith9F4
2 http://bit.ly/2h0R7W7
3 http://bit.ly/2xZLdzh
4 http://bit.ly/2etEj7b
5 http://cnb.cx/2k0yKVA
6 http://bit.ly/2uTzejm
7 https://www.partnershiponai.org/

ciale ce qui n'est pas le cas des robots. Notre cerveau et ses parties présentent une très grande plasticité. Nombre de nos capacités cognitives, comme la créativité, apparaissent liées à diverses fonctions physiques et physiologiques de notre corps. La locomotion et l'alimentation des robots étant ce qu'elle est, nous avons une formidable longueur d'avance.

Cependant, l'IA se montre plus performante que les humains dans de nombreux domaines, comme le traitement de volumes gigantesques de données et la capacité d'en faire ressortir des informations susceptibles d'avoir une signification qui, pour l'heure, revient aux humains.

Pour autant, il ne fait aucun doute que la convergence non plus annoncée mais en cours des nanotechnologies, de la biologie (notamment de synthèse), de l'informatique (ou numérique) et des sciences cognitives va changer nos conditions humaines comme elles font déjà pour les handicapés.

Le fait que des sportifs handicapés puissent rivaliser et bientôt dépasser les performances des athlètes « normaux » (même dopés) ouvre des perspectives vertigineuses. Sont-ils les premiers transhumains ? Un bel exemple d'évolution darwinienne : l'innovation provient toujours des diversités les plus insolites. ∎[1]

Lire : Pascal Picq, « Qui va prendre le pouvoir ? : les grands singes, les hommes politiques ou les robots », Odile Jacob, mai 2017.

---

1 *La version originale de cet article a été publiée sur The Conversation, partenaire éditorial de UP' Magazine*

ANALYSES ::: TRANSHUMANISME

L'IMMORTALITÉ, DE L'ANTIQUITÉ AUX TRANSHUMANISTES.

Mazarine Pingeot
Professeur agrégée de philosophie, Université Paris 8 – Vincennes Saint-Denis

Faire l'histoire de l'immortalité nourrit le paradoxe : si l'immortalité était effective, elle ne serait soumise à aucune historicité. L'histoire, le processus, l'évolution : autant de notions contraires à l'immortalité.

 L S'AGIT ÉVIDEMMENT ICI NON PAS DE L'IMMORTALITÉ – dont on ne sait rien – mais bien de la pensée de l'immortalité et de ses grands jalons. Tenter d'en faire l'histoire – ce que nous ne pouvons faire ici de façon exhaustive, ni à la manière d'un historien des idées – c'est chercher, sous la pensée de l'immortalité, le rapport de l'homme à lui-même, de l'homme à l'autre que lui (la transcendance, les arrières mondes, Dieu) et de l'homme dans son rapport aux autres (son inscription dans la société des hommes, dans l'histoire, etc.).

Il va de soi que la pensée de l'immortalité va évoluer selon les découvertes scientifiques, les changements de paradigmes et de représentation du monde, l'évolution du rapport au temps, les croyances, la sécularisation, etc. Autrement dit qu'on ne peut en faire une histoire hors contextualisation.

Néanmoins, s'il est un invariant, c'est ce désir d'immortalité qui meut les hommes, dans leur ensemble, en tant qu'espère humaine – perdurer, résister aux catastrophes naturelles, à l'apocalypse, sur terre ou ailleurs, etc. et l'homme en particulier, cet individu voué à la mort, et dont l'activité incessante tend à en repousser le terme, ou à la dépasser en inscrivant pour les générations futures une trace de son

passage.

Désir d'immortalité : l'invariant ; autour duquel l'immortalité change de forme en fonction des époques. Pour le montrer, nous renoncerons donc à une histoire à proprement parler, pour privilégier trois figures.

L'IMMORTALITÉ CHEZ LES GRECS

Hannah Arendt a rendu compte de la première dans plusieurs de ses ouvrages, mais nous citerons surtout « le concept d'histoire » publié dans la *Crise de la culture*. Elle y parle d'« immortalisation », cette action qui porte un nom en grec difficilement traduisible [αθανατιζειυ], et qui engage trois types d'activité : l'objet qui immortalise mon action (une œuvre, une épopée, un monument…), l'action elle-même, en tant qu'elle est héroïque, glorieuse, et de ce fait mémorable, et enfin le choix de vie philosophique qui consiste à côtoyer les choses immortelles (les objets de la pensée).

L'immortalité chez les Grecs fait donc signe vero l'œuvre, l'action mémorable, ou la vie philosophique. Mais pour que cette action d'immortaliser soit possible, il fallait « un espace impérissable garantissant que l'« immortalisation » ne serait

pas vaine », un espace politique où ces actions apparaissent. Il y a donc un lien organique entre le désir d'immortalité et la communauté politique, car elle seule garantit la possibilité même de se survivre.

Il faut pour comprendre cette idée – fort éloignée de notre propre conception de la communauté politique – rappeler que pour les Grecs le corps politique était la réponse au besoin de l'homme de dépasser la mortalité et la fugacité des choses :

« À *l'extérieur du corps politique, la vie humaine n'était pas seulement ni même en premier lieu menacée, car exposée à la violence des autres ; elle était dépourvue de signification et de dignité parce qu'en aucun cas elle ne pouvait laisser de traces.* »

Et Arendt de poursuivre :

« *Telle était la raison de l'anathème jeté par la pensée grecque sur toute la sphère de la vie privée, dont l'»idiotie» consistait en cela qu'elle se préoccupait seulement de survie* » et de convoquer Cicéron pour qui « *seules l'édification et la conservation de communautés politiques peut permettre à la vertu humaine d'égaler les actions des dieux.* »

Voilà la *polis* promue comme lieu du commun, où les hommes libres tâchent de rendre manifeste ce qui seul peut les rendre éternels : la valeur, l'exemple, la justice, etc. qui égalerait l'Olympe des dieux.

L'immortalité est donc associée à un espace commun qui permet à la liberté de se déployer. Le politique est intrinsèquement lié à la possibilité d'une immortalité, c'est-à-dire pour les Grecs, d'une forme de mémoire qui exalte les valeurs de l'humanité.

L'IMMORTALITÉ DES CHRÉTIENS, UN CHANGEMENT DE PARADIGME

Dès lors que l'immortalité est la récompense post-mortem d'une vie traversée par la foi et l'exercice spirituel – pour le dire très vite – le rapport au temps présent, au temps de la vie s'en trouve modifié. Et non seulement le rapport au temps, mais aussi et surtout à l'espace politique. Celui-ci est rétrogradé au regard du royaume divin.

L'immortalité est certes indexée à un certain type de comportement, d'obéissance, de ferveur – parfois même de prédestination comme chez Calvin, ou d'élection comme chez Luther, il n'en reste pas moins que le rapport au politique devient annexe, voire accessoire. Le salut ne viendra pas du monde des hommes,

y compris ou encore moins de leur communauté politique, mais de l'âme ; et si communauté il doit y avoir, elle peut à la limite se penser comme ordre religieux, qui fait vœu de se couper plus ou moins radicalement du monde.

Il y a de nombreuses modalités théologiques, des variantes infinies au sein de l'espace chrétien : ce qui demeure, c'est cette partition entre la terre et les cieux, le corps et l'âme, la mortalité et l'immortalité. Et plus qu'une partition, c'est une scission.

Il se peut que la parole de l'évangile incite à faire le bien autour de soi, à organiser une société plus juste, il se peut que le message du Christ rejoigne l'action révolutionnaire, il se peut que l'interprétation des textes ait une efficience ici et maintenant ; il n'empêche, la vraie vie est ailleurs. Ce qui permet à l'occasion de nourrir une forme de résistance intérieure à la tyrannie, de survivre à l'horreur organisée des hommes, de se révolter contre les iniquités, mais c'est toujours au nom d'autre chose.

La transcendance porte plus de promesses que l'immanence. L'au-delà est plus gratifiant que l'ici-bas. Pourquoi changer le monde puisque le vrai monde est ailleurs ? Le sacrifice des premiers chrétiens, aujourd'hui les attentats kamikazes au nom d'une autre religion du livre, montrent bien le désintérêt pour la vie terrestre au profit d'une vie éternelle.

AVEC LE TRANSHUMANISME, UNE IMMORTALITÉ CONSUMÉRISTE

Changement plus radical encore de paradigme : l'immortalité à l'heure du transhumanisme. Le désir est toujours là, intact, de perdurer au-delà de soi-même, de ne jamais mourir. Mais l'immortalité a complètement changé de visage : il ne s'agit plus d'exploit héroïque dont la mémoire sert l'édification des jeunes générations et crée un pont entre les différents âges de l'humanité ; il ne s'agit plus non plus de mépriser les biens de ce monde, avec la conviction que nous attend un paradis au-delà de la mort.

Certes, l'histoire est passée par là, les progrès scientifiques nous ont transportés d'un monde clos et orienté, à un univers infini où l'homme n'est que poussière, mais où il retrouve une dignité par sa foi en Dieu et par sa découverte de la conscience, puis à un monde potentiellement fini depuis que l'homme l'a modifié sans retour en arrière possible, au point de créer à l'aide des lois de la nature des armes qui peuvent la détruire. La conception du temps aussi a changé : il a été cy-

Scarlett Johansson dans Ghost in the Shell. Allociné/Paramount Pictures

clique pour les Grecs, puis orienté vers un progrès infini dans la modernité, il a été assujetti à ce que les hommes pensaient pouvoir créer – leur histoire. La croyance au progrès a cédé la place à la perspective apocalyptique de la fin : destruction des ressources naturelles, réchauffement climatique sont comme autant de signes d'une irréversibilité qui infléchit l'idée même du futur.

Aujourd'hui, le temps s'empêtre dans un présent sans cesse recommencé, il s'est accéléré au point de bégayer, il s'ouvre à un flux permanent d'informations détemporalisées en demeurant sur la toile, ou oubliées à peine énoncées, pour être remplacées par d'autres. Un temps désynchronisé, qui ne suit plus la révolution des planètes ni le rythme des saisons, qui ne suit plus un rythme commun : mais un temps où l'homme demeure mortel, et cet obstacle aux progrès de la science – et à l'*hybris* qui lui est constitutif – lui apparaît comme une humiliation.

L'être humain désire l'immortalité : mais désormais pour lui-même. En tant qu'être vivant et non plus en tant que héros qui laisserait à méditer une action porteuse de valeurs ; une immortalité qui ne consacrerait pas les efforts de son âme, ni qui serait le résultat d'une promesse fondée sur la seule croyance :

il faut de l'immortalité ici et maintenant. Cette immortalité, on ne la cherche plus à travers ce qui faisait l'immortalité chez les Grecs, et en quelque sorte chez les chrétiens : des valeurs immortelles, qu'on les dise humaines ou divines, naturelles ou métaphysiques, au-delà des individus de passage et des vies éphémères. Des valeurs qui pouvaient faire communauté, et mémoire de communauté.

Le transhumanisme, lui, propose une immortalité qui n'est que continuité biologique, même si la biologie est elle-même modifiée – on reste dans le champ du vivant et non dans celui des valeurs. Le combat pour l'euthanasie montre qu'il est une chose supérieure à la vie : la dignité. Le transhumanisme est un projet eugénique, qui fait de la vie la valeur suprême.

L'immortalité que la science promet est une immortalité de consommation, un bien que l'on peut acquérir moyennant finance. Elle n'échappe pas au règne économique d'un capitalisme moniste : elle en manifeste même la vérité, ou ce qui fait la singularité de notre époque. Nul besoin d'inscrire une trace – toutes les traces s'effacent, et il n'y a plus d'espace politique pour la conserver : les seuls lieux de mémoire tendent à devenir cette immense mémoire des big data : tout s'y préserve au même titre. C'est la trace qui prime sur ce dont elle est la trace. Elle s'inscrit dans un flux continu – qu'elle soit trace d'un fait individuel ou d'une action collective. Les deux sont des data, et s'ils donnent lieu à des commentaires, ceux-là à leur tour deviennent des data. La valeur des choses est nivelée, rabattue sur leur statut de fait.

Si les faits n'ont plus de valeur et s'il n'y a plus d'espace où cette valeur peut être interrogée, critiquée, partagée, s'il n'y a plus d'arrière monde, ou si le risque est trop grand de déléguer l'immortalité à une simple croyance, dans un régime où les assurances calculent au plus avantageux le rapport au risque, si enfin la vie a un prix convertible en monnaie, alors l'immortalité aussi : elle n'est plus cet incommensurable qui guide, elle est un commensurable qui se calcule. Puisqu'elle n'est rien de plus que de la vie. Le simple fait de la vie. Logique de survivants. Durer le plus longtemps possible. Achille avait préféré une vie courte, mais une vie valeureuse. Privilégiant pour cela le coup d'éclat à la vie privée, dont – je rappelle les mots cités plus haut, « l'»idiotie» consistait en cela qu'elle se préoccupait seulement de survie »...

Les choix ne se posent plus de la même manière. C'est le cadre même du questionnement qui s'est transformé. La notion d'immortalité en est l'un des symptômes. ■[1]

---

1 *La version originale de cet article a été publiée sur The Conversation, partenaire éditorial de UP' Magazine*

ANALYSES ::: MARKETING

PARADOXE DU SENSIBLE ET DE L'INDUSTRIE

Fabienne Marion
Rédactrice en chef UP' Magazine

Le concept de marketing sensoriel est venu se heurter à une vision beaucoup plus naïve que l'on pouvait avoir de l'univers des sens, notamment depuis la création du premier laboratoire mondial de recherches sensorielles, *Certesens*, en 2012 à Tours. Le toucher, la sonorité, le goût, le parfum ou les couleurs comptent de plus en plus dans l'appropriation des produits manufacturés par le consommateur. Le sensoriel s'appuie désormais sur l'idée que les objets gagneraient un supplément d'âme si, dès leur conception, on anticipe les sensations.

L Y A PRÈS DE 6 000 ANS, À SUMER, des commerçants pratiquaient le marketing sensoriel sans le savoir : exploitation des couleurs des produits pour organiser l'étal sur un marché, dégustation aux chalands de denrées alimentaires ou palpage du soyeux d'une étoffe, savant ordonnancement des parfums de produits proposés à la vente ou sonorité particulière,... Autant de procédés de valorisation de l'offre auprès des acheteurs potentiels. Plus près de nous, encore, que les marchands sumériens, Émile Zola nous proposait dans *Au bonheur des dames*, un éblouissant traité de marketing sensoriel en décrivant les méthodes de valorisation de l'espace de vente introduites par les grands magasins du XIXe siècle.

Le marketing contemporain n'a-t-il donc fait que redécouvrir, et peut-être formaliser sous le terme de «marketing sensoriel», des pratiques millénaires que

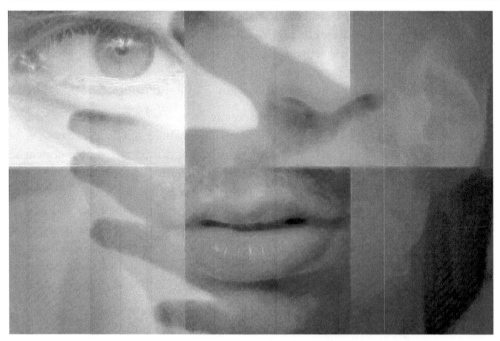

n'importe quel praticien engagé dans l'activité commerciale découvre par expérience ou imagine spontanément s'il a ce fameux «sens du commerce» ?

L'une des innovations majeures introduites par la recherche en marketing a été la mise en évidence du rôle fondamental du produit comme vecteur de communication. Les attributs du produit induisent chez le prospect des réactions cognitives et affectives qui lui permettront de développer à l'égard du produit une attitude favorable ou défavorable qui le prédisposeront ou non à l'achat[1].

COMMENT ÇA MARCHE ?

Toute notre vie fonctionne sur le principe des sensations : je sens, je transmets, je perçois. Ma vie est une perception individuelle du monde qui m'entoure. Le

---

1 : Le marketing sensoriel - Agnès Giboreau 2008)

cerveau décide de traiter l'information s'il est dans l'attente de celle-ci. Lorsque l'information passe ce filtre, elle est codée, sous forme de signal électrique, puis atteint le système nerveux central. Là, elle est traitée, classée, comparée et devient une représentation mentale de l'individu. Ce phénomène de sélection nous permet d'accéder rapidement à une sensation, à une interprétation.

Une sensation est le résultat d'un processus complexe : d'une manière schématique, il y a le stimulus - l'information sélectionnée par le cerveau - et la représentation que vous vous en faites. Alors que le domaine sensible concerne l'ensemble des choses perceptibles, le sensoriel découle des cinq sens, les organes sensoriels. Aujourd'hui, le sensoriel peut être analysé et mesuré. Notre corps est une véritable carte sensorielle de capteurs et de cellules sensitives. Chaque cellule sensitive est spécialisée dans la réception d'un certain excitant. Elle «écoute» sans cesse et se tient prête à transmettre son information au reste de l'organisme. Elle réagit systématiquement aux excitations physiques ou chimiques, mais seules certaines donneront naissance à une sensation.

Ces sensations sont la base de notre champ d'expérimentation, elles sont vitales. Tout ce qui nous arrive forme notre expérience et notre connaissance des choses. Le cerveau se perfectionne au fur et à mesure de notre éducation sensorielle. L'homme existe et se construit individuellement par rapport à son environnement. Les sensations, une fois représentées et classées, constituent une véritable banque de données dans notre cerveau. La mémoire et l'expérience sensorielle vont constituer les deux éléments essentiels de notre vie.

COMMENT LE SENSIBLE S'INTÈGRE DANS LE MONDE INDUSTRIEL

Un quotidien qui se remplit d'expériences et de nouvelles sensations favorise l'implantation de la technique dans nos foyers. Par exemple, la sensation du froid pour les aliments et les boissons en plein été est apparue avec les réfrigérateurs. Pour favoriser un quotidien agréable, des objets entrent dans nos vies au rythme de leur sortie des chaînes de fabrication.

L'acquisition matérielle est devenue un acte social. Toute notre vie s'accompagne d'objets, ils font partie intégrante de notre culture occidentale. C'est aussi devenu une référence à un certain mode de vie, une affirmation de soi-même. Les objets sont devenus le lien entre les hommes : il y a ceux qui les conçoivent, les produisent, les transforment, les distribuent, les vendent, les achètent, ceux qui fabriquent l'énergie pour les fabriquer..

LES SENS DANS LE PRODUIT

Nos objets nous définissent, affirment notre appartenance à une catégorie sociale dans un contexte culturel. Ils parlent de nous, pour nous. Au début, l'industrie met en avant la fonction : du prototype au produit, l'objet devient fonctionnel. Il doit être utile, logique dans son usage, et doit remplacer au mieux la main de l'homme ou alléger son effort.

Apparaît, ensuite, la préoccupation du nombre. Pourquoi ne pas distribuer au plus grand nombre et faire partager ce progrès à tous ? Une fois les foyers envahis d'objets ménagers multifonctions et de produits pratiques et esclaves, le nouveau souci de l'industrie est la qualité. Une qualité du produit dans son image et non pas dans la réalité d'usage du produit. L'entreprise se cherche une identité, une image de marque porteuse de valeur et de symbole. Les chartes graphiques fleurissent. L'esthétique devient le nouveau souffle industriel.

Arrive enfin la couleur, qu'il faut marier à une association forme/fonction. Le produit se décline en gamme, assure une multiplication de l'offre tout en maintenant la production à un prix compétitif. Ce perpétuel renouvellement répond au besoin de se différencier sur un marché concurrentiel, mais également de personnaliser le produit pour une cible. Les clients ne sont plus la masse que l'on a connue, mais ce sont des individus qu'il faut séduire en tant que tels.

UNE NOUVELLE PRÉOCCUPATION OCCIDENTALE : LE SENSORIEL, OU TROUVER, POUR CHAQUE CLIENT, L'OBJET DE SA DIFFÉRENCE

Les consommateurs ne constituent plus une masse, mais un nombre d'individus, tous différents, aux attentes spécifiques. Des tentatives innovantes voient le jour. Les objets semblent répondre à un nouveau cahier des charges. On nous parle de sensoriel, de tactile, d'olfactif et de sonore dans des domaines auxquels nous ne sommes pas habitués. C'est une réelle préoccupation de l'entreprise, une véritable stratégie de vente et de séduction du consommateur.

La tendance actuelle est de concevoir des objets sans lecture première. C'est-à-dire de donner le choix au consommateur de sa lecture. C'est à lui de décider si le produit lui convient. On joue sur la sensibilité du consommateur, c'est à lui de trouver ses signes, les affects qu'il attribue au produit, les fonctions que doit remplir l'objet. C'est un processus d'appropriation totale que l'on propose au consommateur.

Actuellement, l'industrie tente de nous faire retrouver nos sens, de redonner les lettres de noblesse à notre olfaction, notre audition et à nos saveurs. La préoccupation actuelle est d'harmoniser perceptions - fonctions, de donner une image sensorielle globale à un produit. Il ne s'agit pas de privilégier un sens en particulier. Il s'agit de hiérarchiser les sens dans chaque produit, trouver ce qui lui correspondra le mieux. Les produits ont toujours eu une tendance anthropomorphe. Tous ces changements prétendent à une exigence de qualité globale pour le consommateur. L'industrie se tourne vers la «face sensible» du produit. Il est difficile dans l'état actuel des choses de dire si cette préoccupation n'est qu'une nouvelle manière de démarquer un produit dans un marché saturé ou s'il s'agit d'une préoccupation sociologique, qui touche tous les domaines en même temps.

PEUT-ON DÉCELER LÀ UNE «ENVIE» DE CRÉATEUR, DE DESIGNER, UNE INTUITION, OU PLUTÔT UN PHÉNOMÈNE DE SOCIÉTÉ, UNE RÉPONSE À UN BESOIN ?

La culture occidentale met davantage l'esprit en valeur ; le corps et les sens physiques moins. On peut penser que nos préoccupations qui tendent à rééquilibrer l'esprit et le corps sont légitimes. Dans le sensoriel, la notion de l'individu a des limites. Il y a la sensation désirée (je vais à la campagne pour respirer) et la sensation passive (une odeur m'arrive, je subis, je n'ai rien demandé, elle est non naturelle). Ce que nous propose l'industrie aujourd'hui, ce sont des sensations subies. Les aromatisants au pamplemousse ou à la vanille dans les toilettes des bureaux en sont un exemple. L'individu peut être saturé de subir ces sensations. Avoir le choix de ses propres sensations fait partie de la liberté de l'individu.

Le problème du sensoriel est caractéristique d'une population urbaine. Seuls les paysagistes urbains tentent de nous faire retrouver nos sens dans ces jardins et parcs par la présence des éléments, de l'eau, de la terre ; par la possibilité d'une déambulation, d'un horizon ou d'une intimité et par l'intensité des odeurs et des couleurs. Ces parcs sont devenus de véritables conservatoires nationaux de sens.

Comme nous utilisons peu, consciemment, nos sens au quotidien, il est peut-être logique de vouloir les utiliser, les découvrir ou les redécouvrir dans l'évolution actuelle de notre société (connaissance de notre corps, recherche de sensations différentes,...) L'arrivée de nouveaux secteurs de consommation comme les boutiques Nature et Découvertes ou Body Shop, et leur succès montrent que les changements de mentalités sont à prendre en compte dans l'industrie.

SI UNE VRAIE TENDANCE EXISTE, COMMENT LE SENSIBLE EST ACTUELLEMENT TRAITÉ DANS L'INDUSTRIE ? QUI VA ÊTRE «DÉCIDEUR» DE NOS NOUVELLES PERCEPTIONS SENSORIELLES ?

Dans un processus industriel, le traitement du sensible veut que chaque nouvelle donnée puisse se reproduire, se matérialiser, se répéter à volonté. L'industrie fabrique des multiples de produits. Ceci est l'une des plus grandes contraintes du traitement du sensible dans l'industrie. Pour l'instant, seul le sensoriel s'inscrit dans le processus industriel.

Pour prendre en compte ce que la société connaît du sensible, la meilleure réponse que nous ayons trouvée est le test. Si la science sait mesurer la qualité et l'intensité du stimulus (c'est-à-dire la mesure de l'impulsion électrique) , elle est incapable de mesurer le plaisir ou le déplaisir. Nous ne pouvons que l'évaluer, par le biais de différents tests : la méthode commune se base sur la traduction en mots de ce que ressentent les testeurs, ce qu'ils apprécient ou ce qu'ils rejettent.

Le but des tests est de passer d'une expertise empirique traditionnelle à une évaluation sensorielle méthodique. Aucun individu n'est similaire biologiquement et psychologiquement. Les tests vont permettre de faire un choix parmi l'ensemble des possibles industriels. L'analyse sensorielle se pratique essentiellement dans l'agroalimentaire pour vérifier le type de sensation associé à un nouveau produit.

LA MÉTHODE DU MARKETING

Le marketing demeure plus implanté dans l'industrie que l'analyse sensorielle. Elle cherche à savoir ce qui, au moment de l'étude, plaira, ce qui va pouvoir se vendre et satisfaire le consommateur. Pour cela, des tests sont organisés autour d'un prototype, d'un produit fini ou de plusieurs produits avec un panel de testeurs sélectionnés. Choisir d'exposer la méthode de l'analyse sensorielle et celle du marketing ne repose pas sur un jugement de valeur. Il ne s'agit pas ici de les comparer, mais de connaître les méthodes qu'utilise l'industrie pour comprendre le mécanisme d'apparition sur le marché d'un produit.

Dans l'évolution de l'analyse sensorielle, il est intéressant de voir que le facteur plaisir commence à prendre sa place. Initialement, ce service se différenciait du marketing par son refus hédoniste ; elle le rejoint par une voie plus «scientifique». Nous sommes tout naturellement avides de plaisir, de «désir naturel et non nécessaire», comme le définit Épicure dans la «Lettre à Menécée» (306 Av JC.) La valeur gastronomique prime la valeur alimentaire, une bonne odeur sur une nauséabonde, une forme harmonieuse sur une laide... Nous sommes toujours en quête de nouvelles sensations et l'industrie l'a très bien compris.

La création d'objets se tourne doucement vers le sensible de nos produits, elle utilise les stimulations humaines pour séduire. La conception de produits cherche à maîtriser les sensibles du produit dans leur globalité.

Le concepteur de produit doit apprécier l'impact de son intervention sur le sensible pour continuer à nous stimuler, à exciter nos sens, tout en nous laissant libres de nos propres sensations. Son rôle est d'apporter de la nouveauté à nos capteurs : une sensation est comme une stimulation pour aller plus loin, pour pousser l'homme à se révéler, un plaisir d'exister en projetant son imaginaire dans le réel. ■[1]

---

1 *Source : S. Amar - ENSCI*

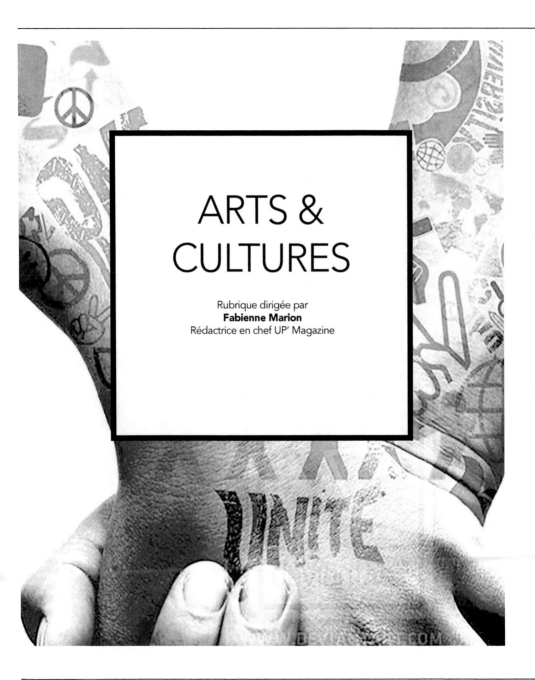

ARTS & CULTURES

Rubrique dirigée par
Fabienne Marion
Rédactrice en chef UP' Magazine

UMA : DU MUSÉE IMAGINAIRE AU MUSÉE IDÉAL

3,6 % : C'est la part de la population mondiale qui a pu se rendre dans un musée cette année. En France, cela représente 39% de la population ; c'est loin d'être le cas partout !

Pour redonner accès au musée et faire vivre la découverte artistique à travers le monde, a été créé un endroit qui ne se trouve nulle part.

C'est un musée en réalité virtuelle, accessible à tous, partout, tout le temps, et gratuitement : l'UMA, Universal Museum of Art.

Lancement le 5 décembre 2017.

« J'appelle Musée imaginaire la totalité de ce que les gens peuvent connaître aujourd'hui même en n'étant pas dans un musée, c'est-à-dire ce qu'ils connaissent par les reproductions, (…) les bibliothèques '', André Malraux.

A NDRÉ MALRAUX DISAIT À PICASSO « que le vrai lieu du Musée imaginaire est nécessairement un lieu mental » (La Tête d'obsidienne, Paris, 1974), tout en paraphrasant à son insu sans doute Léonard de Vinci pour qui « la peinture est chose mentale » (cosa mentale) : « Le Musée Imaginaire est un phénomène mental qui résulte d'une expérience cumulative et visuelle. C'est un domaine de formes qui nous habite. C'est un espace dépourvu d'existence physique, n'existant que par et dans l'esprit du spectateur et se matérialisant par une proposition visible, la photographie éditée… » Manifeste prescient de l'âge numérique ?

André Malraux et les photos choisies pour illustrer son Musée Imaginaire

Du musée imaginaire d'André Malraux, nous arrivons ainsi aujourd'hui au musée virtuel. L'UMA pour Universal Museum

Détail de L'Iliade et l'Odyssée d'Homère, illustré par Mimmo Paladino

of Art, a pour objectif de devenir le plus grand musée du monde en moins de deux ans, pour tous, partout, tout le temps, gratuitement. Equipé d'un ordinateur, d'une tablette, d'un smartphone, ou d'un casque VR, la visite au musée n'a jamais été aussi simple.

Cet espace va-t-il réaliser l'impossible en faisant se côtoyer les fresques de Pompéi, les mosaïques d'Afrique du Nord, les plafonds baroques avec les gargouilles gothiques ; autant de confrontations et de conversations qu'offre la réalité virtuelle ?

L'UMA veut se mette au service de l'intégrité de l'art : les lieux disparus, inaccessibles, pillés, endommagés ou détruits retrouvent leur rayonnement ; les ensembles d'œuvres dispersés retrouvent leur unité ; les œuvres en péril sont pérennisées.

Il veut aussi enrichir la visite : pour accompagner ces découvertes, des cartels et des contenus enrichis sont à la disposition du visiteur. Des rubriques thématiques racontent l'histoire de chaque œuvre, de son mouvement, de sa période historique, et bien d'autres aspects.

Un muséum shop vous invite à découvrir une sélection de produits culturels et une librairie en ligne.

> ### LE MUSÉE EST UN DES LIEUX QUI DONNENT LA PLUS HAUTE IDÉE DE L'HOMME. »
> **ANDRÉ MALRAUX, 1947**

L'art et la culture ont vocation à pénétrer le quotidien de chacun. Le discours d'UMA se veut simple, attractif, et pédagogique, et entend dépasser les contraintes de l'académisme. Il cherche la juste mesure entre sérieux et simplicité. La langue d'UMA met en avant, et à la portée de tous, les parallèles existants entre les civilisations et les périodes artistiques.

Les codes de la culture populaire ont été empruntés à la culture dite classique, et réciproquement. Il n'y a pas de hiérarchie des genres, il ne peut donc pas y avoir d'enseignement vertical. La diffusion de l'art se doit d'avoir une approche horizontale qui fait dialoguer tous les discours. UMA est bâti sur cette conviction.

LE RÔLE AUPRÈS DES MUSÉES

Durant des siècles, les musées ont préservé et transmis notre héritage culturel. La technologie et internet permettent aujourd'hui de donner une nouvelle dimension à cette mission.

Les musées manquent de place. Une grande partie de leurs collections se trouve dans des réserves inaccessibles au public. En réalité virtuelle, les accrochages et les configurations sont illimités ; les contraintes géographiques et pratiques s'estompent.

Les musées manquent de visibilité digitale et internationale. Développer l'image des musées à notre époque moderne implique une concurrence rude là où l'attractivité est vitale ; avec UMA, il devient possible pour les musées d'élargir leur audience et d'augmenter leur visibilité, grâce à un trafic dématérialisé et globalisé.

UMA n'entend pas remplacer le musée, mais diffuser son image et renforcer l'affirmation de sa pertinence actuelle ; c'est un rôle de centralisation et de complémentarité qu'UMA pourra jouer auprès des musées existants.

Le contact avec l'œuvre physique est unique et irremplaçable. Mais UMA suscite ce contact en commençant par rendre l'œuvre accessible à tous, dans un environnement virtuel, vivant et divertissant. La reproduction d'une œuvre peut émouvoir, intriguer et enthousiasmer, au même titre que l'écoute d'un CD nous pousse à aller voir un concert.

LA RÉALITÉ VIRTUELLE DANS LA CULTURE

La réalité virtuelle a infiltré de nombreux domaines de la culture : elle représente maintenant une force de frappe qu'il ne faut pas mésestimer, et qui ne peut que croître. Les plus grandes entreprises sont impliquées dans la réalité virtuelle. Google met sa technologie Google Street View au service des institutions culturelles ; HTC collabore avec la Tate Modern pour recréer l'environnement d'Amedeo Modigliani ; Snapchat dispose dans les villes des sculptures contemporaines monumentales en réalité augmentée ; la BBC ouvre un studio en réalité virtuelle.

UMA se positionne avec un projet nouveau : l'art et son histoire sont méconnus, voire craints pour leur académisme. Une programmation vaste et de qualité, des contenus enrichis, ainsi qu'un environnement pédagogique attractif, sont la clé pour rendre la culture accessible sur internet.

L'idéal d'UMA, c'est l'idéal simple et intemporel, du partage et de la transmission du beau. Ptolémée Ier et le Mouseîon d'Alexandrie ; les collections romaines de copies grecques et égyptiennes ; la cour de Gengis Khan ; le musée de papier de Cassiano dal Pozzo au XVIIe siècle ; les cabinets de curiosités anglais et néerlandais du XVIIIe ; les campagnes d'Egypte et d'Italie de Napoléon Bonaparte ; le musée imaginaire d'André Malraux, et à présent le Louvre d'Abu Dhabi : tous ont porté le désir de rassembler les époques et les cultures en un même lieu et d'ériger un temple à la Beauté sous toutes ses formes, d'où qu'elles viennent.

L'art fait communauté. C'est le seul véritable langage transculturel ; il façonne nos mémoires et notre postérité. Le musée est son point de ralliement. En tant que tel, la vocation du musée est d'être le lieu de rassemblement ultime de nos civilisations en quête de sens et d'universalité.

L'ARCHITECTURE SANS CONTRAINTES

Les bâtiments des musées sont des joyaux architecturaux anciens et modernes. Afin de recréer une expérience familière, celle de la visite au musée UMA collabore avec des architectes contemporains pour réaliser des bâtiments à la hauteur des collections abritées ; des bâtiments sans contraintes, exclusivement virtuels.

UMA lance donc un concours d'architecture virtuelle. En janvier 2018, les étudiants en école d'architecture du monde entier seront invités à réaliser un ou plusieurs dessins d'un bâtiment à vocation muséale. Ce bâtiment devra rester fidèle à l'usage muséal, tout en restant infidèle à ses contraintes architecturales. Le dessin du gagnant sera intégralement financé

pour devenir le premier musée en réalité virtuelle. ■

Créé en août 2017, UMA rassemble des profils variés et complémentaires :

- Jean Vergès, Président Entrepreneur rêveur, historien de l'art Benjamin Hélion, Ambassadeur d'UMA Entrepreneur en série, co-fondateur de Sisso (agence de communication culturelle digitale, spécialiste de la réalisation de visites virtuelles)

-Benjamin Lanot, Directeur stratégie Stratège d'HEC, co-fondateur de Sisso -Damien Jacq, Directeur technique Ingénieur de l'Ecole des Mines, co-fondateur de Sisso

- Mathilde Louette, Responsable développement Elève de l'ENS, amoureuse des arts et des lettres.

PREMIÈRE EXPOSITION : LES MYTHES FONDATEURS, ILLUSTRÉS PAR LES MAÎTRES DE L'ANTIQUITÉ À NOS JOURS

La première exposition virtuelle d'envergure sera consacrée à cinq grands mythes fondateurs de l'humanité :

• Le Ramayana de Valmiki, illustré par la miniature indienne

• L'Iliade et l'Odyssée d'Homère, illustrés par Mimmo Paladino

• L'Énéide de Virgile, illustrée par les fresques et les mosaïques antiques

• Les Métamorphoses d'Ovide, illustrées par la peinture baroque

• L'Apocalypse de Saint-Jean, illustrée par la tapisserie d'Angers

Commissaire d'exposition : Diane de Selliers, avec le soutien des Editions Diane de Selliers, incarnant des valeurs humanistes d'universalisme, d'ouverture, et de respect.

En réalité virtuelle, le visiteur voyage entre cultures et mythes, images et textes. Les miniatures indiennes du Ramayana dialoguent avec

les dessins de l'artiste contemporain italien Mimmo Paladino, représentant de la trans-avant-garde italienne. Les fresques et les mosaïques antiques qui illustrent l'Énéide résonnent aux côtés de la peinture baroque figurant les Métamorphoses d'Ovide ; tandis que les tentures de la tapisserie d'Angers, chef-d'œuvre de l'art médiéval, rayonnent dans une scénographie inédite.

A découvrir dès le 5 décembre 2017 sur www.the-uma.org

PROGRAMMATION COMPLÈTE :

- « Les Mythes Fondateurs, illustrés par les maîtres de l'Antiquité à nos jours », commissaire d'exposition : Diane de Selliers, éditrice de livres d'art. Ouverture le 5 décembre 2017

- « Une Histoire du Street Art », Ouverture en février 2018

- « Le Romantisme noir », Ouverture en avril 2018

- « Les images cachées dans la peinture du XIXe siècle », Ouverture en juin 2018

- « Chefs-d'œuvre spoliés » Ouverture en septembre 2018.

LES FAITS DU HASARD, LA NOUVELLE EXPOSITION INTERNATIONALE D'ART CONTEMPORAIN NUMÉRIQUE

Accidents artistiques intentionnels et relecture poétique d'une société technologique perçue à l'heure du numérique sont au cœur de la prochaine exposition centrale de la Biennale internationale des arts numériques au CENTQUATRE-PARIS, Les Faits du hasard. Une façon pour l'homme de reprendre la main sur la machine ? Une exposition d'art contemporain numérique qui va puiser dans toutes les esthétiques, dans le numérique, dans le théâtre d'objets, et de jouer de la variété du hasard pour montrer que le résultat d'une œuvre n'est pas toujours reproductible.

LA BIENNALE INTERNATIONALE DES ARTS NUMÉRIQUES-Paris/Ile de France produite par Arcadi - héritière du festival Némo - va retrouver pour sa deuxième édition, du 9 décembre au 4 mars 2018, son centre névralgique du CENTQUATRE-PARIS à l'occasion de sa grande exposition et thématique transversale : Les Faits du hasard. Comme pour les deux précédentes expositions, la direction artistique y est cosignée par Gilles Alvarez, directeur de la Biennale, et José-Manuel Gonçalvès, directeur du CENTQUATRE-PARIS. Un gage de continuité pour une programmation qui s'inscrira cette saison dans la grande thématique du hasard, de l'accident et de la sérendipité, après, il y a deux ans, l'exposition Prosopopées : quand les objets prennent vie.

«Avant le hasard dans l'art, c'était l'erreur », affirme Gilles Alvarez. « Mais depuis Marcel Duchamp et la mécanique quantique, il existe un hasard intentionnel, un outil qui demande à être organisé par le geste artistique. »

Dans cette nouvelle exploration du rapport homme/machine, où le processus technologique se heurte à une équation

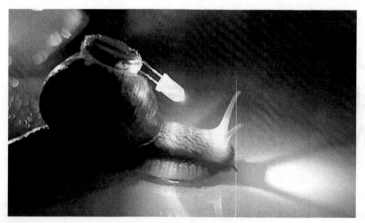

corps d'un autre, à l'aide d'un casque (l'expérience de body swap de The Machine to Be Another, du collectif BeAnotherLab) ou quand vous observerez les chorégraphies pixellisées des escargots augmentés de Cyril Leclerc et d'Elizabeth Saint Jalmes (Le Pixel lent - image ci-contre)

artistique souvent capricieuse, plusieurs installations témoigneront donc d'étapes créatives alambiquées, passant par une multiplicité de supports à l'image du Buzz Aldrin Syndrom, de Quentin Euverte, dans lequel matières analogiques, datas numériques, processus chimiques et projection live cinéma participent d'un imprévisible résultat, aux allures de cadavres exquis.

Pour José-Manuel Gonçalvès, il s'agira de « construire une exposition d'art contemporain qui va puiser dans toutes les esthétiques, dans le numérique, dans le théâtre d'objets, et de jouer de la variété du hasard pour montrer que le résultat d'une œuvre n'est pas toujours reproductible ».

Attendez-vous donc à des surprises lorsque vous vous projetterez dans le

L'exposition Les Faits du hasard s'attellera à une lecture plus poétique, plus contemplative de notre société technologique filtrée par le numérique. « Le hasard, c'est le contraire de ce qu'on croit qu'est l'art numérique, dont on pense qu'il nous amène au contrôle de tout, à la perfection », résume José-Manuel Gonçalvès. « Mais peut-être que la plus grande perfection, c'est justement que les choses ne soient pas totalement parfaites ?» Humain, vous avez dit humain ?

TROIS MOIS D'EXPOSITION, PLUS DE 25 INSTALLATIONS D'ART CONTEMPORAIN NUMÉRIQUE

Accidents artistiques intentionnels et relecture poétique d'une société technologique perçue à l'heure du numérique sont au cœur de la prochaine exposition centrale de la Biennale internationale des arts numériques au CENTQUATRE-PARIS, Les Faits du hasard. Une façon pour l'Homme de reprendre la main sur la machine ?

Dans l'exposition Les Faits du hasard, ce n'est pas le hasard qui s'impose aux artistes, mais les artistes qui imposent le hasard aux spectateurs. Il ne s'agit pas de hasards accidentels mais bien de hasards organisés par les créateurs. Les œuvres de l'exposition, de technologies parfois assez pointues, impliquent souvent la programmation informatique. De ce fait, les artistes ont la possibilité de programmer l'aléatoire ou l'indétermination, et d'utiliser cette fameuse « générativité » grâce au code qui, fait partie de la grammaire et des principaux outils de l'art numérique.

Alors, que verra-t-on ? Un art contemporain numérique dont les résultats expérimentaux ne sont pas toujours reproductibles et qui puise dans toutes les esthétiques. Des manifestes du geste artistique et de la personnalité humaine face au règne du numérique et de la satiété technologique.

HISTOIRES DE HASARD...

Le hasard a connu mille interprétations dans l'histoire de l'art, des idées et des sciences. Certains ont très tôt pensé le dompter : dès le XIIIe siècle, ce cher Ramon Llull, dont la Machine à penser (Ars Magna), généralement considérée comme le très lointain ancêtre de l'ordinateur, devait tout organiser (le hasard comme la foi et la prière).

D'autres, comme le peintre Protogène, s'en firent un allié, quand n'arrivant pas à peindre la bave d'un chien sur sa toile, il lui jeta son éponge qui par un hasard heureux traça une bave parfaite !

Mais globalement, le hasard a toujours été considéré comme l'ennemi de l'art, de la raison et des sciences. Balzac (« Les niais appellent ces foudroiements de la pensée un hasard, sans songer que le hasard ne visite jamais les sots ») ou le mathématicien Henri Poincaré (« Le hasard est tout simplement synonyme d'ignorance »), lui firent mauvaise presse. La science s'est construite contre le hasard, et la religion a toujours été du côté d'un déterminisme absolu, « le grand dessein de Dieu ».

Oui mais voilà, le XXe siècle arrive, avec deux formidables radicalités : Marcel Duchamp et la physique quantique. Duchamp, souvent un peu à l'origine de tout ce qui nous concerne aujourd'hui, va utiliser intentionnellement le hasard en créant ses Trois stoppages étalon (pour emprisonner des formes obtenues par le hasard) et son Erratum musical (avec notes tirées au sort dans un chapeau). À partir du mouvement Dada, on intègre systématiquement le concept de hasard à la création artistique. On y introduit des éléments périssables (dont on ignore la durée), on y admet les inconvénients qui pourraient advenir et on collabore avec le temps et son confrère le hasard.

Place ensuite aux « cadavres exquis » des surréalistes, qui firent du hasard un outil objectif, à organiser. Il y aura les cu-tups beatniks, les compositions aléatoires de John Cage, les œuvres ouvertes chères à Umberto Eco, le hasard dirigé de Pierre Boulez…

Du côté des sciences, des objections à l'idée de déterminisme se manifestent, et mèneront à la mécanique quantique, à la théorie du chaos et au fameux principe d'incertitude d'Heisenberg en 1927. ∎

Avec des œuvres de : Romain Gandolphe | Navid Navab et Michael Montanaro | Guillaume Marmin | BeAnotherLab | Pascal Haudressy | Mathias Isouard | Kathy Hinde | Alice Jarry et Vincent Evrard | Nelo Akamatsu | Fabien Zocco | Lawrence Malstaf | Martin Messier | Jérôme Cavalière | So Kanno et yang02 | Jingfang Hao et Lingjie Wang | Fabien Léaustic | disnovation.org | David Bowen | Linda Sanchez | Vivien Roubaud | Quentin Euverte et Florimond Dupont | Jackson | Juan et Santiago Cortés | Alba Triana | PLUG (Nicolas Crosse, Éric-Maria Couturier et Victor Hanna) | GK Collective | Pascal Lièvre | Michel et André Décosterd | Elizabeth Saint-Jalmes et Cyril Leclerc

---

Exposition jusqu'au 7 janvier 2018 au CENTQUATRE-PARIS, 5 rue Curial 75019 PARIS /M° Riquet

Dates et horaires :

Hors vacances scolaires : mer, jeu, sam et dim de 14h à 19h

Pendant les vacances scolaires : du mar au dim de 14h à 19h

L'exposition sera fermée les vendredis 25 décembre 2017 et 1er janvier 2018

EFFETS SPÉCIAUX, CREVEZ L'ÉCRAN !

Que serait le cinéma sans les effets spéciaux, ces fameux trucages qui, depuis Georges Méliès, trompent nos sens pour notre plus grand bonheur ? Alors que le numérique multiplie les possibles comme jamais, la Cité des sciences et de l'industrie vous fait passer de l'autre côté de l'écran. L'exposition «Effets Spéciaux – Crevez l'écran !», coproduite avec le Centre national du cinéma et de l'image animée, vous invite ainsi à devenir le temps d'une visite celle ou celui qui réalise jusqu'au 19 août 2018.

«Du Voyage dans la lune de Georges Méliès à Valérian et la Cité des mille planètes de Luc Besson, les effets spéciaux ont accompagné le cinéma, repoussant toujours plus loin les limites de notre imagination. Pour le CNC, s'associer à cette exposition avec la Cité des sciences et de l'industrie était une évidence, pour permettre à chacun d'entrer

dans la magie de la création. À travers cette grande exposition, nous voulons montrer au public que la France a des atouts considérables dans le domaine des effets spéciaux. Une filière d'excellence dans laquelle de nombreux talents français se démarquent.

Et j'espère que la découverte des coulisses de ces métiers fera naître de nombreuses vocations chez les plus jeunes spectateurs et qu'ils deviendront ainsi les créateurs de demain... ”, Frédérique Bredin, présidente du CNC

Qu'il s'agisse de films d'action, de science-fiction, d'animation ou encore de publicités, les productions contemporaines les plus marquantes s'appuient toutes sur des effets spéciaux et offrent des créations cinématographiques et esthétiques toujours plus impressionnantes. Reposant sur un ensemble de techniques et de technologies qui procurent l'illusion d'actions, la simulation d'objets, de personnages et de phénomènes exceptionnels, les effets spéciaux restent par essence méconnus et empreints de mystère.

L'exposition Effets Spéciaux, Crevez l'écran ! dévoile l'art, les techniques et les innovations déployés en la matière par l'industrie cinématographique et audiovisuelle. Avec cette exposition, la Cité des sciences et de l'industrie offre à ses visiteurs, du 17 octobre 2017 au 27 août 2018, la possibilité de découvrir l'envers du décor d'un plateau de cinéma.

La scénographie immersive de l'exposition propose un parcours en quatre lieux qui illustrent les quatre étapes de la chaine de production audiovisuelle. Avec un design propre à chaque univers, l'exposition présente un bureau de préproduction, un plateau de tournage, un studio de postproduction puis une salle de cinéma. Illustrée par différentes références, l'exposition :

• donne à voir la culture technique et les innovations à l'œuvre dans les grands films ;

• permet de vivre ou revivre l'histoire et l'évolution des effets spéciaux ;

• montre comment l'innovation repousse toujours les limites du possible ;

• révèle comment l'art et la technologie se nourrissent mutuellement pour offrir les plus belles créations.

Comment ces fameux effets spéciaux sont-ils pensés, intégrés au scénario et matérialisés ? Quels sont les métiers et compétences impliqués ? Autant de questions auxquelles l'exposition répond en présentant toutes les étapes de conception et de réalisation d'un film, de l'écriture jusqu'à la projection en salle. Et ce, à travers des dizaines d'extraits de films, soigneusement sélectionnés.

■ LE BUREAU : Avant même de convoquer acteurs et caméras, le film se joue en préproduction : écriture du scénario et réalisation du storyboard, dessins et roughs sont des étapes cruciales pour le film. Ici, chaque scène est décortiquée pour donner à toutes les parties prenantes, notamment au superviseur, les informations nécessaires au tournage et aux effets spéciaux. En coproduction avec le Centre national du cinéma et de l'image animée (CNC). Avec le soutien de Studiocanal, ArtFx et Make Up For Ever Academy.

■ L'ACCRÉDITATION : Le passage et la « surprise » qui précèdent la découverte du plateau de tournage où le visiteur est invité à prendre un badge, un précieux sésame pour parcourir l'exposition.

■ LE PLATEAU : Conçu comme une ville en quatre zones de tournage, le plateau propose aux visiteurs de tester différents dispositifs de tournage, de passer une audition et de se livrer à ses propres essais : Créer des êtres vivants, transformer l'acteur, mixer réel et virtuel, et décortiquer d'anciens trucages.

Motion Capture et casque de captation livrent leurs secrets ; la chimie et la sculpture du maquillage sont dévoilées, la technique d'incrustation des fameux fonds verts ou bleus est explicitée.

On redécouvre ici les effets spéciaux inattendus et cocasses les plus répandus du cinéma, on note l'utilisation du ventilateur et l'on retrouve parmi les effets spéciaux les plus évolués les masques-écrans 3D. Un retour en arrière est également proposé sur les premiers effets spéciaux inventés par Georges Méliès. S'inspirant de ses propres spectacles de magie, Méliès a créé la plupart des effets spéciaux, qu'il mettra en scène dans des récits féeriques, de science-fiction et même de reconstitution historique.

■ LE STUDIO : Une fois le tournage terminé, le film passe en postproduction. Comment intervient-on sur le rendu ? De la création de paysages à l'intégration de foules, des doublures numériques aux effets de matières, des explosions aux effets invisibles, les retouches d'images filmées sont nombreuses. Dans cette partie de l'exposition, le visiteur cherche les effets invisibles et s'essaie à la postproduction d'effets spéciaux vocaux, graphiques, numériques... Le studio présente également les outils développés, l'organisation des équipes et l'économie des logiciels.

■ LA SALLE DE CINÉMA : Confortablement installé dans son fauteuil et prêt à savourer son film, on s'interroge sur la place et le statut des effets spéciaux. Que disent-ils du cinéma ? Quels effets ont-ils sur les spectateurs ? Quels seront les effets spéciaux de demain ? Une réflexion sur leur esthétique et leur place dans l'industrie audiovisuelle.

■ LA SORTIE : Cerise sur le gâteau, en sortant de sa séance, le visiteur est amené à consulter les enregistrements de sa visite traités sur un ton décalé, l'ensemble étant projeté à la manière d'une bande-annonce humoristique qu'il pourra télécharger et visionner chez lui ! Pour clore ce parcours au cœur des effets spéciaux, une œuvre d'art spectaculaire d'Alain FLEISCHER, Le voyage du brise-glace au pays des illusions – 2017, spécialement conçue pour l'exposition, invite le visiteur à une rêverie dans l'imaginaire du cinéma à travers des extraits de films, projetés sur des miroirs flottants en un mouvement aléatoire. ■

AUTOUR DE L'EXPOSITION :

• Un livre jeunesse sur les effets spéciaux avec Actes Sud junior.

• Un cahier d'activités sur les effets spéciaux.

• Effets spéciaux, crevez l'écran ! Le beau livre, sous la direction de Réjane Hamus-Vallée, coéd. Cité / La Martinière. Versions papier et numérique, sortie début octobre 2017.

Exposition «Effets spéciaux, crevez l'écran !» - Cité des sciences et de l'industrie - 30, avenue Corentin-Cariou - 75019 Paris

---

LA BELLE VIE NUMÉRIQUE : 30 ARTISTES DE REMBRANDT À XAVIER VEILHAN

« Ceci n'est pas une exposition d'art numérique » mais le regard porté par des artistes du monde entier sur la transformation de notre vie quotidienne par l'apparition à la fin des années 80 de l'ordinateur et plus largement des technologies numériques.

L'exposition proposée par La Fondation Groupe EDF et Fabrice Bousteau, du 17 novembre 2017 au 18 mars 2018, tente de capter un instantané de notre époque insaisissable et questionne également la transformation des pratiques artistiques. Comment les artistes des dernières générations, ceux qui ont vu arriver la révolution numérique et ceux qui sont nés avec, ont-ils transformé leurs pratiques ? Comment reflètent-ils le changement de perception du monde ressenti par chacun d'entre nous ? Leurs outils de création ont-ils été influencés par les outils GAFA (Google, Amazon, Facebook, Apple) ? Quels regards portent-ils sur ce nouveau monde dont on ne perçoit plus parfois les frontières entre réel et virtuel ?

À TRAVERS UN PARCOURS SENSIBLE, rassemblant les travaux d'une trentaine d'artistes aussi bien reconnus qu'émergeants comme Aram Bartholl, Lee Lee Nam, Lyes Hammadouche, Matteo Nasini, Amalia Ulman, Winshluss, Xavier Veillan, Julien Levesque, Encoreunestp, cette exposition peut surprendre car elle se détache volontairement de l'image technologique ou des clichés technoïdes que le mot «numérique» fait surgir dans l'imaginaire collectif. Elle questionne plutôt le visiteur avec humour, dérision ou encore émerveillement, le renvoyant à son vécu, à ses sentiments, et l'invite à découvrir les délices, et les vices, de son devenir numérique.

VIE NUMÉRIQUE MODE D'EMPLOI

La Belle Vie Numérique invite de manière ludique, le visiteur à réfléchir, réagir, participer plutôt que d'imposer des réponses. En élargissant son propos universel au-delà des propositions artistiques, l'exposition constitue une trame, un parcours-jeu où artistes internationalement reconnus, dessinateurs de bande dessinée, musiciens et architectes se mélangent à travers des thématiques qui interpellent chacun d'entre nous au quotidien. Ici des pépites d'art brut amateur, captées sur le net, se mesurent à des œuvres contemporaines historiques reconnues et font face à des créations d'intelligence artificielle.

Au-delà des nouvelles technologies...

En avril 2016, Microsoft et deux musées hollandais ont créé, 373 ans après la mort de Rembrandt, un tableau inédit de l'artiste grâce à des algorithmes et une imprimante 3D. Jacques Attali affirme que dans moins de quinze ans on pourra reproduire quasiment à l'identique n'importe quelle œuvre d'art. Grâce aux ordinateurs, des artistes comme des architectes créent aujourd'hui des formes, des sculptures, des bâtiments que l'on pouvait jusqu'ici dessiner mais qui étaient impossibles à réaliser. Sur Instagram ou Youtube des artistes qui s'ignorent créent des pépites d'art brut du XXe siècle tandis que sur Facebook on peut découvrir le profil du premier artiste-avatar exposé dans des galeries bien réelles ! Une nouvelle frontière vient d'être franchie avec l'intelligence

artificielle créée par Google : vingt ans après avoir battu Garry Kasparov, le meilleur joueur d'échec au monde, le logiciel a réussi à battre un joueur professionnel de go et désormais, des applications, tel que Deep Dreamer, produisent de manière autonome des œuvres hallucinantes. La machine qui, jusqu'alors, remplaçait l'homme dans les tâches mécaniques est aujourd'hui dotée de neurones artificiels : douée de paroles, de pensée et de créativité, elle se mesure aux capacités humaines et les défie dangereusement.

Dans cette ère numérique, qui change le quotidien de chacun et dessine une vie nouvelle, complexe et absurde, belle et effrayante à la fois, l'individu cherche ses repères ou adopte avec émerveillement des nouveaux réflexes, de nouvelles façons d'être, de penser, de vivre et de créer...

Une création de Pablo Valbuena dans le parcours de la Nuit Blanche

L'artiste espagnol Pablo Valbuena à crée une installation lumineuse pour la façade de la Fondation Groupe EDF. Cette création explore la création des formes, à partir des points lumineux, qui à travers le temps créent un tableau abstrait transformant une partie de la façade à un voile translucide en mouvement. Visible depuis l'impasse Récamier et l'intérieur de la Fondation elle offre aux visiteurs deux expériences différentes modifiant ainsi leur perception. Elle a été présentée en avant-première de l'exposition lors de la 16e édition de la Nuit Blanche.

UN PARCOURS DE VISITE THÉMATIQUE

Dans le « numérique », on retrouve le langage binaire composé d'une série de 0 et de 1. Partant de ce constat, le commissaire a choisi de mettre les visiteurs face à un choix. Ce système binaire dirige toute création humaine et ce bien avant le « numérique » : oui ou non, bien ou mal… des oppositions claires, rencontrées dans la base de toute culture et civilisation.

Dès l'entrée immersive, les visiteurs sont invités de choisir parmi le (0) et le (1), parmi les deux parcours qui s'ouvrent à eux grâce à une double entrée. Des codes couleurs issus de la colorimétrie numérique et trichromique RVB marquent les cheminements : le rouge pour le (0) et le vert pour le (1). Ces deux cheminements dialoguent, se séparent ou encore se croisent, en passant par des zones de connexion dans les nuances de bleu. Selon le cheminement choisi chaque visiteur aura une perception de l'exposition différente et unique. Les questionnements forment le fil conducteur qui guide le visiteur.

De l'utopie futuriste à la vie selon GAFA (Google, Amazon, Facebook, Apple)

Première thématique introductive où la vie mode d'emploi dans l'ère des GAFA se dessine et prend forme. Elle interroge sur les deux domaines radicalement changés par le numérique aujourd'hui : le quotidien et la ville. Avec l'intervention de l'artiste Winshluss, qui à travers une vidéo façon bande dessinée commente avec humour noir et dérision la dépendance aux Smartphones, dominant notre quotidien. Quant en face les jeunes architectes Sériès et Sériès, projettent des tours virtuelles dans le paysage parisien prouvant que des utopies des années 60 où Archigram ont dessiné pendant des heures des cités utopistes, futuristes, où lignes courbes, tours sans fin, jardins flottants représentant une nouvelle vision de la vie aux architectures non standard, aux dessins jugés « irréalistes », un chemin a été parcouru grâce aux nouveaux outils informatiques… Est-ce que la ville virtuelle l'est-elle toujours autant ?

Les absurdités numériques

Dans le monde lisse, immatériel et aseptisé des séries numériques de 0 et de 1, quelle est la part laissée à l'incongru, à l'inattendu, à la matière vivante ? Une nouvelle esthétique empruntée à Google (code captcha) et au monde Internet est-elle en train de se développer ? Les réseaux sociaux dictent-ils nos comportements ? Avec les œuvres de Aram Bartholl, Katja Novitskova...

LA « Beauté » numérique

Des milliers d'images sont transmises et partagées en temps réel, quelle forme de beauté cherchons-nous ? Les nouveaux outils technologiques de création révolutionnent-ils les codes esthétiques ? Le flux, la data, la connexion en temps réel offrent un fond inépuisable d'images, sons et données… Un nouveau paysage recomposé et changeant se dessine en permnence. Avec les œuvres de Marie-Julie Bourgeois, Julien Levesque, Jean-Baptiste Michel, Udo Noll : Radio Aporee, Xavier Veilhan…

Fantasmes et peurs numériques

Dès que l'homme a commencé à représenter et projeter son avenir, les fantasmes utopiques enchanteurs et les catastrophes apocalyptiques ont partagé l'imaginaire collectif. Et si les craintes et débats actuels sur l'intelligence artificielle faisaient échos aux peurs de l'ère industrielle ? Sociologues et anthropologues s'interrogent et constatent : depuis quelques années la science-fiction, les projections futuristes, semblent se tarir.

Sommes-nous devenus incapables de nous projeter plus loin ? L'intelligence artificielle est créatrice ? Avec les œuvres de Du Zhenjun, LaTurbo Avedon, Stéphane Degoutin et Gwenola Wagon, ou encore Mwood (qui revisite l'Art brut contemporain via Periscope) …et des créateurs qui s'approprient l'application Deep Dreamer pour transformer des œuvres d'art connues mais aussi des scènes de la vie quotidiennes à des hallucinations calculées par algorithme.

Avec le numérique, tout le monde est artiste

La démocratisation du partage, l'accès à un flux continu d'information, la visibilité des images dans le monde entier à travers les réseaux sociaux ou encore l'art du selfie…, peuvent-ils offrir à chacun son quart d'heure de célébrité présagé par

Andy Warhol ? Qui est l'artiste désormais ? Instagram peut créer les artistes de demain ? Le Geek Art trouve sa place dans les musées et révolutionne le marché de l'art ? Avec les œuvres de Amalia Ulman, Carla Gannis, Encoreunestp, Greg Léon Guillemin, Suicide Girls…

Les nouveaux possibles

Des artistes encore s'initient au code, sélectionnent, privilégient l'instantanéité de l'outil et proposent des créations hybrides où réel et virtuel se mélangent…ou encore les outils numériques transforment le processus de la création de la même façon qu'à la Renaissance la typographie ou l'invention de la perspective ont révolutionné la création artistique… Si Leonardo da Vinci avait eu une imprimante 3D, il l'aurait utilisée ? Avec les œuvres de Carla Giannis qui fait de l'Emoji Art, Lee Lee Nam, Lyes Hammadouche, Matteo Nasini qui sculpte le rêves ou encore Scenocosme qui sait faire parler les plantes …

Le numérique est-il la préhistoire du monde quantique ?

En conclusion la vie numérique change notre vision du monde. Un monde d'interstices, un monde intermédiaire entre réel et virtuel qui annonce vraisemblablement un autre monde, celui-ci encore plus inconnu, impénétrable et indéfinissable bien que si proche : le monde quantique. La physique quantique a prouvé qu'un élément peut être dans deux conditions différentes à la fois (par exemple la lumière onde et particule). Internet et le monde du travail aujourd'hui nous poussent à devenir quantiques : être dans deux conditions à la fois, dans deux lieux virtuels en simultané. Avec l'œuvre participative de Véronique Béland qui calcule et interprète le champ électromagnétique de chaque visiteur pour créer sa propre « musique » et « image » unique, pour capter son aura… ∎

Commissariat et direction artistique : Fabrice Bousteau

Coordination artistique et scénographie : Société Molle

Lieu : Fondation Groupe EDF 6, rue Récamier Paris 7° (Paris M° : Sèvres-Babylone)

Entrée libre, du mardi au dimanche 12h-19h

PASTEUR, L'EXPÉRIMENTATEUR

L'exposition « Pasteur, l'expérimentateur », présentée du 12 décembre 2017 au 19 août 2018 au Palais de la découverte, revient sur l'homme et le travail du scientifique ; elle cherche à expliquer le contexte de ses travaux, de ses découvertes et de leurs applications, au-delà de la légende. Une exposition qui trouve tout son sens au Palais de la découverte qui, dès son ouverture en 1937, présentait une salle consacrée aux travaux de Pasteur, élaborée sous la direction de Louis Pasteur Vallery-Radot, son petit-fils. En ce 80e anniversaire du Palais, Louis Pasteur est à nouveau à l'honneur, dans un parcours à la fois chronologique et thématique.

«Peu de savants ont connu la réussite scientifique et sociale de Louis Pasteur, dont nombre d'avenues, d'écoles et d'institutions scientifiques portent le nom, en France mais aussi à l'étranger. C'est à cette grande figure que le Palais de la découverte s'intéresse aujourd'hui, en présentant la

« méthode Pasteur », qui caractérise l'ingéniosité scientifique contemporaine. L'exposition Pasteur, l'expérimentateur illustre ainsi la grande actualité d'une œuvre originale, celle d'un homme qu'on pourrait qualifier de père de la science moderne » Bruno Maquart, président d'Universcience.

D E SON VIVANT MÊME, Louis Pasteur est devenu un mythe, notamment, mais pas seulement, parce qu'il a vaincu la rage, maladie mortelle et ô combien spectaculaire. On lui doit la pasteurisation, qui porte son nom, mais aussi des avancées majeures dans les domaines de la chimie et de la microbiologie. L'exposition Pasteur, l'expérimentateur, présentée du 12 décembre 2017 au 19 août 2018 au Palais de la découverte, revient sur l'homme et le travail du scientifique ; elle cherche à expliquer le contexte de ses travaux, de ses découvertes et de leurs applications, au-delà de la légende.

Il y eut un avant et un après Pasteur dans le domaine de la biologie en général et plus particulièrement en microbiologie et en vaccinologie – science des vaccins. L'existence des micro-organismes était alors connue mais leur rôle dans les phénomènes de vie, comme les fer-

---

SCÈNE :

HISTOIRE DU VACCIN CONTRE LA RAGE ET FONDATION DE L'INSTITUT PASTEUR

Après quatre années de travaux, en 1885, le jeune Joseph Meister, 9 ans, plusieurs fois mordu par un chien enragé se présente au laboratoire de Pasteur accompagné de sa mère. La décision d'agir doit être prise vite, avant que la maladie ne se déclare, avant donc de savoir si Joseph a réellement été contaminé. Pasteur décide finalement d'inoculer son vaccin au jeune garçon. Celui-ci survit. Dans les mois qui suivent, de nombreuses inoculations sont réalisées dans le laboratoire de Pasteur. Sitôt les premiers succès connus, les « mordus » se bousculent rue d'Ulm et les demandes de vaccin affluent du monde entier. Dès 1886, Pasteur fait part de son désir de créer un établissement indépendant à même de répondre à la demande croissante de vaccination antirabique. L'Institut Pasteur sera inauguré le 14 novembre 1888 grâce à une souscription nationale et internationale.

mentations, ou les phénomènes de mort, comme les maladies, était encore incompris. La maladie était attribuée à une activité anormale des cellules et la contagion, ses causes et ses modes étaient mystérieux. Grâce aux recherches de Louis Pasteur et à celles de ses contemporains, le peuplement des territoires invisibles par ces acteurs microscopiques prend tout son sens. Pasteur met en lumière de manière probante que les micro-organismes sont responsables des maladies infectieuses, et que ce sont ceux-ci, malgré leur taille, qui causent tant de ravages. Une idée particulièrement difficile à concevoir à la fin du XIXe siècle.

En collaboration avec l'Institut Pasteur et avec le soutien de Sanofi Pasteur.

Accessible dès 9 ans, l'exposition rassemble des films, des éléments interactifs, des reconstitutions de scènes de l'époque, des maquettes animées et un théâtre optique qui racontent l'histoire de Louis Pasteur et celle de ses travaux. La référence théâtrale est ici filée, renvoyant aux mises en scène orchestrées par Pasteur pour diffuser ses résultats, à ses démonstrations scientifiques publiques et ses communications empreintes d'une tension volontairement dramatique. Grands rideaux en velours, gradins, un prologue, sept actes et un épilogue composent la scénographie de ce parcours.

PARCOURS DE L'EXPOSITION

Prologue : Contexte et origine

Les premières informations biographiques sur Louis Pasteur, son enfance,

ses thèses, ses travaux sont dévoilés dans ce prologue. En contrepoint, le visiteur se projette dans le XIXe siècle, son histoire culturelle et scientifique, ses temps forts et ses grandes découvertes.

■ ACTE 1 : CRISTAUX ET DISSYMÉTRIE (1847-1857) Premier volet des travaux de Pasteur, le mystère de l'acide paratartrique. Ce sujet très fondamental, contrairement à la suite de ses recherches, va lui apporter une première renommée. Confronté à deux substances presque identiques, il découvre la nature de leur subtile différence : leurs molécules respectives seraient dissymétriques, chacune étant comme l'image de l'autre dans un miroir, comme nos mains. Plus largement, il s'aperçoit que les organismes vivants sont également sensibles à ce paradigme. Et Pasteur de conclure que cette dissymétrie serait le propre du vivant. C'est là un aspect fondamental de la biologie moderne.

■ ACTE 2 : FERMENTATIONS (1857-1876) La confirmation du lien entre pathologies et micro-organismes trouve son origine dans... la fermentation du jus de betterave. C'est quand Pasteur se penche sur la fermentation, souhaitant résoudre les problèmes rencontrés à l'époque dans la fabrication d'alcool, qu'il fera le rapprochement et démontrera les relations de cause à effets entre microbes et maladies.

La conception de la fermentation la plus répandue à l'époque figurait un processus de décomposition qui se communiquait au sucre et provoquait sa dégradation. En creusant ce sujet, Pasteur découvre qu'à chaque fermentation (alcoolique, acétique ou lactique) est associé un micro-organisme unique. Il découvre également que l'altération des produits organiques résulte de l'action de ces micro-organismes, d'où l'invention de la pasteurisation qui élimine ceux-ci. Ces résultats ont révolutionné l'industrie agro-alimentaire.

■ ACTE 3 : GENERATION SPONTANÉE ? (1859-1864) La théorie de la génération spontanée veut que des organismes apparaissent spontanément dans les cultures, rendant celles-ci impures. Une virulente controverse scientifique oppose Pasteur à Felix Pouchet, fervent défenseur de cette théorie, l'Académie des sciences donnant raison à Pasteur en 1865. Les conséquences d'une réfutation de la génération spontanée sont nombreuses, puisqu'elles touchent aussi bien à la conservation des aliments, à l'hygiène et la compréhension des maladies infectieuses. Pasteur y fait preuve d'un génie expérimental certain.

■ ACTE 4 : MALADIES DES VERS À SOIE (1865-1869) La pébrine et la flacherie, deux maladies des vers à soie, affectent durement l'industrie de la sériciculture française et sont les premières pathologies animales étudiées par Pasteur. Sur demande de son ancien professeur et ami Jean-Baptiste Dumas, sénateur du Gard, il se penche sur cette problématique, met au point et diffuse des méthodes pratiques pour obtenir des élevages sains.

■ ACTE 5 : MALADIES ET VACCINS (1876-1895) Pasteur est indéniablement connu pour la mise au point du vaccin contre la rage, cette maladie spectaculaire et mortelle. Mais pour arriver à cette découverte, le chemin fut long. Avant de s'attaquer à cette maladie touchant l'homme, il s'est penché sur le choléra des poules, mais aussi la maladie du charbon, affectant vaches et moutons. Quelles méthodes a-t-il mises en place ? Quels processus d'observations ont donc conduit à ces avancées ? Cette section, sans doute la plus attendue de l'exposition, retrace l'aventure scientifique ayant mené à l'une des découvertes les plus marquantes de cette fin du XIXe siècle.

■ ACTE 6 : LES SUCCESSEURS (1885-1930) Un spectacle audiovisuel relate les grandes avancées qui découlent de l'activité de Pasteur et de ses collaborateurs de la première heure, en France et dans le monde. Dès la fin des années 1880, certains chercheurs de l'Institut Pasteur sont envoyés effectuer des missions à l'international. L'objectif est triple : développer la recherche sur les maladies et infections tropicales et les maladies familières au continent européen, former les scientifiques étrangers aux nouvelles méthodes de prophylaxie et les rendre disponibles pour les populations. Ces missions conduisent à la création d'Instituts Pasteur dans plusieurs pays du globe.

ÉPILOGUE : NOUVELLES VISIONS DES MICRO-ORGANISMES

Certaines problématiques contemporaines sont analogues à celles auxquelles a été confronté Pasteur. Quelles sont les nouvelles méthodes pour cultiver les micro-organismes ou pour les observer ?

Cet épilogue aborde le sujet de la vaccination, de ses fondamentaux et donne quelques exemples actuels. Un jeu multimédia et un film proposent de rendre compte de l'ingéniosité mise en œuvre dans la recherche scientifique contemporaine, fil rouge historique de cette recherche.

Un grand dialogue mis en dessin par l'illustrateur Nayel Zeaiter et projeté complète l'exposition. L'écrivain EriK Orsenna et le youtubeur Léo Grasset de la chaine Dirty biology, échangent sur la portée des travaux de Pasteur. ■

Exposition « Pasteur, l'expérimentateur »- Palais de la découverte, Avenue Franklin Roosevelt - 75008 Paris

Du 12 décembre 2017 au 19 août 2018 - Ouvert tous les jours, sauf le lundi, de 9h30 à 18h, et le dimanche de 10h à 19h

Pour aller plus loin :

- « La vie, la mort, la vie - Louis Pasteur 1822-1895 » d'Erik Orsenna - Editions Fayard, 2017

LE PROCHAIN NUMÉRO
LAREVUE #01.18
PARAÎTRA LE 2 JANVIER 2018
AVEC UNE SÉLECTION
DES ARTICLES DE DÉCEMBRE